Pelos CAMINHOS *da* VIDA

Pelos caminhos da vida

Copyright by © Petit Editora e Distribuidora Ltda., 2016
3-9-21-100-8.100

Coordenação editorial: **Ronaldo A. Sperdutti**
Capa: **Danielle Joanes**
Imagens da capa: **Inara Prusakova | Shutterstock**
Darja Vorontsova | Shutterstock
pedrosala | Shutterstock
Projeto gráfico e editoração: **Estúdio Design do Livro**
Preparação: **Maria Alice Gonçalves**
Isabel Ferrazoli
Revisão: **Danielle Sales**
Impressão: **Renovagraf**

Ficha catalográfica elaborada por
Lucilene Bernardes Longo – CRB-8/2082

Daniel (Espírito).
Pelos caminhos da vida : só o amor une almas / pelo Espírito Daniel ; psicografado pela médium Cristina Censon. – São Paulo : Petit, 2016.
384 p.

ISBN 978-85-7253-303-4

1. Espiritismo 2. Psicografia 3. Romance espírita I. Censon, Cristina. II. Título.

CDD: 133.93

Prezado(a) leitor(a),

Caso encontre neste livro alguma parte que acredita que vai interessar ou mesmo ajudar outras pessoas e decida distribuí-la por meio da internet ou outro meio, nunca deixe de mencionar a fonte, pois assim estará preservando os direitos do autor e, consequentemente, contribuindo para uma ótima divulgação do livro.

Cristina Censon
pelo espírito Daniel

Pelos CAMINHOS *da* VIDA

Só o amor une almas

Av. Porto Ferreira, 1031 - Parque Iracema
CEP 15809-020 - Catanduva-SP
17 3531.4444

www.petit.com.br | petit@petit.com.br
www.boanova.net | boanova@boanova.net

Sumário

Prefácio

Todas as pessoas buscam ser felizes... Do seu jeito, com suas potencialidades, fazendo suas próprias escolhas. É um longo caminho a percorrer e ninguém duvida disso. Sabe que terá muitos obstáculos a vencer, muita energia a dispender e muito trabalho a realizar, pois tudo tem um preço a ser pago.

Para a maioria das pessoas esse preço é elevado demais e poucas conseguem conquistar esse precioso, e muitas vezes inatingível, bem. Mas todas se voltam a esse projeto, conscientes de que ele é possível.

Muitas vezes me perdi nessa busca, obtendo coisas inesperadas e fora da minha programação original. Tentava conquistar a felicidade, mas estava preso a convenções, falsas crenças, que me levaram à frustração de perceber que caminhava em direção contrária ao que tanto ansiava. Queria muito a redenção de todos os meus equívocos, mas talvez ainda não seja capaz de atingir esse objetivo.

Em alguns momentos sinto que perdi tempo demais, tornando impossível concretizar meus intentos. Mas como nada é impossível àquele que crê, tenho procurado elevar minha fé e minha confiança, que como um grão de mostarda poderá, um dia, se tornar poderosa e invencível.

Para tanto, me foi concedida a oportunidade de contar esta história, que muito se assemelha à minha própria, com a permissão de todos os envolvidos no emaranhado de emoções e desditas. Quem sabe não obtenho também a redenção aos meus próprios equívocos, enfrentando-os à luz da razão, que esclarece e retira todas as sombras que nos enfraquecem a visão dos fatos?

Portanto aqui estamos com o mesmo ideal de escrever novamente a quatro mãos, eu e Cristina, esta história, mas já esclarecendo que toda história, para ser realista, conta com personagens também reais, verdadeiros e, essencialmente, imperfeitos. E que toda criatura, ao se equivocar, pode trazer consigo energias de mesmo teor, gerando ações que nem sempre são as esperadas. Nesse dilema, de difícil solução, vamos enfrentando nossa fiel companheira: a vida.

Vivemos um dia de cada vez, procurando entender cada ação realizada, cada gesto oferecido, cada palavra pronunciada, resignando-se às nossas escolhas...

Já vivemos com irracionalidade, com leviandade, com descrença, com ou sem convicção, com ou sem moral, afinal não estamos falando de uma encarnação apenas, mas das infinitas oportunidades que o Pai amorosamente nos concede a título de empréstimo para colocarmos em ação nossas potencialidades e, assim, cada vez mais maduros e experientes, podermos acertar mais.

O importante é jamais desacreditar de nosso poder criador e transformador, responsável por nossas correções e acertos de rota. Isso quando temos tempo e lucidez de perceber nossos reais equívocos a nos impulsionar às mudanças de conduta sempre necessárias para efetuar os reajustes.

Tudo que pensamos é energia. Tudo o que sentimos é energia. Tudo o que falamos é energia... E tudo que irradiamos interfere na dinâmica de nossa existência e na de todos os que nos acompanham. Se nossos equívocos apenas se restringissem a nós mesmos, seria mais razoável. Mas não somos criaturas que vivem isoladas e sobrevivem na solidão. Precisamos do outro em nossos caminhos, e nessa situação de comprometimento com eles nós também interferimos em suas escolhas, causando perturbações e sofrimentos. Isso quando agimos de maneira egoísta, priorizando nossa felicidade, mesmo à custa da infelicidade do outro.

Somos ainda criaturas individualistas e essencialmente imperfeitas. Erramos muito e nos descuidamos de nossos companheiros quando não os tratamos com lealdade e honestidade.

Bem, tudo isso já é de nosso conhecimento e nada nos causa mais espanto ou surpresa. Já sabemos que erramos muito conosco e com nosso próximo. Uma orientação sempre precisa é aprender a nos conhecer em essência, confrontando nossos defeitos e fragilidades, fortalecendo nossa fibra espiritual. Esse caminho, no entanto, é longo e repleto de obstáculos. A primeira coisa a fazer seria deixar de lado nosso orgulho, que mascara nossa real essência, que, mesmo sendo imperfeita, pode ser mais bem trabalhada, se assim nos dispusermos.

O tempo é sempre senhor de si. Ele atua em nós agindo contra ou a nosso favor, e isso dependerá de nossos verdadeiros propósitos, se queremos corrigir os erros ou permanecer neles. A decisão é de cada um. É importante lembrar que, em qualquer situação, seremos responsáveis por nossas escolhas.

Se a meta é ser feliz, que a ela nos direcionemos com energia e convicção.

E que tudo façamos para reverter os dolorosos quadros em que nos situamos, jamais nos esquecendo de que não existem situações impossíveis ou irreversíveis. Mesmo que assim pareçam aos nossos olhos, pouco potentes para as verdades que a vida quer nos mostrar.

Gostaria apenas de lembrá-los de que somos escravos de nossas ações, por mais que essa verdade não tenha significado algum em vários momentos de nossas vidas.

A toda ação corresponde uma reação de igual teor. Assim a vida nos ensina, mesmo que desprezemos por tantos séculos essa lição inestimável e providencial.

Mas também não podemos nos esquecer de que toda ligação afetiva, pautada no amor, respeito e consideração, estará sempre nos acompanhando em nossa jornada, em qualquer um dos planos, material ou espiritual, para nos auxiliar, sempre que possível. Estarão sempre a nos proteger, se assim formos receptivos. Estarão ao nosso lado sustentando-nos, se assim for permitido. Jamais estaremos abandonados ou solitários. Mesmo que as aparências assim demonstrarem.

Fomos criados espíritos simples para sermos felizes, para compartilhar, aprender, ensinar, amar.

Todas as histórias têm por base essas verdades. Esta não seria diferente.

Entre idas e vindas, de um plano a outro, tecemos nossa real história. A história de nossa essência e de todas as descobertas intrínsecas a elas. A história de um ser imortal que ainda não se conscientizou de tudo o que é capaz de realizar por si e pelo outro.

Somente vivendo a vida como se sabe e como se pode é que entenderemos o quanto ela é soberana mestra na arte do conhecimento. E, mesmo vivendo com intensidade e consciência, aproveitando as oportunidades que nos são oferecidas, ainda percebemos o quanto ela nos surpreende e nos é uma incógnita. Mas nem por isso deixa de exercer um fascínio que nos empolga e nos convida ao deleite. Viver! Sempre vale a pena essa viagem.

Tanto vale a pena, que insistimos exaustivamente em ter mais uma oportunidade de aqui estar. E como desejamos aqui permanecer para aprender o bem viver pelos caminhos da vida...

Tudo em essência é "simplesmente uma escolha".

Daniel

Fevereiro/2015

CAPÍTULO 1

Seguindo em frente

O ar da manhã estava gélido. Os ventos constantes naquela época do ano tornavam o clima muito frio, mostrando sua potência e vigor. Felizmente não chovera nos últimos dias, o que facilitara o trabalho de Adrien, que apenas fizera abrir covas naquela região alçada à condição de cemitério, tantos eram os óbitos nos últimos meses.

Havia finalizado o sepultamento e esperava que fosse o último a realizar.

"Mas quem mais poderia morrer?", pensava ele. Restavam poucos habitantes naquele condado que não haviam sido atingidos pela peste mortal.

Ele próprio tinha enterrado toda a sua família. Lágrimas haviam sido dispendidas em excesso nos últimos dias, deixando a tristeza assumir o comando de suas emoções, já tão desgastadas. A derradeira morte havia sido a de seu irmão caçula, August, que resistira bravamente, mas sucumbira como os demais pelo contágio mortal e inevitável da doença que assolava toda a Europa.

Adrien, o único poupado, pensava se não teria sido melhor que ela também lhe desse seu golpe mortal. Para que viver sem ter por quem viver?

Primeiro havia sido sua mãe, que já estava debilitada por um problema respiratório. Foi rápida e indolor. Morreu poucos dias após o contágio. Em seguida foi seu irmão mais velho, Marc, cuja morte arrebatou a esperança de construir o futuro ao lado da amada Alice. A jovem resistiu pouco, vindo também a falecer.

Adrien e August juntos enterraram o pai numa tarde fria e chuvosa, que agora faria companhia ao filho e à esposa muito amada. Os irmãos perceberam a dificuldade que teriam pela frente, tendo que cuidar sozinhos de todas as tarefas. O caçula parecia imune à peste, assim como Adrien. Tentavam cuidar das plantações, agradecendo a Deus por ainda poderem contar com a ajuda dos animais. Mas a peste era sorrateira e continuou a rondar aquela família.

Adrien estava para se casar com a linda Danielle, seu amor de adolescência, que morava no condado vizinho, também assolado pela incurável e maldita doença. Numa manhã fria, assim que o dia raiou, recebeu a triste notícia de que a jovem adoecera e também não resistira. Consolado pelo irmão caçula, chorou com ele a desesperança e a falta de fé num Pai Consolador e Caridoso. Sempre sonhara viver uma vida de amor com sua amada, ver seus filhos correndo felizes pelos campos verdejantes da primavera, mas nada disso iria acontecer. Seus sonhos foram sepultados com Danielle. Isso acontecera uma semana antes de August manifestar os primeiros sinais de que algo terrível estava por acontecer. Quando ele amanheceu com os olhos vermelhos e a febre já instalada, Adrien procurou uma senhora que morava na região, conhecida por preparar poções milagrosas, capazes de evitar a evolução da doença. Conseguiu tudo o que ela lhe solicitara e voltou para casa com a esperança de que o irmão pudesse sobreviver. Só lhe restara ele. Não podia deixar que a fatalidade acometesse novamente aquele lar.

Ficou ao lado do irmão, que ardia em febre e dormia quase todo o tempo. Nos raros momentos de lucidez, August olhava Adrien com carinho e serenidade, pedindo-lhe que mantivesse seus ânimos fortalecidos, buscando toda a coragem para prosseguir sua solitária jornada. Num desses momentos, encarou o irmão e lhe disse:

— Tem uma longa caminhada e não deve se deter nesta estrada, acolhendo em seu coração a revolta e a tristeza. A peste não poderá com você e seguirá seu caminho, procurando colocar em prática tudo o que nosso pai nos legou. Viver com honestidade e dignidade. Sinto não poder acompanhar seus passos, mas prometo que estarei sempre junto. Aprendi tanto com você! Foi um irmão leal e companheiro, encorajando-me nas minhas inseguranças e me fortalecendo sempre que necessário. Sentirei saudades. Não duvide de que Deus existe, pois Ele sempre nos conduziu nesta vida. Não se esqueça de orar e pedir orientação quando se sentir desgastado e solitário. Este é meu pedido especial: jamais deixe de confiar nesse Pai que nos ama e cuida de nós. Não chore mais, Adrien. Agora estou cansado e vou dormir um pouco. Quero que segure minha mão até eu adormecer. Faça isso por mim?

Adrien tinha os olhos marejados e a emoção lhe dominava. Como ainda podia acreditar nesse Deus, que mais parecia um carrasco, ceifando impiedosamente quantas vidas estivesse pelo caminho? Não conseguia deixar de sentir a revolta crescer. August era tão jovem e tinha tanto para viver! Não podia admitir um Pai que não se apieda de seus tutelados e permite que passem por provações terríveis apenas para provar o seu poder! Olhava o irmão que adormecera segurando sua mão, vendo a vida se esvair dele,

sem que nada pudesse fazer para impedir. E assim, serenamente, o jovem se despediu daquela existência. Adrien sentiu que a mão do irmão ficou pesada junto às suas, a respiração, antes ofegante, foi se normalizando e reduzindo o ritmo, até que parou.

Adrien abraçou com toda a força possível o jovem irmão, despedindo-se dele ali mesmo, naquela casa, que antes era um lugar repleto de risos, e agora somente abrigava tristeza e revolta. Ficou abraçado ao irmão por alguns minutos, entabulando uma conversação mental com aquela que levara toda a sua família, pedindo para também contrair a febre maldita, assim acompanharia os seus na nova jornada. Pensava que, se ficasse assim com ele, facilitaria o contágio.

Na realidade, pouco se sabia sobre a terrível peste que assolava toda a França e outros países da Europa. Alguns diziam que era um castigo de Deus, pois o povo perdera sua dignidade e princípios morais. Os poucos médicos nada conseguiram descobrir, procurando, ao invés de ajudar os doentes, afastar-se deles o máximo possível. Eram tempos desoladores e cruéis. Um capítulo sombrio na história da humanidade...

Adrien chorou suas últimas lágrimas, assim decidira. Não tinha mais por quem chorar, afinal estava sozinho no mundo. Todos o abandonaram. Haviam sido chamados, pois o tempo deles se esgotara. Sentiu uma angústia invadir seu mundo íntimo. Ficou toda a noite ao lado do irmão, sem condições de reagir. A noite foi longa, e ele lá estava quando o dia raiou.

Saiu do torpor quando percebeu uma batida delicada na porta. Ao abri-la, deparou-se com a velha senhora, a famosa curandeira que tinha ido saber notícias do doente.

Ao olhar o semblante de Adrien, ela logo percebeu que o desfecho não fora o esperado. Ofereceu os pêsames e, antes de sair, pediu ao jovem que continuasse a tomar os chás. Se eles não podiam curar quando a doença já se instalara, poderiam ao menos servir como prevenção contra a febre. Ela segurava um maço de ervas e, sem esperar resposta, deixou-o sobre a mesa. Em seguida saiu, pedindo ao homem que a acompanhava que ajudasse aquele jovem a enterrar o irmão.

Adrien agradeceu. Disse que era desnecessário, pois já estava experiente na tarefa de abrir covas. O homem insistiu, pois gostava muito de August. Sem ter como recusar a prestimosa oferta, Adrien aceitou e ambos prepararam o corpo, embalando-o em lençóis cuidadosamente.

E assim, após todo o preparo, Adrien se despediu do último familiar, o último elo de afeto nesta existência, sentindo a vida ser enterrada com todos os seus. Uma tristeza infinita se apossou dele, mas as lágrimas haviam sido definitivamente esquecidas e sepultadas. Um vazio imenso era o que sentia...

Ao final do sepultamento ele agradeceu a ajuda oferecida e retornou à cabana solitária e triste. Não sabia como permanecer no local que tantas lembranças lhe despertavam. Sua vida sempre fora naquela região. Não conhecia nada além do condado, onde um pequeno comércio alimentava a população local, formada em sua totalidade de humildes camponeses e pequenos agricultores que arrendavam as terras do senhor feudal. Era lá que se faziam os escambos, as trocas dos alimentos produzidos pelas famílias, depois, claro, de darem a parcela pertencente ao proprietário das terras. Pouco restava, mas o suficiente para manutenção das necessidades das famílias. Algumas tinham, além das terras, animais que as abasteciam. Era o caso da família de Adrien, que possuía algumas vacas e outros animais que os auxiliavam no campo. Podia-se dizer que eram privilegiados, mas tudo havia sido conquistado pelo trabalho eficiente do patriarca da família. Sua mãe, muito prendada, conhecia com primor a fabricação de queijos, bastante apreciados na região. Seus pais lhe haviam ensinado a ler e escrever, coisa que poucas mulheres sabiam. Sua mãe era uma sonhadora. Ela própria escrevia as histórias que lia para os filhos ao cair da noite. Ensinara todos eles a ler e escrever, pois sabia que um dia isso seria de alguma serventia.

O pai se divertia, dizendo que aquilo não serviria para nada, mas não contrariava a esposa. Adrien era o mais próximo da mãe, sensível como ela e com a fibra do pai, que sabia de suas potencialidades e sempre o desafiava a fazer mais e melhor. Fazia com que os filhos competissem, de forma saudável, para que oferecessem sempre o máximo de si. Lá não havia lugar para a preguiça ou corpo mole. De sol a sol, assim era a rotina da família. E eram muito felizes com o que possuíam.

Como voltar a um lar totalmente destruído, sem nada que o incentivasse a continuar sua jornada? A única coisa que desejava agora era dormir e não acordar nunca mais.

Abriu a porta da casa e ainda sentiu o cheiro da morte presente. Abriu todas as janelas, deixando que o ar renovasse o ambiente, limpou e higienizou os cômodos. Tirou os lençóis das camas e levou-os para uma fogueira, queimando toda a possibilidade de contágio.

Olhou a casa e o que viu foi desolação e tristeza. Percebeu que ela estava suja, mas não tinha forças para continuar. Colocou lençóis limpos na cama e deitou. Cansado, adormeceu profundamente em poucos minutos.

Seus sonhos foram povoados de perseguições, mortes, sofrimento. Em meio a eles, podia ver sua mãe sentada na sua cadeira predileta com um olhar triste. Quando tentava se aproximar, ela desaparecia como por encanto. Prestes a despertar, Adrien se viu junto a um riacho, sentado na relva verde, e alguém se aproximando dele, pedindo-lhe que tivesse calma e aproveitasse aquele

raro momento de paz. Ele apenas ouviu uma voz feminina muito doce, mas não conseguiu ver de quem era.

Quando acordou, já era noite fechada. Uma ventania balançava as cortinas tecidas pelas mãos hábeis de sua mãe. Percebeu que havia deixado todas as janelas abertas e estava muito frio. Fechou-as e saiu para pegar um pouco de lenha a fim de acender a pequena lareira.

Poucos instantes se passaram e logo o fogo começou a arder, deixando a casa mais aconchegante e menos gélida. Lembrou-se de que estava sem comer há muitas horas; aliás, não se lembrava de quando havia sido sua última refeição. Sobre a mesa estavam um pouco de pão, já um tanto endurecido, e queijo, suficientes para amenizar sua fome.

Não tinha vontade alguma de se alimentar, mas precisava estar em condições saudáveis para decidir seu futuro. Precisaria falar com o proprietário das terras em que sua família vivia para decidir seu destino. Não sabia se queria permanecer lá ou seguir para outras paragens. Teria que pensar sobre o assunto, mas antes merecia uma pausa para refletir sobre suas emoções.

Fazia sua refeição quando ouviu um barulho na porta, como se algo estivesse a arranhá-la insistentemente. "Quem poderia ser a essa hora?", pensou.

Perguntou quem era, mas ninguém respondeu. Foi até a porta e, ao abri-la, foi recebido afetuosamente pelo cão da família. Esquecera-se totalmente dele. O cachorro mostrava a felicidade que sentia, lambendo o rosto do jovem, que se permitiu um largo sorriso.

— Oliver, onde estava? Procurei-o por toda parte e não encontrei um rastro seu!

Oliver olhava para ele e parecia tudo compreender. Adrien sentiu nos olhos do animal a mesma tristeza. Ele simplesmente sumiu quando August adoeceu. O jovem havia ficado preocupado, mas o irmão doente era sua prioridade, velando-o a cada instante possível. Oliver sentira que algo terrível estava para acontecer e decidiu não acompanhar o doloroso calvário. Devia ter se enfurnado na floresta, próxima a casa, e só decidiu retornar quando tudo já estivesse resolvido.

O animal chegara à família ainda filhote, por intermédio de um vizinho, e se apegara a todos. A matriarca foi a primeira a se encantar por aquela bolinha de pelos, que esbanjava alegria e simpatia. Foi ela quem lhe deu o nome de Oliver, para estranheza de todos, afinal esse era um nome de gente, e não de cães. Mas ela afirmara que ele seria o quarto filho que não viera. E assim foi decidido!

Oliver era um cão de caça, mas crescera com todos os mimos de um cão doméstico, jamais precisando caçar para se alimentar. O patriarca não aceitava a forma como ele era tratado, mas jamais iria confrontar a esposa. Oliver conseguira seduzir toda a família com seu jeito brincalhão e cativante.

Adrien se lembrava de tudo isso enquanto acariciava o animal, que estava muito feliz por reencontrá-lo e lambia suas mãos carinhosamente. O jovem percebeu que Oliver devia estar faminto também. Lembrou-se de algo que o fazia muito feliz e foi até os fundos da casa, retornando com um imenso osso.

— Meu amigo, faça a festa. Alguém precisa se sentir feliz. August desejaria isso!

O cão saboreava o osso, como se não se alimentasse há algum tempo. Adrien acreditava que ele era o único amigo que lhe restava, seu último elo familiar. Seus olhos marejaram novamente, sentindo uma imensa dor em seu coração. A dor da solidão, do abandono, da saudade, inundava todo o seu ser. Não tinha ideia de como prosseguir sua caminhada nem plano algum que pudesse preencher sua vida de otimismo. Mas sabia que não podia simplesmente desistir da vida. Se havia sido poupado pela peste, deveria haver algum propósito nisso.

Pecisava colocar sua cabeça no lugar e pensar. Sentia que precisava de um tempo para concatenar as ideias. Sua mãe sempre lhe alertara sobre sua impulsividade. Lembrou-se dos conselhos da mãe e pensou em refletir antes de tomar qualquer decisão, pois com isso evitaria o equívoco e a frustração. Tentaria agir assim... Era só o que lhe restara, afinal.

Pensou, inicialmente, em cuidar da casa, dos animais e de algumas plantações. Sozinho, seria uma tarefa difícil, mas não podia relegar tudo ao abandono, permitindo que todo o esforço de sua família tivesse sido em vão.

Oliver parecia tão entretido com seu osso, que nem viu o tempo passar. Permaneceu dentro da casa durante toda a noite, acompanhando Adrien em sua vigília triste e solitária. O jovem havia dormido em hora indevida, permanecendo acordado durante a madrugada, até que finalmente o dia raiou, trazendo consigo novas esperanças. Parecia que o dia seria ensolarado e menos frio que os anteriores. O sol queria aquecer aqueles corações sofridos, inundando a região com fluidos renovadores e purificantes.

Adrien abriu a janela e respirou profundamente. Fez sua higiene e alimentou-se de forma frugal, pois o apetite ainda não lhe retornara. Trabalhou exaustivamente toda a manhã. Conseguiu cuidar da horta e colher alimentos. O dia passou numa velocidade vertiginosa, com tantos afazeres. No fim da tarde, já exausto, decidiu descansar um pouco.

Sentou-se na pequena varanda ao lado da casa na cadeira de seu pai. Assim ele costumava finalizar a lida diária, observando de lá tudo o que conseguira realizar durante o dia. Era seu posto de observação, assim sua mãe gostava de brincar. Era um local privilegiado, de onde podia ver grande parte das terras e constatar o que precisava ser feito no dia seguinte. Adrien sentou-se na cadeira e sentiu ainda a energia de seu pai, mesmo sem sua presença. Por que Deus havia sido tão cruel? Ele havia levado todos que amava, deixando-o sozinho para continuar a caminhar sem ninguém a lhe acompanhar os passos!

Fechou os olhos e sua mente continuava em ação, repleta de pensamentos de revolta e mágoa. Porém, tudo foi interrompido com os latidos insistentes de Oliver, que anunciava visitas àquelas paragens. Adrien saiu do torpor e abriu os olhos, tentando saber quem se aproximava.

De onde estava podia divisar dois vultos de estaturas diferentes. Pensou tratar-se de um homem por causa das vestes. Ao se aproximar, constatou que era uma mulher, aparentando quase trinta anos, acompanhada de uma jovem, que devia ter entre doze ou treze anos, que também usava roupas masculinas. Achou no mínimo aquelas vestimentas estranhas e inadequadas. As duas estavam com aparência muito cansada e pareciam famintas.

— Oliver, fique quieto.

Dirigindo-se a elas, completou:

— Não tenham medo, ele não é feroz, apenas assusta os desavisados. O que querem?

A mulher mais velha olhou assustada para Adrien, abraçando a mais jovem com força, como se quisesse protegê-la de algum mal iminente. Ficou calada por alguns instantes, provocando certa irritação em Adrien, que estava prestes a mandá-las para longe de suas terras. Foi aí que a mulher decidiu falar.

— Desculpe-nos a invasão. Estamos andando há alguns dias. Precisamos apenas descansar um pouco e comer algo, pois estamos famintas. Eu posso pagar.

Dizendo isso, abriu uma bolsa e tirou um lindo bracelete de pedras, oferecendo-o a Adrien, que o recusou. Não pareciam nobres para estarem de posse de algo tão bonito e precioso. Poderia ser objeto de roubo, o que deixou o jovem desconfiado das intenções.

— Desculpe-me, mas não posso ajudá-las. Não as conheço nem sei o que as trouxe aqui, a estas paragens. Não sei se vieram em paz ou se estão fugindo de algo. Estão de posse de algo tão precioso, mas não sei se o roubaram. Não posso confiar e deixar que permaneçam em minhas terras. Peço que me perdoem. Tomem um pouco de água e saiam daqui. Não tenho muito a oferecer.

As duas permaneceram abraçadas e a menor começou a chorar. A mais velha tentou confortar a mais jovem, pedindo que se acalmasse. Olhando Adrien fixamente, insistiu:

— Por favor, ajude-nos. Posso lhe garantir que não fizemos nada errado, não roubamos nada e isso realmente nos pertence. Permita-nos ficar pelo menos até amanhã. Adele precisa descansar, por favor, eu lhe imploro. Ela é apenas uma criança, que mal poderá lhe fazer? Eu lhe suplico, deixe-nos passar esta noite num local seguro. Amanhã partiremos assim que o dia raiar. Parece um jovem digno e trabalhador e nada faremos que possa comprometê-lo. Estamos cansadas e precisamos apenas de repouso. Podemos ficar no estábulo com os animais. Necessitamos apenas de um lugar que possa nos aquecer um pouco.

Adrien não sabia o que fazer. Sua família não estava acostumada a receber estranhos; seu pai sempre fora um homem prudente, orientando os filhos a ter muita cautela com desconhecidos. Mas que perigo elas poderiam causar? Eram apenas duas mulheres necessitadas de auxílio.

Não tinha muito a oferecer, apenas uma cabana quente para afugentar o frio. Olhou-as com certa desconfiança, mas assentiu que ficassem. Indicou o local onde poderiam fazer sua higiene.

Poderiam entrar na cabana, pois tinha acomodação suficiente para as duas com relativo conforto.

Adele, a mais jovem, foi até Adrien e o agradeceu, pegando em suas mãos. O rapaz sentiu uma energia nunca antes sentida ao contato daquelas delicadas mãos. Pôde ver um rosto cansado, mas de uma beleza jamais vista na região. Quando ela tirou a touca que encobria sua cabeça, ele viu a linda cabeleira ruiva emoldurando seu rosto e dando-lhe um ar maduro, apesar da pouca idade. Ela sorriu, como a dizer-lhe quão grata era por sua atitude generosa e corajosa, afinal já haviam tentado em outra propriedade, mas não foram acolhidas. Poderiam ser salteadoras desejando fazer novas vítimas. Simplesmente foram expulsas sem ao menos poderem argumentar. Aquele jovem tinha boa índole. Não tinham a intenção de prejudicar o rapaz e sairiam assim que amanhecesse.

As duas mulheres lavaram-se e, assim que se sentiram recompostas, caminharam para a cabana, onde Adrien as aguardava.

Oliver acompanhava atentamente o movimento das moças, como se lá estivesse para vigiá-las, porém sem demonstrar qualquer animosidade em relação a elas. Adele olhava com carinho o animal, desejando fazer-lhe um afago, mas foi contida por Justine, sua fiel escudeira, apenas com um olhar. A menina sentiu uma infinita tristeza, perguntando-se intimamente quando tudo iria terminar. Justine sabia o peso que ela carregava e foi ao seu encontro, abraçando-a afetuosamente.

— Não fique assim, minha querida. Tenha fé. O importante neste momento é não perder a esperança. Sinto que estamos quase lá. É o que eu prometi à sua mãe e não a decepcionarei. Enquanto viver, estarei ao seu lado. E contenha-se por hora. Evite tocar nas pessoas. Eu vi o olhar do jovem quando você o tocou. Ele sentiu algo diferente e talvez tenha ficado curioso.

A jovem assentiu, consciente de que Justine estava com a razão. Precisava encontrar com urgência a mulher que sua mãe sempre lhe falara. Mas suas forças estavam se exaurindo, sentindo muitas saudades de sua genitora, a única que compreendia e aceitava seus dons. Mas infelizmente a mãe partira muito cedo, quando Adele tinha apenas nove anos, deixando-a aos cuidados de seu enérgico pai, que jamais a compreendera. Foram três anos de muito sofrimento e privações, até que ele decidira mandá-la para um convento, que na realidade era mais um local de tortura e crueldade. Seu destino seria inevitavelmente a morte. Justine decidiu ajudá-la e juntas conseguiram fugir do castelo onde viviam. Já estavam na estrada há muitos dias e nem conseguiam imaginar quando chegariam ao seu destino. Se é que um dia chegariam... A noite caíra e um vento frio passou a dominar toda a paisagem, momento em que as duas desejaram intensamente um lugar para se proteger. Foi quando encontraram Adrien.

Ele já as esperava com a lareira acesa e um chá quente acompanhado de pão e queijos, feitos ainda por sua mãe. Os três se serviram calados e assim permaneceram enquanto saboreavam o lanche.

Adele foi a primeira a quebrar o silêncio do ambiente.

— O queijo está muito gostoso. Você quem fez?

O jovem esboçou um sorriso tímido e vacilante, mas decidiu responder à garota.

— Não. Quem fez foi minha finada mãe, que era uma excelente cozinheira. Fazer queijos artesanais era uma de suas habilidades mais apreciadas por todos do condado. Infelizmente a peste a levou, assim como toda a minha família. Fiquei sozinho nesta vida. Não tenho mais ninguém.

A garota ficou penalizada com a história de Adrien, percebendo que não era a única que sofria. Foi ao encontro do jovem, que estava parado na janela, olhando o vazio.

— Desculpe-me a falta de educação, não nos apresentamos. Eu sou Adele e essa é Justine, minha mais fiel amiga.

— Eu sou Adrien e esse é Oliver.

O cachorro deu um latido. Todos aproveitaram o momento de descontração e riram dos trejeitos de Oliver, que abanava o rabo e corria em torno de si mesmo. Os olhos de Adrien se encheram de lágrimas, pois havia sido August que ensinara aquela brincadeira a Oliver. Sentiu muitas saudades do irmão.

— Isso, Oliver, é assim que se faz. August ficaria orgulhoso de você.

— Quem era August?

— Meu irmão caçula, que acabou de morrer. Enterrei-o ontem de manhã. Foi o último! A peste já havia levado todos os meus familiares, e ele foi o último a me deixar. Não sei ainda o que devo fazer. Se fico aqui ou se vou embora. Mas ir para onde?

O jovem colocou as mãos na cabeça em desespero e permitiu que as lágrimas rolassem lentamente num choro contido, deixando as mulheres sem saber o que fazer.

Adele, contrariando as orientações de Justine, foi ao encontro de Adrien e pegou suas mãos. Fechou os olhos e assim permaneceu por alguns instantes. O jovem sentiu subitamente uma paz infinita a lhe envolver, serenando seu coração.

Quando ela abriu os olhos, deparou com o rapaz olhando-a surpreso e confuso, sem entender o que acabara de fazer. Adele sorriu e finalizou:

— Não podia deixar que esse sofrimento o dominasse e tomasse conta de todo o seu ser. Você tem uma vida pela frente e não pode permitir que os mortos emperrem seu caminho.

Pode parecer insensibilidade de minha parte, mas de nada vai adiantar ficar aqui se lamentando, revoltando-se contra Deus. Seus entes partiram deste mundo, mas não do seu mundo, que é seu coração. Suas lembranças estarão eternamente gravadas nele e estarão vivas para sempre. E todas as vezes que desejar acessá-las é só pensar neles com carinho, e eles estarão com você. Não fixe seu olhar no passado. Olhe para frente e verá que novos dias irão acalentar sua vida, novas experiências serão vividas e se transformarão em novas lembranças, e assim a vida seguirá. De maneira ininterrupta...

Enquanto Adele proferia tão sábias palavras, uma luz intensa a envolvia, deixando o ambiente saturado de energias sutis e elevadas. Até Oliver sossegou.

Adrien estava paralisado, como que magnetizado pela força e sabedoria da jovem, que ainda era uma criança. O rapaz não conseguia desviar seu olhar, tentando entender o fascínio que ela exercia sobre ele. Era inegável sua força espiritual. Adrien quis saber o que ela fazia, viajando perigosamente por aquelas paragens, acompanhada apenas de uma mulher, incapaz de defendê-la dos perigos da jornada.

Ele permaneceu silencioso, refletindo sobre tudo o que acabara de presenciar.

— Quem são vocês, afinal? De onde vêm? De quem estão fugindo? Não sei o que pensar sobre tudo isso, mas devo dizer que estou surpreso e um tanto confuso. Não sei se agi bem deixando que passassem a noite aqui.

— Já lhe disse: sou Adele e essa é Justine, minha protetora. E vou responder à sua pergunta: sim, estamos fugindo. Mas não cometemos nenhum ato que nos desabone, meu amigo. Estamos fugindo da ignorância e da incompreensão dos homens. Não tenha medo, pois nenhum mal iremos lhe causar, afinal foi um amigo ao nos abrigar em sua casa. Amanhã partiremos, fique tranquilo.

Adrien queria falar algo, mas sentia que nada lhe ocorria. Queria muito ouvir a história daquela jovem. Tinham toda a noite pela frente...

CAPÍTULO 2

Uma história para se conhecer

Adrien permanecia com o olhar fixo em Adele, aguardando que respondesse às suas perguntas. Aquela jovem à sua frente tinha algo a esconder, e ele gostaria de ajudá-la, pois começava a sentir um carinho verdadeiro por ela, como teria por uma irmã. Ela parecia guardar um segredo inviolável, mas só poderia ajudá-la se conhecesse sua história.

Adele inquiria Justine com aquele olhar já conhecido. Decidiu abrir seu coração, e nada poderia fazer para impedir tal gesto.

— Por que se interessa em conhecer minha história? Amanhã estaremos partindo e nunca mais ouvirá falar de nós. Creio que seja desnecessário contar-lhe meu segredo, mas agradeço seu interesse. Posso apenas lhe garantir que nossas intenções são as mais nobres e, se estamos fugindo por esse mundo afora, é porque temos a esperança de que alguém possa nos ajudar. Não queira adentrar terrenos inexplorados para você, pois talvez possa se surpreender com o que descobrir.

— Mas o que pode ser tão grave? Você é apenas uma jovem, que segredo pode guardar? Você disse que estão fugindo da ignorância e da incompreensão dos homens, e eu gostaria de entender tudo isso. A minha preocupação inicial é que estivessem fugindo por causa de algum delito, mas não creio que seja isso.

— Jamais eu seria capaz de cometer algo contra meu semelhante, se isso o preocupa. Mas existem fatos que contrariam tudo aquilo que você conhece, e, em função disso, não sei se seria conveniente envolvê-lo. Você parece um bom rapaz e está passando por momentos difíceis. Não gostaria que tivesse mais um problema em suas mãos, pois a partir do momento que eu lhe contar, você estará de posse de uma informação valiosa, e lhe pergunto: seria capaz de guardar segredo ou também iria nos entregar? Não sei nada sobre você ou suas crenças, não sei em que acredita ou mesmo se tem alguma fé. Parece que os últimos acontecimentos tornaram-no mais refratário ao concurso divino. Neste momento, sinto seu coração desalentado e incapaz de exercitar a fé e a confiança nos desígnios superiores. Você acredita num poder supremo? Em algo superior a tudo o que conhecemos, capaz de controlar tudo à nossa volta? Acredita que cada criatura é única e portadora de talentos próprios?

O jovem não estava entendendo aonde ela queria chegar, mas estava gostando de ouvi-la falar com tanta propriedade e confiança. Parecia ter mais idade pela maturidade que ostentava.

Adrien achou que Adele falava como sua mãe, com convicção e energia. E fez a pergunta que tanto queria fazer desde que a conhecera.

— Quantos anos você tem?

Ela sorriu, pois era o que sempre acontecia quando iniciava uma conversa. Os amigos de seu pai ficavam surpresos com sua facilidade de argumentação e conhecimento sobre a vida. Porém, nem o próprio pai a compreendera e preferiu livrar-se do problema.

— Vou fazer treze no mês que vem.

Adrien franziu a testa, surpreso com a informação.

— Tem certeza?

— Justine pode lhe garantir, pois me viu nascer e conviveu comigo todos esses anos. Por que a surpresa? Pareço ter mais idade?

— Certamente. Fala com tanta convicção, demonstrando uma sabedoria que não condiz com tão pouca idade. Uma jovem de treze anos pensaria de forma diferente e com menos seriedade.

Começou, então, a contar seu passado, enquanto Justine observava o diálogo dos dois, já sabendo onde terminaria. Adele era como uma filha, e por ela tinha um profundo carinho. Procurou estar ao seu lado nos últimos conturbados meses, dando-lhe o suporte que uma mãe daria.

O pensamento de Justine voou no tempo. Conhecia a garota desde seu nascimento, pois fora criada de sua mãe, Anete, uma moça rica e de família nobre, que se casara com um duque mais velho, conforme a vontade de seus pais de unir as riquezas.

Anete era muito bonita, porém de saúde delicada. Tinha ideias além de seu tempo, e isso incomodava sobremaneira seus pais, que acreditavam ser a jovem portadora de alguma doença mental. Pura ignorância, mas o que se poderia esperar de pessoas fúteis e materialistas, que desprezavam os valores morais e sentimentais de seus semelhantes? Acreditavam que um casamento com alguém mais velho poderia cercear suas ideias e mantê-la dentro dos padrões de normalidade estabelecidos por eles.

Anete casou-se a contragosto, mas o esposo sempre fora um homem digno, carinhoso e compreensivo com ela, o que a fez gostar dele com o passar do tempo. Quando Adele nasceu, num parto difícil e complicado, a saúde de Anete ficou comprometida,

e a anemia e a fraqueza pareciam não lhe dar trégua. Justine, que já era sua dama de companhia, passou a ser também sua enfermeira e confidente. Introduziu-a no misterioso mundo místico, que sempre a acompanhou.

Anete possuía alguns livros secretos, que jamais contou a ninguém, a não ser à leal serva, que a ouvia com interesse. Discutiam com toda a discrição. A jovem mãe tinha uma sensibilidade aguçada, que se acentuou quando a filha nasceu. Ela era capaz de saber notícias antes mesmo que chegassem à sua casa. Quando passeava pelos campos, podia ver coisas que ninguém via, como pessoas que já haviam desencarnado e lá permaneciam como se ainda estivessem vivas. Evitava falar com elas, pois sempre se sentia fraca após as conversas. Aprendera com o tempo a conversar apenas com as que ostentavam certa luminosidade, pois com elas sentia-se renovada de energias e mais fortalecida.

Conforme a filha crescia, a saúde de Anete se deteriorava. Por mais recursos de que o marido se utilizasse, nada parecia surtir efeito. A criança parecia ter a mesma sensibilidade apurada da mãe. Muitas vezes, enquanto todos dormiam, Justine ouvia vozes animadas vindo do quarto da criança. Quando lá chegava, via a criança falando animadamente com algum visitante invisível. Ao perceber a presença de Justine, ela não se incomodava e continuava a conversa com o misterioso e invisível ser.

Quando Adele já estava com nove anos, recebeu a visita de uma misteriosa mulher, habitante do mundo imaterial. Ela lhe disse que sua mãe tinha pouco tempo de vida e que, em breve, iria retornar ao mundo espiritual. A visitante estava lhe avisando para que pudesse ter tempo de se despedir. Pediu-lhe ainda que não ficasse triste, pois sua mãe já tinha finalizado sua tarefa naquela existência, e era tempo de voltar. Disse também que seria uma separação necessária, porém provisória. Quando chegasse o momento, ela também retornaria e poderiam se reencontrar. Assim era o ir e vir, de um mundo a outro, de uma realidade a outra. Era a dinâmica da vida: nascer, viver, morrer, num ciclo incessante, sempre buscando a melhoria espiritual.

A menina nunca pensara sobre o desencarne daquela maneira. Mas, tinha de admitir, era muito melhor do que acreditar que tudo se encerrava com a morte do corpo físico ou, como aprendera, que o fim seria o céu ou o inferno, conforme suas ações. Jamais gostou de pensar dessa maneira. E o que aquela senhora estava lhe dizendo tinha mais fundamento. Sentiu o coração apertado, pois a mãe sempre fora sua maior referência na vida, confidente e amiga. Sentiria muita falta dela!

Dias depois a mãe desencarnou, sem antes pressentir seu fim e despedir-se de todos os que julgava importantes em sua vida. Seu esposo e filha foram os últimos de quem ela se despediu, solicitando ao primeiro que jamais deixasse sua filha desamparada, procurando compreendê-la em suas ideias. Adele sentiu que um pedacinho do seu ser partia com a mãe, e uma tristeza infinita se apoderou dela. O pai sentiu profundamente a morte da companheira, e seu coração se endureceu ainda mais. Anete era o sustentáculo de sua existência. Jamais percebera o quanto ela era importante em sua vida, até que a perdera definitivamente. A partir desse dia ficou mais calado, menos compreensivo, mais exigente com os que trabalhavam para ele, mais insensível e intolerante. Transferiu para a filha toda a sua revolta. Pensava que ela fora a causadora da morte da esposa, pois, desde que a menina nascera, achava que a saúde da companheira havia se deteriorado. Pouco falava com a criança. Era sempre impaciente com suas conversas, que considerava sem sentido. Para ele, a filha tinha uma imaginação fértil demais para os padrões da época. Conforme o tempo passava, o pai percebia que a filha ia ficando cada vez mais distante dele emocionalmente, e cada vez mais suas atitudes o preocupavam. Prometera à esposa que sempre cuidaria dela. Tentou conversar com a filha algumas vezes, pedindo que parasse de conversar com o vazio, de tentar adivinhar o pensamento das pessoas. Avisou que, se necessário fosse, a mandaria a um convento para que pudesse ser tratada daquela doença. A jovem permanecia silenciosa, pois assim Justine lhe solicitara. A serva ouvira falar sobre o que acontecia nos conventos e ficara aterrorizada com a perspectiva de Adele ir parar lá. As freiras e padres eram rigorosos em excesso e pouco ortodoxos com relação a atitudes julgadas por eles como demoníacas. Muitas pessoas haviam morrido em função das torturas aplicadas.

Como a jovem permanecia com a mesma postura, seu pai chamou um padre para conversar com ela. Ao final da conversa, o padre pediu para falar a sós com o pai da jovem. Ele disse que o caso dela era gravíssimo e necessitava de internação imediata. Justine ouviu tudo por detrás da porta e programou a fuga para aquela mesma noite. Assim que pôde, correu para alertar Adele sobre seus planos, argumentando que talvez o pai não acatasse a orientação do padre. Mas naquele mesmo dia o pai de Adele a chamou, avisando-a que na manhã seguinte ela iria para o convento para ser tratada de seu mal, onde ficaria por apenas alguns dias. A jovem nada disse. Apenas olhou com tristeza para o pai, sentindo que também o perdera. Agora estava definitivamente órfã. Sua mãe partira tão precocemente e seu pai a deixara ir!

Naquela noite Justine e Adele fugiram do castelo a pé, carregando consigo algumas provisões, roupas e joias que sua mãe lhe deixara. Partiram silenciosamente, sem fazer alarde, deixando para trás uma vida para nunca mais voltar...

Justine relembrava toda a história, na medida em que a menina contava os fatos de sua breve e intensa vida. Adrien ouvia atentamente a narrativa, sem interromper o comovente relato.

Quando ela terminou, seus olhos estavam marejados, refletindo toda a angústia que estava vivendo. Adrien se comoveu com a história, mas ainda não entendia os reais motivos da internação. O que eles pretendiam tratar? Ela era portadora de alguma doença?

— Sei o que está pensando e vou lhe responder. Não tenho doença alguma, nem tampouco tenho qualquer pacto com as trevas. O fato de ver e falar com mortos, adivinhar o que as pessoas estão pensando e mover objetos com a força do meu pensamento não me caracteriza como uma praticante de magia negra ou indica que eu esteja sendo vítima de uma possessão demoníaca. Não existe tratamento algum. Eu sou assim e não sei por que sou desse jeito. Para mim isso é natural, faz parte da minha essência. Ninguém se apossou do meu corpo ou coisa parecida, mas eles julgam que sou um perigo para mim e para os outros. Minha mãe sempre me alertou sobre isso, que eu deveria estar preparada para as consequências inevitáveis dessas particularidades. Não escolhi ser assim. Tento não falar tudo o que sei, pois poderia chocar. Mas vejo e sei coisas que as pessoas ainda não podem ver ou saber. Isso me tornou uma criatura diferente e um problema, principalmente para meu pai. Ele acredita que possa me curar, mas não preciso de cura alguma, apenas de compreensão e aceitação de que sou uma pessoa diferente, nem por isso perigosa. Não sei fazer magia, não tenho a intenção de prejudicar ninguém, pois não sou uma pessoa má. Quero apenas poder ser como sou. Pode me compreender?

Adrien avaliava as palavras da jovem e sentiu que eram verdadeiras. Ela irradiava muita paz, serenidade e amor, o que não poderia ser proveniente de uma pessoa ligada a coisas do mal. Sua

mãe contava-lhes histórias sobre possessões demoníacas que presenciara quando criança, e a garota à sua frente não se encaixava no papel. Era tão doce, suave e, ao mesmo tempo, tão forte e confiante. Era apenas diferente! Mas onde ela pretendia obter ajuda?

— O que pretende fazer? Viver fugindo de seu pai e de pessoas como ele? O que está procurando nesta viagem? — perguntou Adrien preocupado.

A jovem ficou pensativa alguns instantes, tentando ordenar suas ideias e responder a cada uma das perguntas de Adrien.

— Não sei ainda o que fazer, mas não quero continuar fugindo eternamente. Sei que não duraria muito tempo neste mundo hostil. Minha mãe me disse que existe um local seguro e é isso que estou procurando. Tenho apenas um nome: Elise Bousquet. O sobrenome certamente se refere a uma propriedade. Você já ouviu falar desse local?

O jovem não conhecia o nome, tampouco o local a que ela se referia. Adrien pouco saía da propriedade, conhecia apenas o que seu pai lhe contava sobre as viagens que realizara. O irmão mais velho havia saído do condado algumas vezes, mas Adrien sempre permanecera por lá.

— Não conheço a mulher nem o local. Esse nome não me soa familiar. Sinto não poder ajudá-la. Em que direção vocês têm se guiado?

— Minha mãe me disse que deveria seguir para o sul, mas isso é muito vago. Essa é minha história. Não gostaria de lhe trazer qualquer tipo de problema, por isso vamos partir ao amanhecer. Você continuará sua vida e eu seguirei com a minha. Se alguém perguntar por mim, diga que nunca me viu.

Adrien percebeu que a jovem parecia cansada e decidiu encerrar a conversa.

Justine também demonstrava elevado grau de exaustão física e estava quase dormindo na cadeira quando Adrien a chamou, indicando o quarto de seus pais para que pudessem repousar. As duas mulheres agradeceram pela cama onde poderiam descansar seus corpos cansados.

Adrien ficou na sala pensando na história que acabara de ouvir. Não sabia como poderia ajudar. Tanta coisa havia acontecido nas últimas semanas. Tantas perdas... A visita delas, no entanto, havia feito com que ele esquecesse por alguns momentos a sua vida. Queria muito poder fazer algo por elas. Decidiu dormir um pouco também. Oliver acompanhava a tudo com atenção e só decidiu também dormir quando viu Adrien se dirigir ao seu quarto. Em poucos instantes a cabana ficou em completo silêncio.

A calmaria durou até o amanhecer, quando foram despertados por trovões que faziam grande alarde. A chuva era torrencial, mas ajudava a limpar as energias nocivas que comprometiam a saúde de toda a região, por isso era bem-vinda.

Justine se levantou assustada, percebendo que seus planos de iniciar viagem teriam de ser revistos. Ficou em pé diante da janela observando a chuva. Entretida em seus pensamentos, nem percebeu a presença de Adrien ao seu lado, também preocupado com a forte chuva que o impedia de cuidar das plantações. Mas precisava sair para cuidar dos animais no estábulo, tirar um pouco de leite e colher algumas hortaliças para preparar uma refeição.

— Terei que sair para cuidar dos animais. Voltarei logo. Se quiser, coloque água para ferver e prepare um chá para vocês. Trarei um pouco de leite mais tarde.

— Mas a chuva está muito forte. Espere o tempo melhorar um pouco.

Adrien sorriu, grato pela preocupação, mas não podia esperar, pois o mau tempo poderia durar vários dias. Ficou por algumas horas trabalhando, enquanto a chuva se intensificava, sem dar mostras de que abrandaria nas próximas horas. Quando sentiu fome, decidiu retornar à cabana. Ao chegar, sentiu um delicioso aroma no ar. Justine havia encontrado batatas e hortaliças e decidiu preparar uma sopa. Encontrou também farinha e resolveu fazer um pão para acompanhar a refeição.

Adele colocara pratos e talheres à mesa. As duas o aguardavam para que a refeição pudesse ser servida.

Adrien sentiu certa alegria, como há muito não sentia. Aquela cabana parecia um lar novamente. Tirou a roupa molhada e colocou outra seca. O aroma da comida era delicioso.

Enquanto comiam, Adrien falou sobre as tarefas que precisava desempenhar. Contou-lhes que costumavam ser realizadas por todos da família, mas sozinho dificilmente poderia dar conta delas. Era a sua grande preocupação no momento.

A jovem pediu-lhe que não fizesse nada por hora, que apenas mantivesse em atividade o que fosse possível realizar. Pediu-lhe que só tomasse uma decisão quando tudo estivesse rigorosamente analisado por ele. No tempo certo!

Adrien não mais se surpreendia com as colocações da jovem, sempre sensata e sábia.

A chuva manteve o mesmo ritmo durante todo o dia, o que preocupou as mulheres.

— Fiquem o tempo que quiserem. Será uma temeridade sair nessas condições. Não iriam muito longe, pois a visibilidade está péssima. Além do mais apreciei a refeição e não me oporei se tivermos algo para o jantar.

— Agradecemos a hospitalidade, mas talvez não seja conveniente permanecermos mais tempo aqui. Meu pai talvez esteja à minha procura. Sinto que amanhã a chuva já terá cessado e prosseguiremos viagem. Agradecemos o que está fazendo por nós.

Adrien estava apreciando a companhia daquelas mulheres, mas sentiu que a decisão da jovem já estava tomada. Assim que partissem, ficaria novamente sozinho com seus dilemas e preocupações, apenas na companhia do fiel amigo Oliver.

Os três ficaram conversando durante toda a tarde, cada um contando sobre a sua vida, suas alegrias e perdas. A noite chegara com ventos fortes, mas a boa notícia era que a chuva abrandara.

Após o jantar, Adrien pediu licença, pois se sentia muito cansado. Decidiu ir para a cama mais cedo. Adele olhou para Justine, que não gostou daquele olhar. Sempre que ela a olhava daquele jeito, era sinal de que algo a preocupara.

— Algo a preocupa?

— Não sei, mas acho que Adrien está doente. Percebeu seu olhar cansado e exaurido? Será a chuva que ele tomou? Será que a peste o atingiu?

— Corremos perigo?

— Não, Justine. Não corremos perigo algum, você sabe. Já fui avisada de que ela não nos atingirá, pois temos outros problemas a enfrentar e outras guerras a combater. Nossa hora ainda não chegou. Mas o que o destino reservou a esse jovem? Não consigo conhecer a profundidade de seu ser. Não consigo ler seu coração.

— Encontrou mais um desafio à sua frente, minha menina. Não procure invadir corações alheios como se fosse sua própria alma. Lembra-se do que sua mãe lhe falou acerca desse assunto? Espere ser convidada a adentrar os corações para que possa conhecer o que trazem. Depois, se necessário for, ofereça ajuda.

Mas só depois que for permitida sua entrada, caso contrário estará infringindo as leis que regem a dinâmica do universo.

Justine havia aprendido muito com Anete, mãe de Adele.

— Agradeço por recordar tão sábios ensinamentos. Sinto tanta saudade de minha mãe. Queria tanto vê-la. Quem sabe em sonho eu possa algum dia estar com ela e abraçá-la.

— Eu também sinto muita falta de minha amiga. Mas onde ela estiver, estará cuidando de nós. Creio que seja melhor dormirmos, pois amanhã teremos um dia de sol e poderemos reiniciar viagem.

— Ficarei um pouco mais. Descanse, Justine, pois amanhã teremos um dia cheio.

As duas amigas se despediram, e Adele permaneceu sentada na sala, de frente para a lareira. Tinha algo estranho acontecendo, sentia o perigo rondando, como se algo negativo fosse acontecer, mas não sabia o que seria. Lembrou-se de sua mãe, orientando-a que nem tudo poderia ser conhecido, apenas o necessário. Muitas coisas ocorrem sem que se possa impedir, pois fazem parte de uma programação estabelecida. Talvez fosse apenas uma impressão passageira e logo tudo se esclareceria. Decidiu descansar também.

A noite foi longa, com os ventos açoitando as janelas implacavelmente. As perspectivas de um dia sem chuva pareciam se concretizar, pois ela parara durante a madrugada.

Pela manhã o sol deu as boas-vindas, iluminando a cabana pelas janelas da sala. Justine se levantou e ficou radiante com o que se deparou. O sol parecia ter aquecido tudo. Oliver estava parado em frente à porta. Ela achou estranho o animal ainda estar lá.

Preocupada, foi até o quarto do rapaz e constatou que ele ainda dormia. Aproximou-se e se deparou com Adrien todo encolhido, tremendo de frio. Colocou a mão em sua testa e percebeu que ele ardia em febre. Já estava prestes a acordar Adele quando ela apareceu na porta, já entendendo o motivo de sua inquietação.

— Justine, aqueça água, precisamos fazer compressas para essa febre.

— Será a peste? Ele pode ter sido infectado pelo irmão.

— Não parece, veja seu corpo! — disse a jovem com convicção. — Não apresenta o aspecto de uma pessoa infectada. Não tem vermelhidão alguma. Note seus olhos. É apenas uma gripe, mas pode virar uma infecção mais séria. Precisamos cuidar dele, não podemos deixá-lo nesse estado.

— Vamos adiar nossa viagem? E se seu pai colocou alguém para nos rastrear?

— Não podemos ir embora e deixá-lo nestas condições. Fique calma, estamos protegidas aqui. Pelo menos por alguns dias. Assim que ele estiver melhor, partiremos.

— Confio em você, minha menina. O que quer que eu faça?

— Prepare um caldo bem substancioso enquanto eu cuido dele.

Quando Justine ouviu as palavras "eu cuido dele", já entendeu o que ela faria. Ela não falara ao rapaz sobre todos os dons que possuía, pois não poderia. Quantas vezes, ainda criança, apenas com as mãos transmitia a criaturas doentes uma energia revigorante, capaz de auxiliá-las em sua cura. Justine não sabia como ela fazia isso, pois não compreendia o que acontecia. A menina simplesmente entrava em transe e não se lembrava de nada. Apenas se sentia muito fraca depois. Havia muitas coisas que Adele ainda precisava entender para ser um instrumento mais efetivo. Seu pai ignorava esse dom. Se soubesse, talvez duvidasse. "Por que não tentou curar sua mãe?", provavelmente ele diria.

Mas nem tudo pode ser modificado. Existem coisas que dependem de um poder supremo, como permitir ou não a cura de certas enfermidades. Nem todos conseguiam se curar, isso ela aprendera de um modo muito cruel. Conversando com sua amiga invisível, questionou-a sobre a possibilidade de auxiliar sua mãe. Ela disse que isso não estava nos planos do Criador, que detinha o poder da vida e da morte. Ele é Soberano em suas decisões e sabe exatamente o que é melhor para cada criatura. A jovem chorou muito naquela noite, sentindo-se impotente para curar a pessoa que mais amava no mundo.

Adele pegou as mãos de Adrien entre as suas e segurou--as fortemente enquanto entoava uma oração cheia de amor. Ele tentou se livrar das mãos da menina, dizendo:

— Eu quero morrer, não quero ficar aqui sozinho. Quero acompanhar minha família nessa jornada definitiva. Deixe-me ir, por favor.

Sentia a dor que ele carregava em seu coração, perante todos os fatídicos acontecimentos. Mas não era ainda sua hora. Sabia que aquele jovem ainda tinha pendências a resolver e precisava estar vivo para cumprir sua programação. Ela o compreendia, mas não podia permitir que se entregasse passivamente à morte. Precisava ajudá-lo a se curar para que ele continuasse sua jornada.

— Não posso deixá-lo partir. Existem algumas tarefas a executar. Sua mãe está lhe dizendo para ser forte e resistir, pois ainda não é o seu momento de partir deste mundo. Você sempre confiou nela, confie agora. Seja forte!

O jovem balbuciava coisas ininteligíveis, delírios que a febre provocava. Adele continuou com as mãos dele entre as suas. Sentia que jatos de luz eram direcionados a ele, sendo ela a fonte de toda a energia sublime, sutil e refinada. Era uma doação fluídica intensa, mas sabia que era apenas um canal, um intermediário dessa energia curadora. De olhos fechados projetava com a força de seu amor a cura daquele infeliz jovem, que parecia ter perdido todas as esperanças de ser feliz.

Quando Justine chegou com o caldo, percebeu Adrien mais calmo, a febre parecia ter diminuído e ele dormia profundamente.

As duas mulheres decidiram despertá-lo para que tomasse o caldo fortificante. Adrien abriu os olhos, ainda muito confuso e fraco. Não falou nada. Apenas com um olhar, agradeceu os cuidados dispensados.

Antes de dormir novamente balbuciou um "muito obrigado". A jovem sentia-se exausta, e Justine trouxe-lhe um prato daquela sopa para que suas forças também fossem recuperadas.

Como sempre acontecia, sentia um sono incontrolável. Olhou para a cama ao lado de Adrien e deitou-se nela, dormindo instantaneamente. Justine olhava com carinho e profundo respeito para aquela jovem, quase uma criança, tão desprendida de si mesma e sempre tão pronta a ajudar quem cruzasse seu caminho.

Como podiam não entendê-la? E todo bem que ela espalhava?

Naqueles tempos difíceis, ela ainda seria incompreendida. Isso era um fato inquestionável. Ela conviveria com as sombras ainda por muito tempo. E sombras impedem que a luz se propague em todo o seu esplendor.

Mas tudo seria diferente... Um dia.

CAPÍTULO 3

Mudança de rumo

O dia estava acabando, e Adrien e Adele ainda dormiam. Justine velava o sono deles, mas aguardava ansiosa o despertar. Preocupada, observara Adrien durante todo o dia e percebera que a febre havia cedido. Porém, ele ainda estava muito agitado, num sono perturbador. Já era noite quando Adele abriu seus olhos, espreguiçou-se e sorriu para a amiga.

— Dormi muito dessa vez?

— O suficiente. Como se sente? — perguntou.

— Renovada. Nada como um sono reparador para que as energias sejam recuperadas. E Adrien, como está?

— Ainda dorme. Um sono nada tranquilo, balbucia coisas que não consigo entender. Mas o mais importante é que a febre cessou.

— Eu posso ajudá-lo a recuperar sua saúde, mas a vontade de viver pertence exclusivamente a ele. Posso transmitir-lhe novas energias, mas depende apenas dele conservar o que recebeu. Ele não nos contou, mas perdeu também seu grande amor, com quem iria se casar.

— Como você ficou sabendo? — questionou Justine.

— Em seus delírios ele falava dela, querendo acompanhá-la em sua triste jornada. Um tanto fúnebre, mas é o que ele está sentindo intimamente. Adrien está completamente entregue ao desânimo. Não sei se poderei ajudá-lo. Mas vamos aguardar. Estou faminta, tem algo que eu possa comer?

Justine sorriu e assentiu, e foi até a cozinha buscar algo. O sono realimentava Adele, mas a comida era o fator decisivo para seu reequilíbrio.

Ela continuou a observar Adrien. Aproximou-se dele e apenas impôs as mãos sobre seu corpo, tentando acordá-lo daquele sono intranquilo.

Após alimentar-se, a menina percebeu que Adrien estava de olhos abertos, observando-a amigavelmente.

— Como está se sentindo? Está melhor? — perguntou.

— Parece que estive vivendo um pesadelo, que depois se transformou num sonho muito bonito. Você estava nele. Passei o dia dormindo? Lembro-me de sentir muito frio durante a noite. Tentei me levantar assim que o dia amanheceu, mas não tive forças. Continuei na cama esperando me sentir melhor e acho que adormeci novamente. Depois tive um pesadelo terrível, em que eu me via sendo enterrado vivo por todos aqueles que eu próprio enterrei. Chovia muito e não conseguia me levantar da cova, até que deixei de lutar e pensei se não seria melhor morrer junto com eles. Parei de resistir e fiquei lá, esperando a morte me buscar. De repente, o cenário mudou completamente. A chuva havia cessado e o sol passou a me aquecer. Em seguida me vi fora daquele local e estava em meio a um caminho repleto de árvores e flores. Você me dava a mão e queria que eu a acompanhasse. Era uma clareira e vi várias pessoas, entre elas minha mãe, que veio ao meu encontro e me abraçou. Fiquei por algum tempo embalado

por esse abraço, até que ela começou a falar comigo. Minha mãe dizia que estava bem, mas que deixaria de assim estar se eu não mudasse meus pensamentos. Isso a deixava muito triste. Ela disse que ainda tenho muito a fazer e que não poderia desejar a morte. Abraçou-me, pedindo que persistisse com coragem, e finalizou dizendo que eu jamais estaria só nesta vida. Nesse momento acordei.

— Como está se sentindo agora?

— Ainda cansado, mas melhor. Acha que a chuva de ontem foi a causadora da febre?

— Acredito que a chuva ajudou, mas você já estava fragilizado com tudo o que lhe aconteceu nesses últimos dias, favorecendo para que a doença se instalasse em seu corpo exaurido fisicamente.

— Se eu fechar os olhos e apenas ouvir sua voz, falando coisas tão sábias, poderia afirmar que ela vem de uma pessoa mais velha. Você me confunde e me surpreende ao mesmo tempo. Quem realmente você é?

Adele sorria, ouvindo o questionamento do rapaz, sem saber se ele entenderia sua essência verdadeira. Ninguém a compreendera até aquele momento, nem mesmo seu pai. Como dizer a esse jovem que sabedoria não equivale aos muitos anos vividos? Não sabia se deveria prosseguir com as explicações, mas o olhar manso e doce do rapaz a fizeram continuar.

— Eu sou uma jovem de quase treze anos. Não posso lhe explicar como sei tanta coisa sobre tantos assuntos. Sempre fui assim. As pessoas sempre se surpreenderam com meus comentários e minhas perguntas. Minha mãe dizia que eu era especial, mas não sabia me explicar de forma conveniente. Ela queria que eu estudasse, mesmo com a oposição veemente de meu pai, que achava desnecessário. Mas como ele jamais negava um pedido dela, ele trouxe para nosso castelo um homem muito sábio, doutor em vários assuntos, para me ensinar o que fosse possível e permitido. Era um senhor de idade avançada, mas com a mente lúcida e jovial. Aprendi muito com ele até o ano passado, quando ele adoeceu e precisou nos deixar para cuidar de sua saúde. Senti muito sua falta, pois ele era como um pai para mim. Antes de ir ele me chamou e disse que estava indo embora com o coração amargurado, por saber que havia ficado muita coisa ainda para ele aprender comigo. Uma pessoa generosa, de alma pura e humilde. Jamais o esquecerei. Meu pai nunca tomou conhecimento da quantidade de livros proibidos que ele me apresentou. Ele dizia que eu era muito inteligente e que deveria aprender tudo o que fosse possível, pois minha mente ansiava por conhecimentos. Um bom homem. Muito diferente daqueles padres que desejavam me exorcizar. Entende-me um pouco agora?

Adrien franzia a testa, tentando entender o que ela lhe explicava. Mas era um jovem muito simples, com poucos conhecimentos acerca da vida. Ele pensou que sua mãe iria gostar de conhecê-la e ouvir sua história repleta de mistérios.

"Mas o que pensariam as demais pessoas? Que ela era uma aberração", imaginou.

Sua mãe lhe contara sobre uma mulher que conhecera ainda jovem, que tinha ideias muito avançadas para sua época. Muito conhecida em seu condado, havia sido trancafiada numa torre em total isolamento para não contaminar as demais pessoas. Como se uma ideia pudesse ser mais letal que a própria peste, que devastava quase um terço da população!

"Triste destino o de Adele", pensava Adrien. "Viver fugindo sem ter um lugar seguro para ficar. Queria muito poder fazer algo por ela." O rapaz sentia que a conhecia há longo tempo, muito além dos dois dias.

Olhou para a menina com admiração e respeito, pensando que precisava de uma boa alimentação, por hora.

— Concordo! Você precisa se alimentar e se fortalecer. Vamos comer alguma coisa.

Disse isso sorrindo, deixando o rapaz mais uma vez perplexo com o que ela acabara de fazer: ler seu pensamento.

Quando os dois entraram na sala, encontraram Justine muito pálida, olhando pela janela. Fez sinal para que ficassem quietos, porém Oliver já detectara a presença de estranhos no local. Parou em frente à porta, latindo sem parar. Adele fechou os olhos por um breve momento e, em seguida, pediu para Adrien atender os estranhos.

— Ficaremos escondidas num local seguro. Pergunte o que desejam. Se quiserem informações sobre nós, diga que passamos por aqui ontem e seguimos para o leste. Diga que mora sozinho e que toda a sua família morreu por causa da peste. Eles não permanecerão por aqui caso sintam perigo no ar.

As duas foram para o interior da cabana enquanto Adrien saía para falar com os homens. Oliver o acompanhou.

— O que desejam?

Eram cinco homens que pareciam caçadores. Estavam com a aparência cansada.

— Somos de paz, precisamos apenas descansar um pouco.

— Posso lhes oferecer apenas água, pois não tenho comida. Estive muito ocupado esses dias enterrando minha família. Ontem morreu meu irmão caçula. Todos foram contaminados pela peste e morreram em questão de dias. Ela não está poupando ninguém. Não sei como ainda estou vivo.

— Sinto muito por sua família. Pode nos dar água?

Adrien assentiu, indicando o poço onde poderiam pegar água. O que parecia ser o chefe mandou que os demais enchessem seus cantis e ficou a conversar com Adrien. Era um homem de cinquenta anos aproximadamente, com alguns fios grisalhos nas têmporas, forte e alto.

O jovem tentou conversar com o homem, procurando descobrir suas reais intenções.

— De onde são?

— De muito longe, por isso estamos cansados da viagem e pretendíamos pernoitar aqui, mas, como você mesmo disse, a peste está a rondar essas paragens e não podemos vacilar.

Vamos descansar um pouco e seguiremos viagem. Recebe muitos visitantes por aqui?

— Até a peste atingir a região recebíamos muitos visitantes em busca dos queijos artesanais de minha mãe. Hoje estão todos com receio de serem contaminados e permanecem em suas terras. A situação está difícil. A cada dia temos uma nova morte.

— Não deve estar sendo fácil, meu jovem. Na minha região tivemos casos isolados, mas já havia sido avisado de que a situação estaria crítica aqui. Não existe cura para essa moléstia. Creio que seja um castigo de Deus pelas condutas impróprias dos homens.

— Quem pode afirmar? — disse Adrien.

Os homens já retornavam, e o que conversava com Adrien foi ao encontro deles. Falou algo com os homens, que pareceram assustados com a informação recebida. Ele tentou dialogar com eles, mas todos estavam receosos de permanecer por mais tempo lá.

O chefe foi ao encontro de Adrien e fez a pergunta que o trouxera até aquelas bandas.

— Meu jovem, poderia me informar se duas mulheres passaram por aqui? Uma delas é muito jovem e tem os cabelos vermelhos. A outra é mais velha. Avisaram-nos de que elas estavam vindo nesta direção. Talvez tenham parado aqui. Você as viu?

— Ontem pela manhã, quando estava indo enterrar meu irmão, duas mulheres me pediram um pouco de água. Elas estavam apressadas e não ficaram muito tempo. Beberam água, descansaram por uma hora aproximadamente e seguiram viagem.

— Você pode informar a direção?

— Foram para o leste. Mas por que querem saber? — questionou Adrien.

Adrien sentiu o desconforto do homem ao falar sobre elas. Parecia contrariado e não muito seguro de sua tarefa. Decidiu dar por encerrada a conversação.

— Estamos procurando a filha de meu patrão que fugiu sem deixar vestígios. O pai nos convocou para trazê-la de volta. É uma jovem voluntariosa e faz o que acha certo, pelos seus critérios. Assim que a encontrarmos, a levaremos de volta. Agradecemos pela água, mas temos de seguir viagem. Obrigado, meu jovem, que Deus o abençoe.

Quando percebeu que já estavam longe, ele retornou para a cabana.

— Eles já foram embora, podem aparecer.

As duas mulheres retornaram para a sala ainda apreensivas.

— Você tem certeza de que eles acreditaram em você? — perguntou Adele.

— E por que não acreditariam? — respondeu Adrien.

— Você lhes disse que fomos para o leste? — insistiu a jovem.

— Fiz exatamente o que me pediu. Não se preocupe com eles. Agora que já sabe que estão muito perto, o que pretende fazer?

— Sair para o sul, como pretendia, em busca de Elise Bousquet.

— Como sabe que essa mulher poderá ajudá-la? Você nem a conhece.

— Que saída eu tenho? Ela é minha única esperança de segurança. Minha mãe me garantiu que ela me ajudaria. Que mais posso fazer?

Adrien estava penalizado com a situação que a jovem tinha de enfrentar. Viver fugindo indefinidamente não era uma saída. E encontrar essa mulher talvez fosse algo que nunca acontecesse.

Como duas mulheres sozinhas poderiam enfrentar os perigos e percalços de uma longa jornada? Pensou em acompanhá-las até seu destino, mas talvez não fosse uma boa opção. Ele estava perdido em seus pensamentos, e Adele o observava sentindo a sua angústia.

— Adrien, você não precisa fazer nada do que está pensando. Não estamos esperando que nos auxilie, principalmente nas condições em que se encontra. Sinto sua aflição e peço que não assuma responsabilidades que não lhe pertencem. Essa é minha luta e de mais ninguém. Não queria que Justine corresse qualquer tipo de perigo, mas ela disse que não me abandonaria. Você não tem que fazer nada. Partiremos assim que o dia nascer.

— Eu posso não ter nada com sua vida, mas, se tem esperança de encontrar esse lugar, eu posso ajudá-la. Meu pai falava de todos os lugares que visitou, conheço alguns de nome e isso pode ser útil. Assim que deixá-las em segurança, eu retornarei à minha vida. Deixe-me ajudar. Ficarei mais tranquilo quando estiver segura.

— Você ainda não está totalmente recuperado — disse a jovem temerosa.

— Nada como uma boa alimentação e uma boa noite de sono para renovar as energias.

Adrien era insistente, porém Adele ainda estava relutante em permitir que ele as acompanhasse.

Pediu orientação aos seus protetores, que sempre lhe ofereciam uma resposta. Ficou em silêncio por alguns minutos, até decidir o que faria.

— Bem, vamos comer e então conversaremos.

Justine preparou algo saboroso. Após alimentarem-se, Adele decidiu.

— Você pode nos acompanhar, mas antes gostaria de saber sobre um velho mapa que seu pai guardou em seus pertences.

Adrien olhou perplexo para a jovem. Como ela sabia disso?

— Não sei do que se trata. Jamais mexi nas coisas de meu pai e não sei se ele possui o que você está dizendo.

— Onde ele guardava seus objetos pessoais?

Adrien foi até o quarto do pai, procurando num velho baú que ficava perto da cama. Não sabia o que ele guardava lá, mas iria descobrir em breve.

Levantou a tampa. Quanta coisa havia no baú! Alguns livros de sua mãe e outros objetos de pouco valor, mas que para ele eram preciosidades.

Continuou a procurar e, após alguns instantes, encontrou uma pasta de couro muito velha, fechada com uma fita delicada. Ao abri-la, viu alguns papéis amarelados com diversas localizações daquela região da França. Seriam os mapas aos quais ela se referira?

A jovem começou a verificar de que região se tratava. Enquanto falava alguns nomes, Adrien confirmava se eram próximos de onde estavam. Continuou a analisar cuidadosamente cada folha, procurando a região de Bousquet, onde Elise morava. Estava quase desistindo de procurar quando encontrou, em letras muito pequenas, o nome que buscava. Deu um grito de alegria.

— Encontrei! Esse nome realmente existe. Veja!

Apontava para um lugar ao sul do castelo de seu pai. Havia percorrido quase metade do caminho, o que a deixara mais esperançosa. Mostrou-o a Adrien para ver se ele saberia como chegar até lá.

Ele ficou a observar o possível caminho, saindo de suas terras e de seu condado. Avaliou que tinham ainda um longo caminho a percorrer, pois o lugar no qual ela pretendia chegar era bem distante, principalmente se fosse percorrido apenas por duas mulheres. Seria um trajeto de muito perigo, passando por locais desabitados.

Adrien achava que a estrada não era adequada a duas mulheres sozinhas e desprotegidas. Precisava acompanhá-las. Agora estava decidido.

Adele estava empolgada por ter encontrado o local e constatar que não era uma fantasia de sua mãe. Ela falara a verdade!

— Irei com vocês até Bousquet, mas antes preciso ver uma pessoa e explicar o que aconteceu com minha família. As terras lhe pertencem, e meu pai tinha muito respeito por ele, sendo-lhe muito leal. Preciso deixá-lo ciente de todos os fatos, inclusive que me ausentarei pelas próximas semanas. Ele mandará alguém cuidar de tudo até meu retorno. Deixarei Oliver com ele, pois pode ser uma longa viagem.

Ao falar em seu nome, o cão passou a correr de um lado a outro, para chamar atenção.

Todos riram das brincadeiras de Oliver. Adrien decidira tudo e, agora, precisavam descansar para a viagem que empreenderiam logo cedo.

Adele permaneceu por alguns instantes na sala. Ela gostava de ficar sozinha para pensar, principalmente para refletir.

Pensava nos homens que lá tinham estado. Conhecia quase todos eles, em especial Pierre, a quem tinha muito apreço. A família de Pierre trabalhava nas terras de seu pai desde que nascera. Sua esposa, Felícia, era de origem italiana e uma mulher muito especial, sempre alegre e acolhedora. Eles tinham duas filhas lindas e saudáveis.

Repentinamente, a mais jovem ficou doente e morreu. Felícia adoeceu de tristeza, e nada que o esposo fizesse a fazia sair do torpor que escolheu viver. Adele a visitava todas as semanas e tentava fazê-la receptiva às energias que transmitia, até que uma tarde, quando estavam juntas, algo misterioso aconteceu. Enquanto ela tentava fazer a mulher se alimentar, ambas viram uma luz muito forte no quarto que aos poucos foi tomando a forma humana de uma criança. Felícia chorava convulsivamente pedindo que a levasse consigo para o outro lado da vida. A criança olhava a mãe e, sorrindo, disse:

"Mamãe querida, onde estou ainda não pode ficar. Veja como estou bem e curada de minha doença! Não posso vê-la nesse estado, desejando algo que ainda não pode obter. Sinto saudades suas e de todos, mas meu tempo de permanecer aqui se encerrou e tenho de seguir meu caminho, assim como você precisa seguir o seu. Mamãe, levante-se dessa cama e continue sua vida. Deus está lhe providenciando um magnífico presente, mas nessas condições não irá recebê-lo. Você vai recusar meu pedido?"

A mãe parou de chorar e olhou a filha com todo o amor que possuía, pedindo-lhe que ficasse mais um pouco. A jovem sorriu, enviou-lhe um beijo e disse:

"Eu espero que vocês sejam muito felizes. Mamãe, nunca se esqueça: a vida não acaba com a morte do corpo físico... Ela continua. Seja feliz por mim! É o meu pedido!"

A luz foi desaparecendo vagarosamente, e o local voltou a ser o mesmo de antes.

Felícia olhava para Adele, pedindo que explicasse o que acabara de presenciar.

"Eu não podia mais vê-la nesse estado de tanta tristeza e desapego à vida, como se os que ficaram não merecessem seu carinho e sua alegria novamente. Nicole continua viva, como pode perceber, e não me pergunte como isso aconteceu, pois não saberia explicar. Você precisa voltar à vida, pois muitos dependem de você."

Felícia, ainda muito emocionada, levantou-se da cama e foi até Adele, dando-lhe um forte abraço. Ficaram abraçadas alguns instantes. Ao se separarem, Felícia lhe disse:

"Agradeço com todo o meu coração. Sinto-me mais leve, em paz, pois sei que Nicole está bem. Sou eternamente grata a você por me trazer de volta à vida."

Ao lembrar-se desse acontecimento, Adele sentiu uma ponta de tristeza. Pierre, o servidor de seu pai, acreditava mesmo nele, caso contrário não estaria em sua perseguição. Além disso, era muito leal e não recusaria nada ao patrão. Não poderia julgar suas atitudes, pois o serviçal estava apenas obedecendo a ordens. E, além do mais, não adiantaria nada ficar perdendo-se em lamentações. Precisava descansar e era o que faria.

Assim que o dia amanheceu, iniciaram a jornada. Teriam algumas horas de viagem até o castelo do Duque Joubert, o proprietário das terras de Adrien, para comunicar a viagem e deixar Oliver em segurança. O duque era um homem muito generoso, e Adrien sabia que ele compreenderia sua necessidade de viajar, em função dos funestos acontecimentos que vivera nos últimos dias.

Adrien, antes de fechar a porta da cabana, conversou mentalmente com sua mãe, pedindo-lhe que o protegesse, zelando pela sua segurança e integridade. As duas mulheres já o aguardavam, ansiosas para seguirem seu destino.

O dia estava limpo, o sol ainda brando, mas já aquecendo seus corpos. A viagem até o castelo durou apenas duas horas.

O duque o recebeu prontamente, pois tinha muito apreço à família de Adrien. Ficou sensibilizado com a notícia, lamentando a sorte do rapaz. Adrien lhe disse que iria procurar auxílio de familiares distantes para cuidar das terras. Ele sabia que o rapaz não poderia dar conta de tudo sozinho e não se opôs ao pedido. As terras eram do duque e a família de Adrien cuidava delas. Sozinho, ele ficaria impossibilitado.

Adrien disse ainda que não pretendia permanecer muito tempo ausente, mas que precisava que alguém pudesse cuidar dos animais enquanto estivesse fora. O jovem solicitou ainda que Oliver pudesse permanecer no castelo durante sua ausência.

Com as pendências resolvidas, o rapaz sentiu que estava liberado para seguir viagem. As duas mulheres o aguardavam perto do castelo.

— Vamos? — perguntou Adrien confiante.

— Faltava apenas você — falou Adele. — Não tenho como agradecê-lo pelo que está fazendo por mim.

O jovem respondeu apenas com um sorriso. Ele ainda não sabia por que a estava ajudando, mas sua consciência lhe garantia que era a coisa certa a fazer.

Durante a viagem pararam apenas para se alimentar e descansar. A temperatura mantinha-se agradável durante o dia, mas as noites eram frias. Adrien sabia que necessitavam de um local que os abrigasse durante a noite. Ele conhecia alguns que poderiam servir de abrigo e esperava que estivessem disponíveis. Estava quase anoitecendo, e as mulheres já estavam exaustas da longa caminhada. Adele sentou-se numa pedra e perguntou:

— Ficaremos ao relento?

— Esperem alguns instantes que eu volto logo. Não saiam daqui, combinado?

As duas assentiram e lá ficaram, aguardando o retorno do jovem.

Antes de ir, Adrien abriu o velho mapa do pai e olhou atentamente onde se encontravam. Deu um pequeno sorriso e saiu. As duas se entreolharam, sem entender o que aquele sorriso significava.

Após quase meia hora Adrien voltou.

— Vamos, meninas, precisamos comer alguma coisa e descansar.

— Mas para onde iremos? Esse lugar é confiável?

— Podem ficar tranquilas que eu explico no caminho.

Adrien começou a contar-lhes sobre um velho amigo de seu pai, dono de algumas terras naquela região, que os visitara em diversas ocasiões. Era casado e não tinha filhos, mas sempre convidava a família para visitá-lo. Os dois eram muito solitários e adoravam receber amigos. Seu irmão mais velho e seu pai já haviam ido lá várias vezes. Adrien fora apenas uma.

O senhor ficou consternado com as notícias trágicas sobre a família de Adrien e se sentiu muito feliz em poder abrigá-lo e suas amigas pelo tempo que desejassem. Sobre a presença das mulheres, Adrien inventou uma história que fez Adele sorrir.

— Adrien, cada dia você aumenta a quantidade de mentiras que anda contando por aí. Sei que não aprova mentiras, mas é por uma boa causa. Deus certamente será condescendente com você. Mais uma vez devo agradecê-lo. Minha dívida está ficando muito alta.

Os dois riram, cada qual pensando onde tudo isso iria parar...

Ficariam apenas uma noite por lá, pois seria perigoso permanecer mais tempo. Eles não sabiam se Pierre havia acreditado na história e seguido em direção contrária à da jovem. Seria um descuido permanecerem em um mesmo lugar por muito tempo.

Adrien havia dito que Justine era viúva e estava à procura de familiares que pudessem abrigá-la e a filha, Adele. Aquela era uma cabana muito semelhante à que ele morava. Tudo muito organizado e de uma limpeza impecável. Ainda não havia casos de morte pela peste na região, segundo relatara o homem, mas todo cuidado era pouco. As duas mulheres agradeceram e foram descansar um pouco para depois se alimentar. Um caldeirão fumegante com um apetitoso cozido fez o jovem lembrar-se de sua mãe.

A mulher, de nome Ana, ficara muito tocada com a falsa história, dizendo que poderiam ficar pelo tempo que desejassem.

Adele olhou a bondosa mulher e percebeu uma luz suave envolvendo-a. Percebeu que se tratava de uma pessoa de muitas virtudes, sendo a generosidade a que mais se destacava. Sorriu e agradeceu, dando-lhe um afetuoso e sincero abraço. Ana se entregou ao abraço e ambas permaneceram por alguns instantes em silêncio.

— Muito obrigada por tanta consideração! Que Deus lhe retribua com muitas alegrias nesta sua vida.

O silêncio perturbador foi quebrado por Justine, que disse estar faminta e elogiou o aroma exalado da comida.

Todos decidiram se sentar e provar daqueles quitutes que Ana havia preparado com todo o carinho.

Enquanto comiam, a conversa corria sobre as dificuldades que todos estavam enfrentando.

Ana era uma mulher otimista e dizia que tudo se resolveria no tempo certo, tempo que ainda não havia chegado. A conversa mudou de tom e se tornou mais leve e cheia de esperança e vida. Foi uma noite memorável, e Adele mais uma vez teve a certeza de que Deus colocara em sua jornada pessoas maravilhosas. O que mais poderia querer?

Conversaram por longo tempo, até que Ana percebeu o quanto deviam estar cansados da longa viagem e indicou-lhes um local onde poderiam descansar.

O dia seguinte seria longo, e nenhum dos três sabia o que os esperava.

Adormeceram rapidamente, ao som da natureza e da paz...

CAPÍTULO 4

O inesperado acontece

Assim que amanheceu, todos já estavam prontos para seguir viagem. O casal, solitário naquela região distante, parecia já sentir falta daquelas pessoas que haviam alegrado um pouco suas vidas.

Ana preparou alguns pães para que levassem na viagem. Adele abraçou a simpática mulher, agradecendo por sua hospitalidade e carinho. Justine também se despediu afetuosamente, prometendo retornar para visitá-los.

Adrien estava preocupado com a viagem, e algo lhe dizia que teriam problemas no caminho.

A garota, ao captar os pensamentos do rapaz, endereçou-lhe um olhar firme e resoluto, garantindo que tudo correria bem. Adrien respirou fundo, afastando a preocupação que lhe assaltara de súbito. Precisava confiar! Não sabia explicar por que se sentia tão inseguro, como se o perigo estivesse próximo deles.

Todos se despediram, e o trio seguiu seu destino. O dia estava ensolarado, prometendo afugentar o frio que insistia em permanecer.

Seguiram na direção que o mapa indicara, mas a distância era excessiva. Adrien temia por elas, pois já davam sinais de exaustão. Ele observou no mapa se haveria outro local onde poderiam descansar durante o percurso. Adele sentiu a preocupação de Adrien e colocou a mão em seu ombro, encorajando-o:

— Não se preocupe, meu bom amigo. Posso lhe garantir que estamos bem e acompanharemos seu ritmo.

Adrien sorriu para ela, percebendo o quanto era confiante e determinada em seus intentos. Não havia lugar para dúvida em seu coração. Se assim ocorresse, não teria sentido sua fuga. Se não acreditasse fielmente em seu destino, teria permanecido sob o controle do pai, não resistindo aos seus desmandos e à sua ignorância. Ela sabia que sua vida teria uma destinação muito diferente daquela que o pai acreditava. Não era uma aberração, nem tampouco tinha um pacto com as forças do mal. O que a impulsionava era o bem, o amor, a generosidade, a compaixão por todos aqueles que sofriam, fossem por males físicos ou espirituais.

Era uma alma pura e abençoada, porém diferente dos padrões da época em que vivia. A ignorância prevalecia, assim como o temor a tudo que se afastasse do padrão estabelecido.

As falsas crenças orientavam as condutas morais. Tudo o que se afastasse do tradicional e do coletivo era considerado profano e amoral; o que não se compreendia era abafado e contido por quem detinha o poder político, religioso e econômico: a Igreja. Pela falta de subsídios, a ciência era uma criança solitária e destemida, que não tinha com quem partilhar angústias e descobertas.

Estavam em 1350. Tempos de ignorância e escuridão. Tempos de opressão e temor.

Adele decidira dar um rumo diferente. Pelo menos no que se referia à sua vida e à de quem compartilhava de seus ideais.

De acordo com Adrien, a caminhada até um local seguro seria longa e exaustiva, isso se o tempo ajudasse.

Enquanto caminhavam por uma pequena estrada, Adrien perguntava a Adele assuntos que não compreendia. Sua mãe costumava lhe falar que para tudo existe uma explicação.

— Sua mãe era uma pessoa sábia, Adrien. Concordo plenamente com as ideias dela e posso lhe garantir que não é possível compreender todas as coisas com nossos sentidos físicos; talvez encontremos explicações nos valendo de outro sentido, ainda pouco utilizado.

— Que sentido?

— A sua percepção mais profunda, aquela que te orienta em momentos difíceis, que jamais te abandona em situações de conflito, aquela que se apresenta antes mesmo que seus olhos ou ouvidos possam manifestar seu saber.

Adrien ficou em silêncio, tentando entender o que aquela menina lhe falava. Era algo que sua compreensão não conseguia alcançar. Ela sorriu e continuou:

— É mais simples do que se imagina. Não queira utilizar recursos racionais, como seu intelecto. Use os recursos da alma ou, melhor dizendo, da sua intuição. Todos possuímos um sentido além daqueles conhecidos, como a visão, a audição e os outros que você já conhece. Esse sentido é pouco utilizado, ou, se assim preferir, é pouco conhecido e explorado, mas está sempre presente e nos auxilia em situações nas quais os sentidos comuns não conseguem oferecer respostas às nossas dúvidas. É algo que surge instantaneamente, nos orientando a seguir por esse caminho ou outro. Uma resposta, uma informação segura, um caminho sequer pensado anteriormente, a isso chamamos intuição. Mas não fique espalhando por aí essa minha ideia, pois poucos a aceitam. Dizem ser coisas do demônio, de espíritos maus, ou algo semelhante. E o pior é que você pode ser punido por pensar assim. Na realidade, pensar por si mesmo já é algo ameaçador àqueles que preferem ver o povo permanentemente ignorante e manipulável.

O jovem pouco se interessava por assuntos religiosos, apesar de ter sido orientado por sua mãe acerca de como a religião devia ocupar um lugar de importância na vida de uma pessoa. Mas não gostava desse assunto, pois sentia que se passava uma ideia de temor, de domínio, sob o qual não se sentia à vontade. Ouvia sua mãe contando as histórias de Jesus, de sua mansidão e doçura, e não conseguia aceitar que Ele seria capaz de provocar temor a alguém.

Não concordava com a forma como a Igreja impunha sua crença, seus dogmas, utilizando força e poder. Sua mãe entendia suas ideias e compartilhava delas, deixando que o filho expressasse suas opiniões. Afinal eram pessoas livres para aceitar o que sua consciência aprovasse. Ela sabia que, por viverem tão distantes de tudo, suas opiniões não trariam problemas. Mas pedia que Adrien não expressasse de forma veemente seus pensamentos a estranhos.

Adrien lembrou-se de sua mãe e sentiu uma saudade imensa daquela que sempre fora condutora e orientadora em todas as situações de vida. Queria que ela conhecesse sua nova amiga e que pudessem conversar sobre assuntos considerados proibidos.

Adele observou o semblante pesado do amigo e percebeu que seus pensamentos divagavam para bem longe, ao encontro da mãe.

Não deixaria novamente que Adrien percebesse que ela conhecia seus pensamentos. Aquilo estava parecendo uma invasão constante em sua mente. Isso não era justo. Precisava se conter. Ela se solidarizou com a dor do rapaz e decidiu continuar suas explicações.

— Adrien, jamais se esqueça de que tudo na vida tem um preço. Até para sermos livres pagamos um preço elevado. E muitas vezes precisamos nos calar para mantermo-nos em liberdade. Parece um contrassenso, mas isso é fato. Enquanto as mentes permanecerem fechadas às novas ideias e conceitos, o ser humano permanecerá estacionado no campo do intelecto e da moral. Mas a evolução é uma lei a que todos estão submetidos. É um caminho que todos nós percorreremos: uns mais rapidamente, outros a passos mais lentos, mas todos se direcionam a ela.

A conversa tomou novos rumos. Começaram a falar sobre a beleza daquela região, e Adele contou como era o local onde morava com sua família, o que despertou lembranças felizes e doces, tornando a viagem menos cansativa e entediante. Pararam para comer, descansaram um pouco e seguiram viagem, pois o dia continuava claro e agradável. No final da tarde, pararam para descansar em local distante da trilha, assim evitariam surpresas.

Adrien permanecia atento a tudo, observando qualquer movimento estranho. Porém, cansado que estava, fechou ou olhos e acabou cochilando, até ser despertado por Adele, que lhe pedia silêncio. O jovem nem se moveu, procurando entender o que acontecia, até que passou a ouvir vozes masculinas.

O coração de ambos estava disparado e procuraram o olhar de Justine, que também percebera a movimentação e se manteve silenciosa.

Eram os homens que estavam à procura de Adele a mando de seu pai. Estavam indo na mesma direção que eles, o que poderia ser um problema difícil de resolver.

Os homens não pararam no local e seguiram a trilha. Ficaram mais de uma hora escondidos e silenciosos. A jovem foi a primeira a quebrar o silêncio:

— Adrien, vamos retornar por essa mesma trilha e poderemos pedir abrigo naquela cabana que avistamos há uma hora. Você mesmo sugeriu que pedíssemos abrigo, porém não achei conveniente naquele momento. Creio que agora será uma ideia a se pensar.

Já estava anoitecendo, e teriam que caminhar por quase uma hora. Não havia condições de seguir adiante, pois poderiam encontrar os homens enviados pelo pai de Adele. Justine concordou com a sugestão. Adrien recolheu os pertences e iniciaram o caminho de volta.

Já era noite quando chegaram ao pequeno sítio. Viram alguns animais soltos e fumaça saindo da chaminé, indicando que havia gente em seu interior. Porém, tudo estava muito silencioso. Adrien foi até a porta e bateu. Ouviu uma voz fraca do outro lado e decidiu abri-la.

O lugar estava iluminado por algumas velas. Ao fundo, um homem de meia-idade deitado sobre uma cama. Aproximaram-se e constataram que ardia em febre. Adele pegou a mão do homem e perguntou seu nome, já oferecendo ao doente os fluidos de que ele necessitava para se recuperar.

O senhor, de nome Louis, contou-lhes que seu filho e um sobrinho estavam em viagem para vender seus produtos, por isso estava sozinho. Sua esposa morrera ao dar à luz o segundo filho, que também não sobrevivera. Viviam sós naquele pequeno pedaço de terra, cuidando das poucas plantações. Eram tempos difíceis, que haviam se agravado com o advento da peste, que ainda não se sabia como chegara e conseguira levar tantas vidas. Era um homem bom, assim Adele percebeu, que se encontrava com uma grave infecção pulmonar.

Ela pediu a Justine que buscasse algumas ervas, pois iria fazer uma infusão para o doente. Junto com o chá, Adele ofereceu ao homem alguns pães que trazia na viagem. Conforme ele bebia, parecia sentir suas forças retornarem. Algumas horas depois, o homem se levantou e providenciou um local para as mulheres descansarem.

— O quarto é aconchegante e afugentará o frio, minhas jovens.

As duas agradeceram com um sorriso e foram descansar, pois estavam exaustas. Adrien permaneceu um pouco mais conversando com aquele senhor de fala mansa e bem-educado, que o fazia lembrar-se de seu pai. Contou-lhe sua história, procurando ocultar os detalhes sobre as duas jovens. Disse apenas que estava incumbido de levá-las para Bousquet, que ficava a leste.

— Meu filho poderia ajudá-los, pois conhece essa região como ninguém. Quem sabe ele não retorne antes de partirem? — disse Louis.

Adrien sentiu muita simpatia por aquele senhor. Preocupado com sua saúde, pediu-lhe que voltasse à cama e descansasse. O rapaz, por sua vez, custou a dormir, preocupado com o dia seguinte e com o rumo que iriam tomar. Mas o cansaço o venceu.

Foi despertado com um barulho de panelas, constatando que Louis preparava algo para comerem.

— Sinto tê-lo acordado dessa forma, meu jovem, mas precisava retribuir os cuidados que dispensaram a este pobre velho.

— Somos nós que temos de lhe agradecer a acolhida — disse Adrien sorridente.

— As mulheres acordaram cedo, e levantei assim que as vi sair — disse Louis.

No mesmo instante Adele e Justine adentram a casa, trazendo consigo ervas e hortaliças. Justine iria preparar uma sopa.

— Justine vai preparar alguma coisa para o senhor, porque precisa se alimentar muito bem.

— Não se preocupe — disse Louis, dirigindo-se a Adele. — Há anos sou eu quem prepara as refeições e devo dizer que me especializei na tarefa.

Todos riram com a simpatia do homem, que parecia estar em melhores condições físicas. Ainda assim ele pediu que Adele fizesse outra infusão. Queria bebê-la ao longo do dia.

— Minha jovem, quem lhe ensinou os segredos das ervas medicinais? Tenho alguns conhecimentos e percebi a mistura que fez. Você é ainda uma menina, como pode se interessar por isso? — perguntou.

Ela sorriu com o comentário. Sempre causava estranheza pelas habilidades das quais era portadora com tão pouca idade.

— Minha mãe me passou todos os seus conhecimentos, e fui uma excelente aluna. O senhor deve tomar isso por uma semana. Já que conhece estas ervas, vou lhe dizer o que deve fazer. Sabe a causa da febre?

— Certamente é sinal de alguma infecção. Acho que estou com algum problema sério nos pulmões, pois ando com dificuldade para respirar nesses últimos dias.

— Está correto, e deve se tratar com rigor para que a infeção desapareça. Se fizer tudo certo, se sentirá melhor. Já pensou em ir para lugares mais quentes e menos úmidos?

— Está falando como meu filho. Ele sonha em ir para outro lugar. Mas viveremos de quê? Aqui temos um pequeno pedaço de terra e o dono delas é uma pessoa generosa. Não cobra de nós mais do que podemos pagar. E, depois, vivi minha vida inteira neste lugar, não sei se saberia viver em outro — disse o homem resignado.

— Isso se chama apego, Louis. E nesta vida nada nos pertence de fato, jamais se esqueça. Estamos de passagem e recebemos

tudo por empréstimo, o que significa que teremos de devolver tudo um dia, não é mesmo?

O homem fixou os olhos azuis em Adele, tentando entender o significado de suas palavras não condizentes com a idade que tinha. Louis gostara imensamente daquela jovem de cabelos cor de fogo e de olhos azuis da cor do céu. Sentiu por ela um imenso carinho. Perguntou a si mesmo: "Quem ela realmente é?".

Já estavam comendo a refeição quando a porta se abriu. Dois homens entraram e ficaram surpresos com o que encontraram.

O mais velho não teria mais do que vinte e cinco anos e o mais jovem, uns vinte e três.

— Rene e Armand, conheçam meus novos amigos — disse Louis.

Rene era o filho de Louis e Armand, seu sobrinho. Os dois estavam surpresos por encontrar estranhos em casa. Louis contou-lhes o ocorrido na noite anterior e como fora socorrido por eles. Nada mais justo que lhes oferecer abrigo por aquela noite.

Os jovens cumprimentaram os visitantes com um sorriso. Assim que viu Justine, Rene não conseguiu mais desviar o olhar. A jovem ficou corada ante o olhar fixo de Rene, oferecendo um sorriso tímido. Isso jamais acontecera com ela, sempre tão segura de si. Aquele rapaz a olhava diferente, como se a conhecesse.

Rene era um jovem muito bonito, de olhar manso como o pai, com uma energia que pulsava e irradiava por onde passasse. Tinha olhos azuis como os do pai e cabelos loiros como os da mãe, que pouco conhecera, pois morrera quando ele ainda era uma criança.

Pai e filho moraram sozinhos por muito tempo, até que Armand, acompanhado dos pais, os visitara e se encantara pelo lugar. Era apenas uma visita à família, que acabou durando alguns anos. Seus pais tinham muitos filhos e, pela insistência do jovem em ficar, permitiram que ele lá permanecesse. Armand era filho de um irmão de Louis, mas houve tanta identificação entre o tio e o sobrinho, que mais pareciam pai e filho. Era uma convivência harmoniosa e feliz, em que todos ajudavam nas tarefas e conseguiam obter o suficiente para se manter. No inverno mais rigoroso, quando a comida escasseava, os jovens eram exímios caçadores e ainda vendiam o excedente na cidade, para trocar por outros mantimentos.

Rene sempre fora inquieto e cheio de ideais. Vivia pensando em uma maneira de mudar o tipo de vida que levavam. Louis entendia a inquietação do filho. Por conta disso, procurava sempre um pretexto para enviá-lo à cidade em busca de algo que o fizesse concretizar seus sonhos. Amava o filho mais do que tudo e só queria sua felicidade. Armand já era um rapaz tranquilo, de poucas palavras. Era forte e vigoroso, trabalhava arduamente de sol a sol e sempre estava disposto e feliz. Louis amava o sobrinho como a um filho. Os primos tinham saído em viagem para buscar sementes que seriam plantadas no próximo mês, quando as temperaturas se elevariam e o período de chuvas cessaria. Rene e Armand ficaram apenas três dias fora. Viajaram a cavalo, a última aquisição da família.

Após as apresentações, os jovens sentaram-se à mesa para comer, sob o olhar atento de Justine. Louis lembrou-se de perguntar ao filho se ele conhecia aquela região para onde os visitantes se dirigiam. Ele assentiu, mas seu olhar se retraiu com a simples menção a Bousquet. Adele percebeu e decidiu insistir:

— Você sabe onde fica esse local? É muito distante daqui?

O rapaz se encolheu ainda mais, receoso de contar o que sabia sobre aquele lugar.

— Por que quer saber? Conhece alguém de lá? — perguntou Rene.

— Procuro por Elise Bousquet, que suponho deva morar lá.

O jovem empalideceu quando ouviu o nome da mulher.

— Não creio que seja um local adequado a vocês, principalmente para você, que é muito jovem. Já ouvi coisas surpreendentes e aterrorizantes sobre essa mulher. Você sabe quem é ela?

— Minha mãe pediu que eu a procurasse, pois estaria segura com ela. Porém você está me assustando. O que sabe sobre ela? — perguntou Adele ansiosa.

Rene terminou sua refeição e começou a andar de um lado a outro, até que seu olhar se fixou em Justine. Decidiu contar-lhes o que sabia.

Na verdade, ele nunca estivera lá, mas numa cidade próxima à propriedade. Foi quando soube de tudo. Elise era uma mulher muito rica, herdeira de muitas terras, com muita influência entre a nobreza. Ninguém a queria como inimiga. Todos a respeitavam e a temiam. Era uma mulher misteriosa, que abrigava em seu castelo os tipos mais variados de pessoas, inclusive aquelas que detinham conhecimento acerca de magia negra e coisas afins. As poucas pessoas que a desafiaram perderam a vida de forma estranha e suspeita. Certa ocasião, tentaram invadir seu castelo, e o que se soube foi que todos os que entraram lá saíram completamente perturbados, como se tivessem perdido a razão. Ninguém mais tentou nova invasão e procuram conviver com ela de forma pacífica.

— Isso é o que sei sobre ela. Mas, se sua mãe a conhecia, talvez ela não seja tudo isso que comentam — concluiu ele.

Adele percebeu o medo estampado no rosto do rapaz e já não sabia mais se tinha sido uma boa ideia perguntar-lhe sobre Elise. Ela era seu único recurso.

Elise deveria ser assim como ela, com seus conhecimentos proibidos, com seu magnetismo e sua sabedoria acerca da vida, que destoavam dos conceitos habituais e únicos que vigoravam forçosamente pelas mãos enérgicas e inflexíveis da Igreja. Queria muito conhecê-la, mas percebeu que o próprio Adrien tinha ficado perturbado com as informações de Rene. Decidiu continuar perguntando:

— Você sabe um caminho seguro para chegar lá? É muito distante daqui?

— Eu conheço a região muito bem. Gosto de caçar próximo ao local. Conheço caminhos seguros e fáceis de percorrer, mas devo alertá-los. Se tudo isso que dizem for verdade, talvez não seja uma boa ideia ir até lá.

O jovem estava temeroso, pois acreditava no que ouvira. Um homem lhe disse certa vez que Elise Bousquet era uma bruxa, praticante de feitiçaria. Se isso fosse verdade, ela poderia atentar contra a vida das duas solitárias mulheres.

Adele entendeu a preocupação do rapaz e percebeu seu temor. Ficou pensativa por alguns instantes, na dúvida se deveria ou não falar com Rene sobre seus pensamentos equivocados. Por ora, achou melhor se calar sobre o assunto.

— Se eu lhe mostrar um mapa, você saberia indicar um caminho seguro até lá? — perguntou.

Rene assentiu e Adrien, que a tudo ouvia, apreensivo, retirou da bolsa o velho mapa de seu pai.

Rene olhou o mapa e passou a estudar os caminhos possíveis para se chegar até Bousquet. O caminho mais fácil seria pela estrada, mas percebeu que essa não seria a melhor escolha. Estariam mais vulneráveis a assaltos. Conhecia uma trilha que chegaria ao local desejado num tempo razoável e seguro.

Mostrou o caminho a Adrien, que percebeu que teriam muitos obstáculos materiais a transpor. Não sabia se elas seriam capazes de vencê-los. No entanto, Adele e Justine estavam em boa

forma e pareciam firmes e decididas no propósito de chegar ao seu destino.

Combinaram, então, sair o mais rápido possível, mas trovões indicavam uma tempestade se aproximando. Louis deu um largo sorriso e disse:

— Bem, meus jovens, creio que terão de permanecer por mais uma noite. A chuva que está chegando tem tempo certo de permanência.

— Como o senhor tem tanta certeza? — perguntou Adele.

— Minha jovem, meu corpo é quem fala e conhece como ninguém o clima local. Pelas minhas dores, essa chuva durará o dia todo e cessará à noite. Fiquem conosco e saiam pela manhã. Garanto-lhes que ela já terá passado.

Em poucos instantes desabou um temporal, assim como Louis previra, que continuou o dia todo sem tréguas. Rene parecia cansado e um tanto confuso com aquelas pessoas em sua cabana, pedindo orientações sobre um local estranho e perturbador. Quem seriam eles? Não pareciam perigosos, porém estava receoso. E o que mais o perturbava era o olhar de Justine. Um olhar intenso e arrebatador, do qual ele não conseguia se desviar. Aquilo nunca tinha lhe acontecido antes! Sentia-se atraído por ela e gostava disso. Mas seu corpo estava exausto. Resolveu dormir um pouco...

Adrien conversou durante horas com Louis, que era um grande contador de histórias, principalmente sobre a França, Inglaterra e Itália, países que conhecera na juventude. Sonhava em voltar para as terras quentes da Itália, onde se encantara com a região e com a hospitalidade do povo.

Justine e Adele conversaram reservadamente sobre Bousquet e cogitavam se seria uma boa ideia pedir que Rene as conduzisse até lá.

— Duvido que ele se arrisque a essa façanha. Viu o temor estampado no rosto dele? — falou Justine. — Ele deve acreditar fielmente em tudo o que ouviu acerca do local. Você sabe que todos temem o que ainda não entendem, colocando tudo num patamar misterioso e mágico, quando não demoníaco. Cuidado com o que diz a eles. Não sabemos realmente quem são essas pessoas, que podem ser hospitaleiras, mas também preconceituosas. Podem nos prender e nos entregar às autoridades, dizendo que fazemos bruxaria ou temos pacto com o demônio. Não se esqueça do que estamos fugindo. A ignorância impera ainda neste mundo e raros são aqueles que nos darão ouvidos e nos aceitarão como somos.

Adele sabia ao que ela se referia e sentiu uma ponta de tristeza ao lembrar-se de seu pai. Realmente, era preciso ser cautelosa, pois tinha urgência em chegar ao seu destino. Agora, mais do que nunca, estava confiante de que essa era a coisa certa.

Enquanto conversavam, Justine preparou mais infusão com as ervas colhidas pela manhã e as ofereceu ao bondoso homem, sob a orientação de Adele.

— Este está mais amargo do que o de ontem. Mudou a fórmula? — perguntou Louis.

Ela sorriu com a perspicácia do homem, pois havia realmente modificado algumas ervas conforme sua mentora espiritual lhe orientara. Assim sua cura seria mais rápida.

— Sr. Louis, o senhor é incorrigível! Nada lhe escapa aos sentidos e ao paladar! Mudei algumas ervas para que o efeito seja mais rápido — disse Adele.

— Não tenho como agradecê-la. Sinto-me muito melhor. Não sei misturar essas coisas, mas conheço cada erva. Só não sabia que eram tão miraculosas.

— Não existe nenhum milagre, Louis, apenas desconhecimento acerca da utilidade de cada uma. Fico feliz que esteja melhor.

— Você é uma jovem misteriosa. Acho que o bem está em suas ações, e isso é o que verdadeiramente importa. Não sei como sabe tantas coisas com tão pouca idade. Fico a imaginar quais seriam suas diversões ainda criança!

Ela riu, pois suas brincadeiras eram fazer o copo andar de um criado-mudo a outro, de aprimorar a leitura de pensamentos, de aprender a controlar sua energia, coisas assim. Porém não iria contar àquele simpático senhor, com receio de que isso o assustasse.

— Fique a imaginar, Louis... Fique a imaginar... — respondeu carinhosamente.

O dia passou rápido. A chuva continuou persistente e não cedeu um instante sequer.

Rene acordou decidido a colocar em prática seu plano, surpreendendo a todos.

— Adrien, vou acompanhá-los até Bousquet. Sinto que é o que eu devo fazer.

Armand o olhou receoso, mas nada disse. E Louis conhecia bem o filho. Nada que falasse ou fizesse o demoveria de alguma ideia.

Adele respirou aliviada, pois sentiu que seu destino em breve iria se concretizar. Agradeceu ao rapaz com um olhar doce, carregado de gratidão e simpatia.

Conversaram por horas, planejando a viagem que não seria fácil. Adrien sentiu certo alívio pela presença de Rene, principalmente por ele conhecer a região.

O rapaz previa que chegariam ao seu destino em três dias, se o tempo colaborasse. Disse que poderiam ficar numa estalagem, onde poderiam abrigar-se durante a noite fria. Rene estava otimista!

Na noite anterior, tivera um sonho muito esquisito. Nele, uma bela mulher de olhos amendoados, de uma tonalidade verde que jamais vira, lhe pedira que acompanhasse as mulheres ao seu destino. Ela segurava suas mãos com carinho. Enquanto falava, ele se sentia envolto numa energia calma e amorosa. Não conseguia se desviar do seu olhar doce e intenso. Ela dizia que ele precisava confiar mais em seus instintos e que nada precisaria temer. Quando acordou, sentiu ainda nas mãos sua energia suave e amorosa, e decidiu ajudar as mulheres.

Como Louis previra, a chuva cessou assim que anoiteceu, e as estrelas surgiram na noite calma e clara, anunciando que o dia seguinte seria ensolarado e quente.

O dia prometia muitas emoções...

CAPÍTULO 5

Problemas no caminho

Saíram bem cedo e, após as despedidas, os quatro partiram para seu destino. Rene conhecia profundamente a região, e Adrien sentiu-se tranquilo em tê-lo como guia.

A trilha escolhida por Rene era íngreme. O ritmo foi lento durante toda a manhã. Após comerem perto do almoço, descansaram e seguiram por um caminho mais acessível e bonito. Adele se encantou pela diversidade da flora e das inúmeras plantas medicinais que encontrava pelo caminho. Justine não parava de pensar em Rene e na atração que sentia por ele. Sentia-se temerosa, porém tinha de admitir que era uma sensação nova, jamais sentida por outro homem além de Paul, seu amor da juventude, que partiu para uma guerra e jamais retornou. Foi um amor que durou pouco, mas intenso. Ninguém jamais a encantara como Paul, e agora se sentia insegura, seu coração disparava a cada olhar que Rene lhe lançava.

No final do dia, o grupo chegou a um pequeno lugarejo que possuía uma modesta estalagem para os caçadores habituais da região. Ele conhecia bem o local e sabia que não seria muito

apropriado às duas mulheres, porém o proprietário conseguiu um quarto com um pouco mais de conforto. Elas puderam fazer uma boa higiene e em seguida desceram para encontrar os rapazes. Adele lembrou-se de um bracelete valioso que serviria para pagar a hospedagem de todos. Ela trouxera todas as suas joias, pois sabia que teriam utilidade. Ofereceu-as ao dono da estalagem, que ficou encantado com a beleza e o valor da joia. Passou a dedicar-lhes toda atenção e cortesia, oferecendo uma boa e saborosa refeição. Adrien e Rene se divertiam com as atenções dispensadas. O estalajadeiro devia ter pensado que a jovem era uma nobre e estivesse de passagem pela região. Foi uma noite tranquila, em que Justine e Rene ficaram trocando olhares e frases curtas, porém carregadas de emoções diversas.

Adrien, por sua vez, conversava com Adele a respeito do que ouvira na noite anterior sobre Elise de Bousquet. Ficou preocupado com a jovem. Quis saber se ela achava que as coisas que ouvira sobre a mulher misteriosa eram verdadeiras. A garota tentou acalmá-lo, dizendo que era apenas crendice popular e que Elise devia ser alguém muito parecida com ela, com talentos misteriosos e dons ainda incompreendidos.

— Não se preocupe, pois nada de mal irá acontecer. Estará fazendo um grande favor a mim e retribuirei quando possível. Ao me conduzir até Elise, você estará me libertando de minha prisão, e lhe serei eternamente grata. Um dia entenderá que nem todas as criaturas são efetivamente livres, mesmo sem nunca terem sido escravizadas ou dominadas. Impeça uma criatura de pensar por si e já a está conduzindo a uma prisão, mesmo que sem grades. Aprisione uma ideia, um pensamento e estará tornando um ser cativo. Jamais permita que seus pensamentos sejam vigiados e controlados. Podemos, sim, receber indicações de caminhos a seguir, mas o livre-arbítrio é nosso para decidir por onde ir. Não permita

que seus caminhos não sejam fruto de suas próprias escolhas. Se seguir um cego, assim o será também.

Adrien gostava de ouvir as ideias dela. Na sua visão tudo era confuso, mas as palavras da jovem o sensibilizavam. Fazia-o querer conhecer e entender como tudo se processava.

Adele, por sua vez, sentia um carinho imenso por ele. Percebia que o rapaz era puro de coração. Um homem de bem! Uma criatura fácil de conviver, boa e generosa.

Endereçou um olhar de gratidão e carinho a Adrien, finalizando:

— Sua mãe deve estar orgulhosa pelo maravilhoso filho que criou, esteja ela onde estiver.

Não quero que se preocupe comigo, pois minhas decisões já foram tomadas tempos atrás. Tudo que está reservado para mim foi fruto de minhas escolhas, sejam elas acertadas ou não. Sei que não será um caminho fácil de ser trilhado. Mas não posso me submeter a regras das quais discordo. Não quero vê-lo em situação de perigo, portanto, assim que eu chegar a meu destino, gostaria que seguisse sua vida, retornando às suas terras. Não será um caminho fácil, mas encontrará amigos fiéis e generosos, que o auxiliarão. Jamais deixe de confiar e não se permita ter aqueles pensamentos infelizes, de que não existe razão para continuar a viver. A razão é você. Você é uma pessoa especial, que merece encontrar a felicidade. Não se prenda às aparências e fixe-se naquilo que é essencial: o que cada ser carrega em sua intimidade. Não seja egoísta consigo próprio e se dê direito à felicidade. Daqui a um ou dois dias estarei segura, e você seguirá seu rumo. Jamais o esquecerei pelo que fez por mim e pelo que é.

Enquanto falava, sentia que uma luz intensa a envolvia, assim como a Adrien, unindo os dois jovens numa redoma. O rapaz sentiu as lágrimas escorrerem por seu rosto e uma sensação mista de alegria e tristeza, como se aquilo fosse já uma despedida. E ele não queria se despedir daquela jovem que tocara profundamente seu coração e mostrou-lhe um universo desconhecido. Um mundo diferente de ideias e ideais, de coragem e determinação, de fé robusta, não mais cega, de criaturas conscientes do seu papel na vida.

Quanta coisa ela lhe vislumbrara com sua fala mansa, direta, sensível!

Não queria que ela partisse! Queria permanecer aprendendo coisas novas, posturas novas, visões novas de um velho problema, que parecia não ter solução...

Pensou em ficar na região, pois assim poderia continuar com suas visitas e aprendizado.

Adele captou seu pensamento e sentiu também a emoção lhe dominar. Sentia o mesmo que ele, porém sabia que não era isso que estava escrito em seu caminho. O que podia afirmar era que nada seria fácil e não queria comprometer a vida de mais ninguém, além da própria. Sua mãe lhe alertara sobre isso e somente agora compreendera. Como pedir a Adrien que a acompanhasse nessa jornada tortuosa e cheia de percalços? Não sabia o que a vida lhe destinaria, nem o que iria encontrar ao longo do caminho.

Pegou as mãos de Adrien e as segurou entre as suas, olhando fixamente nos olhos dele, mas não disse palavra alguma. Ficaram se olhando por alguns instantes como se nada mais existisse além deles. Palavras eram desnecessárias, pois nada precisava ser dito. Adrien esboçou um sorriso tímido e desvencilhou-se das mãos dela, puxando-a para um carinhoso abraço. Ele a acompanhou até seu quarto. Precisava ficar sozinho e entender tudo o que estava acontecendo. Queria pensar sobre sua vida e sua destinação. Tudo parecia muito confuso! Somente Adele conseguia transmitir-lhe a paz tão necessária para suas tomadas de decisão. Porém, ela já

colocara claramente suas ideias e seus planos, deixando-o fora de sua vida.

Tinha muito que pensar... Sabia que ela era ainda muito jovem e outras de sua idade não teriam sua maturidade. Ela era muito superior e mais sábia que a maioria dos adultos com que convivera em sua curta existência. Adrien, com apenas 23 anos, não tinha muita experiência da vida, mas sabia que não poderia deixá-la ir embora, fugindo indefinidamente dos que a buscavam. Iria com ela até Bousquet e no trajeto decidiria o que fazer.

Enquanto isso Rene e Justine permaneciam no pequeno salão conversando sobre suas vidas. Na realidade queriam estar juntos para conhecer-se e estreitarem os laços que ora se firmavam. Em algumas horas de conversa descobriram o quanto tinham em comum em pensamentos e posturas. Apesar do grande problema que estavam enfrentando, Justine era uma mulher sensata e equilibrada, sabendo rir até das dificuldades que vivenciaram desde que decidiram empreender a viagem até Bousquet. Ela achou conveniente omitir a real história de Adele, pois não sabia a reação do rapaz.

O rapaz, entretanto, era matreiro e percebeu que algo estava sendo omitido. O que mais lhe intrigara era a insistência em rumar para Bousquet, mesmo após seus comentários acerca de Elise. Pensou em insistir na questão, porém o que lhe importava era ficar com Justine a noite toda, se possível.

Justine, no entanto, não gostava de deixar Adele muito tempo sozinha. Ela era como uma filha e, como tal, se preocupava. Já passara por situações extremamente difíceis para alguém de sua idade, e as circunstâncias a obrigaram a crescer muito antes do tempo.

Nem por isso deixaria de ter muito a aprender e a viver. Às vezes olhava para Adele e via uma jovem cheia de dúvidas e anseios, próprios da idade cronológica. Em outros via uma mulher feita, consciente de suas tarefas e segura do caminho a seguir.

Perdida em pensamentos, não percebeu que Rene a observava insistentemente, esperando a resposta a uma pergunta que sequer ouvira.

— Estou esperando uma resposta, Justine.

— Perdoe-me, não entendi a pergunta — respondeu ela.

— Em que pensava? Parecia tão distante daqui.

— Na vida e nos planos que ela tem para mim.

— Eu estaria nesses planos?

— Você é sempre tão direto assim?

— Apenas quando sinto a urgência.

— Você mal me conhece, Rene. Não sabe nada a meu respeito.

— Como não sei? O que eu preciso conhecer que ainda não saiba? Algum segredo a esconder? — questionou o jovem, desconfiado.

Justine fez ar de mistério, gostando da brincadeira que ele iniciara.

— Posso esconder algum segredo comprometedor. Ou quem sabe perigoso!

— Você me conhece há pouco tempo e deve ter percebido que não tenho medo de nada, caso contrário não iria levá-las àquele lugar. Não entendo os motivos, mas devem ter suas razões.

O semblante de Justine endureceu e sentiu que era o momento de encerrar a conversa.

— Acho que já está na hora de me recolher, afinal sairemos bem cedo conforme o combinado. Acompanha-me?

Não era um pedido, mas uma decisão tomada. Rene ficou sem saber se deveria ou não insistir na conversa. A viagem seria longa, e teriam tempo suficiente para continuar a conversa.

Justine estava prestes a se levantar quando empalideceu ao olhar para a porta. Ambos estavam sentados bem ao fundo, com uma visão ampla de todo o local. Ela notou que alguns homens entraram e caminharam em direção ao pequeno balcão. Imediatamente Justine pegou a mão de Rene, dizendo:

— Esses homens estão à procura de Adele. Não deixe que saibam que estamos aqui, por favor. Prometo contar-lhe tudo, mas faça alguma coisa, vá até lá e converse com eles. Descubra para onde estão se dirigindo. É um pedido da maior importância. Não faça perguntas por ora. Apenas confie em mim.

Justine estava com os olhos fixos em Rene, e havia uma súplica tão declarada neles, que ele não pôde recusar seu pedido. Apenas assentiu com o olhar e saiu da mesa, em direção ao balcão. Justine, enquanto isso, levantou-se discretamente e saiu em direção ao quarto onde a jovem já deveria estar dormindo.

Quando entrou, encontrou-a de pé, vestindo-se para uma possível fuga.

— Vá até o quarto de Adrien e diga que estamos correndo perigo. Avise-o de que precisamos nos preparar para sair no menor tempo possível.

Justine apenas informou que Rene estava conversando com Pierre, o homem que estava à sua procura, para saber algo que pudesse ajudá-las. Garantiu-lhe que não contara nada a Rene.

— Fique tranquila, ele é confiável — afirmou Justine.

Adele sorriu pensando em quantas pessoas leais estavam sendo colocadas em seu caminho para garantir a chegada ao seu destino. Isso era realmente um sinal dos céus de que estava fazendo a coisa certa!

Justine saiu e foi ao quarto de Adrien, que também já estava de pé. Disse que ouviu muitas vozes e foi saber de onde vinham. Viu os mesmos homens que estiveram em sua casa e percebeu

que corriam perigo. Pegou toda a bagagem e acompanhou Justine até o quarto de Adele.

— Precisamos sair daqui o mais depressa possível! Onde está Rene? — perguntou Adrien.

— Conversando com Pierre, procurando saber qual é o destino dele.

Adele percebeu que a situação era crítica e precisavam sair daquela estalagem o mais rápido possível. Pierre havia descoberto seu destino. Isso seria um grande problema a enfrentar. Olhou para Adrien e pediu-lhe:

— Tente falar com Rene agora e peça que venha até nós. Precisamos sair daqui antes que a situação fique mais perigosa.

Adrien foi até o salão e encontrou Rene voltando. Seu olhar estava preocupado como se algo grave estivesse para acontecer. Seus olhares se cruzaram.

— Você sabe quem são essas mulheres? — perguntou Rene.

— Sim — respondeu Adrien.

— Elas estão sendo perseguidas por algum motivo muito grave. Você sabe qual é?

— Sei e prometo que elas não oferecem perigo algum. Não fizeram nada que possa comprometê-lo. Precisamos ajudá-las a chegar até Bousquet de qualquer jeito. O que você descobriu sobre aqueles homens?

Rene não estava muito seguro se deveria ajudá-las. Sentia que havia algo errado. O que aquela jovem teria feito para ser perseguida por aqueles homens? O mais velho com quem conversara havia sido muito discreto. Perguntou se ele havia visto por aquelas bandas duas mulheres e as descreveu. Quando perguntou o motivo da busca, o homem fora evasivo. Disse apenas que precisava encontrá-las com urgência, antes que o pior acontecesse. Sentiu que o homem estava nitidamente preocupado com o paradeiro das jovens, porém não conseguiu descobrir o motivo.

Era um grande mistério a resolver para Rene, que estava achando aquela história estranha demais. O que elas estavam escondendo? E por que mentiram?

Foi retirado de suas divagações com a pergunta de Adrien:

— Eles já foram embora?

— Parece que sim, pois a estalagem está com todos os quartos ocupados. Disseram que iriam acampar pelas redondezas e partiriam assim que o dia clareasse.

— Para onde estão se dirigindo? — perguntou Adrien, aflito.

— Para o mesmo destino que nós: região de Bousquet.

Como ele descobrira? Mas o momento não era para perguntas. Deviam apenas sair daquele local, que se tornara extremamente perigoso para a jovem.

Rene acompanhou Adrien em direção ao quarto de Adele. Quando entraram, encontraram as duas prontas para sair, no que foram contidas por Rene, que aguardava explicações sobre o ocorrido.

— Não saímos daqui até que vocês me expliquem tudo o que está acontecendo.

— Não temos tempo para isso. Não posso ser encontrada por aquele homem, que tem por missão me levar de volta para a casa de meu pai — disse Adele em tom de súplica.

— E não seria conveniente uma jovem de sua idade morar com os pais? Por que está fugindo? O que você fez? — insistiu Rene.

Respirou fundo, pensando em sua vida e na dificuldade de ser quem era. Tinha que dar explicações a todo instante, precisando sempre justificar suas atitudes e comportamentos. Quando teria autonomia sobre seus atos? Seria algo impossível de se conquistar nessa vida? Algo que parecia ser tão óbvio, para ela era tarefa de extrema complexidade. Decidiu contar a Rene sua história.

— Fique calmo, Rene, pois não sou perigosa e não cometi nenhum delito que mereça punição. Na verdade, meu pai me quer de volta, não para morar com ele, mas para me internar num convento de onde talvez eu nunca sairia viva. Vou lhe contar como tudo começou...

Adele, então, contou-lhe tudo, desde seu nascimento, sua mãe, o professor, seus dons, sua sensibilidade aguçada, sua capacidade de ler pensamentos e de se comunicar com aqueles que já partiram para o mundo espiritual. Rene a ouvia atentamente. Algumas coisas eram para ele de caráter sobrenatural, outras lhe pareceram perfeitamente normais, porém no conjunto tudo era realmente muito estranho e perturbador. Conhecia alguma coisa sobre pessoas com esses dons e sabia qual era o destino delas se fossem descobertas. A Igreja era soberana em suas leis e decisões. Não concordava com muita coisa e preferia abster-se de dar seu parecer em público. Seu pai lhe ensinara que o silêncio é tesouro de valor incalculável. Mas realmente não concordava com a maneira como a Igreja agia quando as pessoas discordavam dela e tinham ideias próprias sobre determinados assuntos. Sabia de muitas pessoas que simplesmente desapareceram de seus lares e tiveram suas famílias expulsas da região, apenas porque não partilhavam das ideias dominantes.

"Seria Adele uma criatura como essa? Teria poderes sobrenaturais?"

A jovem, lendo os pensamentos de Rene, sorriu e complementou:

— Não tenha medo de mim nem tampouco se apiede, meu amigo. Não faço bruxaria, nem magia negra, nem nada que comprometa a integridade física e moral de qualquer criatura. Não sou

uma aberração, apenas uma pessoa dotada de maior sensibilidade que me permite conhecer e saber coisas que para muitos ainda é um grande mistério. Ajudei seu pai com os conhecimentos de plantas medicinais que podem curar. Assim aconteceu com ele, que ficou curado. Minha mãe me ensinou tudo acerca das plantas, e para lhe dizer a verdade não sei como tudo isso começou em minha família. Não quero que pense que quis lhe enganar, pois não foi minha intenção. Não sei se aceitaria nos conduzir até Bousquet se lhe dissesse toda a verdade no início.

— Não pretendiam me contar?

— Não queria envolver mais ninguém nessa história para garantir sua segurança. Você foi muito prestativo aceitando ser nosso guia, mas eu nada sabia acerca de suas crenças nem o que seria capaz de fazer se soubesse quem sou e por que estou fugindo. Talvez pudesse me entregar aos meus perseguidores. Sei que é um homem de bem, que se dirige por seus próprios instintos, tem autonomia sobre sua vida e não faz nada que não concorde pelas suas convicções. Estou errada?

O jovem sorriu perante a definição sobre seu caráter e sobre quem era em essência. Adele era realmente muito sensível e conhecia profundamente as pessoas. Ela confiou na pessoa certa, pois ele jamais faria algo que fosse contrário às suas reais convicções. Pensava com sua própria cabeça e não aceitava imposições absurdas, apenas porque uns poucos assim decidiram. Seu pai sempre lhe alertara sobre o perigo de se expor demasiadamente nas comunidades que visitava. Pedia-lhe discrição em suas colocações, abstendo-se de comentários indevidos, pois assim viveria em paz com todos à sua volta.

Lembrou-se, então, de Jules e de sua filha Aimée, uma jovem extremamente sensível e dotada de talentos semelhantes aos de Adele. Viviam perto de Bousquet, a um dia e meio de viagem.

Eles poderiam acolhê-los sem levantar suspeitas. Jules tinha muitas posses. Era um exímio ferreiro e forjador, confeccionando espadas da maior qualidade. Era muito respeitado pelos nobres e aristocratas, respeito que o mantinha seguro quanto aos perigos que ela poderia representar à Igreja. Possuía algumas terras que abrigavam colonos e agricultores, vivendo em harmonia com todos. Era um senhor de uma fibra inquebrantável e de uma sabedoria inquestionável para os padrões da época. Conhecera-o numa de suas viagens, necessitando de seus serviços de ferreiro. Uma forte amizade nascera entre eles, e sempre que podia o visitava. Porém, para chegar até lá, teria de fazer uma pequena volta, o que aumentaria o percurso, e não sabia se elas estariam dispostas a isso.

Adele acompanhava o ritmo dos pensamentos do jovem e percebera que ele já se tornara receptivo em continuar a acompanhá-los. Sabia que podia confiar nele e isso acalmou seu coração, ainda repleto de angústia e dúvidas.

— Bem, continuarei a seguir com vocês e tenho uma sugestão a fazer. Atrasaria mais a chegada ao seu destino, porém poderia ser uma rota mais segura. Iríamos em direção diferente à dos perseguidores, até uma região próxima a Bousquet. Para isso, teríamos de andar mais um dia até o local onde mora Jules, um amigo que poderá muito nos ajudar.

Contou-lhes sobre Jules e Aimée, sua filha, muito parecida com Adele. Aimée vivia isolada de todos, apenas os mais próximos com ela conviviam e conheciam seus dons. Jules procurava mantê-la em isolamento para garantir-lhe total segurança. Era uma jovem linda e pura, com capacidade de encantar a todos de que dela se aproximassem.

Adele aprovou a ideia de Rene, pois talvez fosse melhor se distanciar de Pierre, evitando o confronto. Até lá, continuariam fugindo...

Antes de saírem, a jovem deixou um bilhete para o dono da estalagem, acompanhado de um pequeno camafeu de ouro e pedras. Seria suficiente pela acolhida e pelas provisões que adquiriram na cozinha. Partiram em seguida, na calada da noite, em direção ao sítio de Jules.

Viajar durante a noite não era tarefa fácil, nem tampouco adequada a duas jovens já cansadas. No entanto, era necessário que assim fosse para que conseguissem desviar a atenção de seus perseguidores.

Rene conhecia profundamente a região. Guiava-se pelas estrelas muito mais que pelos mapas de Adrien. Sabia o caminho a percorrer e o destino a alcançar. Caminharam por mais de quatro horas sem pausas para ganhar terreno. Quando o dia estava para clarear, Justine pediu que parassem para descansar. Ambas estavam exaustas e com muito sono. Adrien e Rene decidiram parar. Encontraram uma clareira perto de um pequeno riacho de água cristalina, onde as duas mulheres beberam avidamente, sentindo suas forças se revigorarem. Lavaram suas mãos e o rosto e retornaram para perto dos rapazes, que já estavam comendo o pão pego na estalagem. Justine recostou-se numa pedra, descansando um pouco, quando Rene se aproximou e entabulou uma conversa.

— Você podia ter confiado em mim.

— Perdoe-me, Rene. Não sabia qual seria sua reação se lhe contasse sobre Adele. Prometi à mãe dela que cuidaria da menina como se fosse minha filha. Se ela acredita que estará em segurança com Elise, como posso discordar? Confio plenamente em seu julgamento, sei que seu destino está traçado, mas ainda não consigo imaginar qual será o desfecho. Tenho medo de que Pierre nos encontre e nos leve de volta para o castelo, ou pior, que a leve direto para aquele convento, de onde ninguém consegue sair.

Tenho muito medo por ela e seria capaz de dar minha vida para vê-la em segurança e feliz. Se você acha isso estranho é porque ainda não a conhece como eu.

Rene ouvia Justine com admiração, percebendo o quanto aquela jovem era fiel a seus princípios e à sua tutelada. Ainda não se decidira sobre a questão, apesar de estar ajudando em sua fuga. Existiam coisas que ele ainda não conseguia compreender, pois estava muito além de seus conhecimentos. Seguira seu coração, continuando a ajudá-las na fuga. Sua única certeza era a de que estava fazendo a coisa certa.

Pegou as mãos de Justine e uniu às suas, dizendo:

— Vou ajudá-las em tudo o que for possível. Não me pergunte por que estou fazendo isso. Apenas estou seguindo meu coração, que jamais falha. Não tenho que perdoá-la, pois sei o que a motivou a esconder parte da história. Tenho muitos planos a realizar nesta vida e quero incluir você em todos eles. Espero não estar sendo invasivo, mas você me perturba demais e ainda não sei qual é o nome disso. Espero que me ajude a descobrir.

Justine ficou com os olhos marejados ao ouvir a declaração sincera do rapaz. Apesar de conhecê-la há tão pouco tempo, ele confiou nela. Ela se sentia confiante ao seu lado e também não sabia que nome dar a esse sentimento. O tempo daria a resposta, pensou, sempre sábia em suas palavras e orientações.

Os dois ficaram de mãos dadas até que Rene percebeu que ela adormecera. Arrumou um cobertor sobre ela, pois o sol ainda fraco não fora capaz de afugentar o frio da manhã.

Adele conversava com Adrien sobre tudo o que acontecera, percebendo que o jovem estava muito preocupado com o desenrolar dos acontecimentos.

— Adrien, dê-me sua mão um pouco.

Ele estendeu a mão, e Adele, de olhos fechados, procurava transferir-lhe toda a energia e confiança de que ele necessitava. Adrien fechou os olhos e experimentou uma sensação boa, uma energia nova a lhe percorrer todo o corpo. Sentiu-se forte, com sua fibra espiritual fortalecida, e permaneceu assim por alguns instantes.

Quando abriu seus olhos, viu Adele envolta em muita luz, e teve a sensação de que essa luz também envolvia todo o seu ser. Como ele poderia ver isso? A jovem sorriu e disse:

— Você é uma criatura pura de sentimentos e somente esses são capazes de penetrar nos mistérios indecifráveis da vida e de sua ação em nós. Somos isso, meu caro. Somos luz. Eu, você e todos que habitam este planeta. Irradiamos a pureza de nossos sentimentos e é isso que você é, meu querido amigo. Uma pessoa boa, generosa, cheia de amor no coração. Jamais se esqueça disso, Adrien. Isso fará de você um ser pleno de paz e de amor, fazendo tudo para tornar a vida dos companheiros de jornada feliz e equilibrada, pacificada intimamente e em comunhão com a natureza e com Deus.

Adrien estava emocionado com as palavras de Adele. Sentiu uma força incontrolável jamais experimentada. Ela lhe falava ao seu coração, e isso era algo novo em sua simples e pacata existência. Sentia-se imbatível, cheio de vitalidade.

Quando ia dizer algo, percebeu que ela adormecera. Cobriu-a com uma pequena manta e ficou velando seu sono. Recostou-se sobre uma árvore, esticando as pernas cansadas da longa e difícil viagem. Resolveu deixá-los descansar por algumas poucas horas para depois seguirem a jornada.

Adrien sorriu, pensando nos acontecimentos que se seguiram após abrigá-las em sua cabana. Tantas mudanças, tantas transformações ocorridas em tão pouco tempo. O que isso significaria?

O tempo daria essa resposta...

CAPÍTULO 6

Momentos de paz

Adrien permaneceu de vigília por duas horas até acordar os companheiros de viagem. Rene juntou os pertences e disse que precisavam prosseguir antes que escurecesse, pois uma parte da região que teriam de percorrer era muito íngreme para ser percorrida sem luz do sol. Adele e Justine se aprontaram em poucos minutos. Seguiram viagem, caminhando por aproximadamente quatro horas sem precisar fazer nenhuma parada. A intenção era chegar a um local seguro antes do anoitecer.

Já estava no final do dia quando viram uma pequena cabana abandonada, onde poderiam pernoitar até a manhã seguinte. Era um local onde Rene costumava ficar ao passar por ali em suas viagens.

Rene ficou admirado pela disposição das jovens após o exaustivo dia. Em momento algum reclamavam de cansaço.

Adrien acendeu uma pequena lareira para lhes aquecer. Enquanto se alimentavam, conversavam sobre a vida, o presente e o futuro. Adele dizia que o futuro dependeria das escolhas do presente.

Ela encantava a todos que, desprovidos de preconceitos e ideias equivocadas, a escutavam falar de maneira lúcida sobre suas convicções.

Eles a ouviram até o cansaço lhes orientar que era o momento de descansar. Assim que amanheceu, partiram em direção ao destino escolhido.

Caminharam toda a manhã e, por volta do meio-dia, Rene avistou as terras de Jules. Era uma região de beleza ímpar e muito fértil. De longe podiam-se avistar muitos colonos arando as terras, preparando-as para a semeadura. Rene conhecia aquelas terras muito bem e ficava maravilhado com a energia daquela região, sempre próspera e acolhedora.

Assim que se aproximaram da casa de Jules, um pequeno castelo construído com pedras de formas harmoniosas, os visitantes observaram com interesse o local. Frondosas árvores rodeavam a casa. À frente, um lindo jardim com flores das mais variadas espécies dava-lhe um colorido especial. Tudo fora plantado por Aimée, a filha de Jules, que amava as flores e cuidava pessoalmente do jardim.

E foi exatamente ela quem Rene avistou primeiramente no meio do vasto jardim. Estava concentrada mexendo com algumas flores quando sentiu que alguém se aproximava. Levantou-se, ostentando um sorriso iluminado.

Foi ao encontro de Rene com os braços abertos, enlaçando-o carinhosamente, o que foi retribuído na mesma intensidade.

— Rene, querido, por que está há tanto tempo sem nos visitar? Alguém aqui não foi cordial o suficiente para que não retornasse?

— Não, Aimée querida, apenas estive com muito trabalho e meu pai, como sempre, exigindo demais de mim.

— Não seja exagerado e nem fale assim de seu pai, que é um homem bom e necessita de seu auxílio. Percebo que não veio só desta vez — disse, olhando os demais da comitiva.

A jovem era de uma beleza pura e singela, de cabelos louros e encaracolados, soltos sobre os ombros ao sabor do vento. Não teria mais que vinte anos, porém a suavidade que emoldurava seus traços lhe conferia menos idade. De braços dados com Rene, foi ao encontro do grupo, demonstrando simpatia e jovialidade.

— Não sei quem são, mas se são amigos de Rene são meus também. Sejam bem-vindos! Vejo que as jovens precisam se refrescar um pouco, pois o sol está escaldante nesse horário. Venham comigo, mas antes gostaria de me apresentar. Sou Aimée, e esta casa está à disposição de todos os que vierem em paz.

Adele olhou fixamente a jovem anfitriã e percebeu a sensibilidade de que era detentora. Gostou imediatamente dela e se aproximou, estendendo as mãos para cumprimentá-la.

— Eu sou Adele e esta é Justine, uma grande amiga. Viemos em paz, Aimée. Rene nos deu as melhores referências suas e de seu pai.

— Rene é um pouco exagerado, pois gosta muito de nós. Meu pai e eu somos pessoas simples e talvez por esse motivo ele se sinta tão à vontade aqui. Pretendem ficar muito tempo ou apenas uma parada para recomposição das energias? Será um prazer hospedá-los pelo tempo que for necessário. Os amigos de Rene são meus também. Meu pai tem um carinho especial por ele.

A jovem falava com naturalidade, simplicidade e com sabedoria, sem restrições aos seus pensamentos mais íntimos, o que para Adele demonstrava o quanto era sensível e especial. Entendia agora o que Rene lhes contara acerca de Aimée e da preocupação de Jules quanto à sua segurança e proteção. Pensava com certo pesar em seu pai, que não a compreendia e tampouco a aceitava. Aquela

jovem era privilegiada por ter um pai consciente das possibilidades infinitas que uma criatura é capaz de possuir.

— Pretendemos ficar apenas por esta noite ou, quem sabe, mais um dia, se nos sentirmos aptas a reiniciar nossa viagem. Esses últimos dias foram muito cansativos e dormimos pouco.

Aimée abraçou Adele com carinho, sentindo a energia que ela irradiava.

— Minha casa é sua casa. Fique o tempo que desejar. Aliás, temos muito a conversar, não é mesmo?

As duas sorriram com cumplicidade. Justine a cumprimentou com um abraço fraterno, e Adrien, que até o momento não se manifestara, magnetizado que estava pela luminosidade que Aimée irradiava, não sabia o que dizer. Ele apenas observava a jovem, com o mesmo olhar de admiração que direcionava a Adele.

Seus olhares se cruzaram, e Aimée fixou seu olhar no rapaz, sentindo algo que jamais sentira. Aquele jovem a olhava com ternura e admiração que nunca havia observado em sua curta existência. Teve uma impressão de que já o conhecia, e um sentimento de gratidão, que não entendia, passou a dominar seu coração. Quem seria aquele jovem e por que Aimée sentia tanta afinidade por ele? Procurando vencer as emoções que a dominavam, foi ao encontro dele e lhe estendeu suas delicadas mãos. Partiram dele as primeiras palavras:

— Muito prazer, sou Adrien. Rene está nos conduzindo até a região de Bousquet. Tivemos alguns incidentes pelo caminho, e foi necessário mudar um pouco o curso, dirigindo-nos até as terras de seu pai. Realmente precisamos de um lugar seguro para recompor as energias e seguir nosso destino.

A jovem levantou as sobrancelhas quando Adrien disse o nome Bousquet, mas nada falou, esperando que eles contassem toda a história. Rene, percebendo o clima que se instalou, procurou mudar o rumo da conversa.

— Onde está seu pai? Não o vimos desde que chegamos.

— Ele está em seu esconderijo secreto confeccionando uma nova espada, encomenda de um nobre da região. Você sabe que ele não gosta de companhia quando está trabalhando, porém prometeu que estaria aqui para o lanche. Venham, queridas, vou levá-las para se refrescar um pouco e depois comer, devem estar famintas. Rene, leve seu amigo até seu quarto. Meu pai sempre diz aos empregados para que cuidem com carinho de você. Tem momentos em que eu até fico com ciúmes com tantos mimos.

Rene a abraçou carinhosamente e disse:

— Não sinta ciúmes de mim.

Os dois foram conversando abraçados e Aimée prometeu ir ao encontro do pai para relatar sobre a presença do jovem, o que o deixaria muito feliz.

Momentos depois estavam todos reunidos numa sala espaçosa com uma mesa ao centro. Assim que Jules adentrou a sala, Rene levantou-se e foi ao seu encontro, com os braços abertos e aguardando o esperado abraço.

Jules era um homem muito alto, de traços finos e olhar penetrante. Ostentava firmeza de caráter e seus olhos envolviam a todos em muito amor.

Adele percebeu a diferença entre ele e seu pai, compreendendo que Aimée era uma pessoa abençoada por tê-lo como pai.

— Meu querido amigo, trataram-no mal na última vez que aqui esteve? Já estávamos preocupados com sua ausência.

— Assim fico envaidecido com tanto carinho e atenção. Apenas muito trabalho e meu pai me consumindo, como sempre.

— Quem são seus amigos? Para onde estão se dirigindo? — inquiriu Jules, curioso.

Foi Aimée quem respondeu:

— Estão indo para Bousquet, papai.

— E o que esperam encontrar lá? Rene, já não lhe avisaram dos perigos daquela localidade? Espero que não estejam indo ao encontro de Elise, uma mulher sem escrúpulos que conheci no passado.

Adele e Justine se entreolharam, preocupadas com o que Jules acabara de falar.

— O que realmente pretendem lá, meus jovens? Bem, desculpem-me a grosseria, pois ainda não me apresentei. Sou Jules. E vocês?

Todos se apresentaram, e Adele fez a pergunta:

— Por que falou assim dessa tal de Elise? O senhor a conhece pessoalmente ou tudo é fruto de especulações acerca de seu caráter?

— Infelizmente eu a conheci quando precisei de seus préstimos. Elise é uma mulher que impressiona não só pela beleza, mas pela energia. Mas escolheu companhias erradas para dar continuidade ao seu projeto. É ela que pretendem encontrar?

Adele decidiu contar sua história desde o início. Falou-lhes sobre sua mãe, sobre seu pai, sobre seus talentos e dons, sobre sua percepção aguçada que se ampliava cada vez mais. Contou-lhes que sua mãe lhe pedira no leito de morte para que encontrasse essa tal Elise, a única pessoa que poderia protegê-la realmente. Falou sobre a intenção de seu pai de interná-la num convento, sobre o qual ouviu falar coisas escabrosas. No entanto, sabia que não era essa sua destinação, pois tinha muito a realizar em sua existência.

Jules ouviu o relato, conseguindo ver muitas semelhanças entre ela e sua filha, e sentiu-se pesaroso em ver a jovem tendo que assumir as rédeas de sua existência ainda tão pouco vivida. Queria auxiliar e proteger aquela menina com jeito de mulher feita. Porém, Elise não era quem Adele esperava que fosse. Naquele momento, não passava de uma criatura que se vendera pelas razões que só ela poderia responder...

Como uma novela, os fatos vieram à mente de Jules. Conhecera Elise dois anos atrás, quando queria entender Aimée e todos os fatos estranhos que lhe aconteciam. Jules chegou a pensar que sua filha estava enlouquecendo, pois falava sozinha pelos cantos da casa, tinha pesadelos durante a noite e dizia-se perseguida por monstros do inferno. Nenhum médico encontrou qualquer enfermidade, mas ela continuava sofrendo excessivamente, sem que encontrasse paz. Os recursos de Jules já estavam no final quando alguém lhe falou secretamente sobre Elise e o que ela poderia fazer por sua filha. De imediato ele a procurou.

Elise ouviu atentamente o que Jules lhe relatava. Em seguida, disse que poderia ajudar, mas que tinha um preço. Jules se arrependeu na hora de ter ido até lá, no entanto decidiu continuar a conversa para saber onde tudo iria terminar.

Ela disse que não poderia chamar aquele lugar de escola nem tampouco de convento, pois não seguia os postulados da Igreja, mesmo tendo de prestar contas a ela de todos os que lá se encontravam. Pagava uma determinada quantia à Igreja para que não lhe perturbasse. O dinheiro era procedente dos pagamentos das pessoas que lá ficavam e aprendiam a lidar com seus dons sobrenaturais, ou seja, ela cobrava de quem poderia pagar para que pudessem permanecer em segurança, sem que a Igreja os perseguisse.

Jules perguntou-lhe sobre o procedimento com aqueles que não poderiam pagar, e Elise respondeu friamente: "Nada posso fazer por eles!".

Jules ficou indignado com a resposta. Percebeu, então, o quanto ela se tornara materialista. Pensou em questionar, porém percebeu que não valeria a pena. Decidiu simplesmente sair, alegando não ter condições financeiras para tal empreendimento.

Elise sentiu-se frustrada, pois percebeu que ele poderia ser de grande valia se decidisse trazer a filha.

Jules retornou às suas terras sentindo que falhara com Aimée por não ter encontrado uma solução para seus problemas. Porém, nada fica sem resposta. Eis que, quando voltava para casa, encontrou pelo caminho uma mulher sendo cruelmente atacada por dois homens. Ela estava muito machucada após ter sido violentamente agredida. Jules decidiu intervir, enfrentando-os valentemente. Eles apenas gritavam: "Ela merece morrer, é uma bruxa". Para ele, isso pouco importava. O que realmente não podia aceitar era assistir a uma covardia à sua frente e nada fazer. Colocou-os para correr em poucos minutos.

A mulher estava muito ferida. Religioso, Jules se lembrou da parábola do Bom Samaritano e decidiu levá-la para sua casa e cuidar dos seus ferimentos. Assim que chegou em suas terras, abrigou-a e providenciou que cuidassem dela.

Passada uma semana, recuperada, a mulher ajoelhou-se e quis beijar os pés de seu salvador, mas foi contida por Jules, que a levantou, dizendo que nada daquilo era necessário.

Pediu que se sentasse à mesa e apresentou-lhe Aimée.

Ao olhar a jovem, ela estremeceu e tentou sair de lá, mas Aimée a conteve, pedindo:

— Fique, por favor. Em meu sonho, uma pessoa me diz que você pode me ajudar.

A mulher abaixou os olhos e permaneceu quieta, sem qualquer movimento.

Jules aproximou-se dela e lhe perguntou:

— Afinal, quem é você? Por que aqueles homens diziam que você devia morrer?

A mulher levantou os olhos, e o que Jules viu foi força e muita coragem.

— Me chamo Francine e venho das terras do norte. Meus pais já morreram e meus irmãos não me querem por perto, pois acham que sou um perigo à sua segurança. Desde muito jovem converso com os mortos, o que sempre causou estranheza a todos os que comigo conviviam. Sempre me consideraram uma aberração, porém jamais me importei com as opiniões alheias. Fiquei sabendo de Elise e de suas tuteladas e pensei em buscar a ajuda dela, mas infelizmente não obtive sucesso. Como eu não tinha recursos, ela não pôde me ajudar. Quando saí de lá, fui surpreendida por aqueles homens.

Jules nada poderia fazer para mudar as regras que Elise escolhera para orientar sua vida, mas poderia ajudar Francine a encontrar um caminho de paz e de equilíbrio.

— Por que minha filha disse que você pode ajudá-la? Isso tem fundamento? — perguntou Jules, ansioso.

A mulher pensou se deveria seguir ou não seus instintos... Era certo que raramente falhavam. Refletiu sobre o que poderia falar àquele bondoso homem, com quem tinha uma dívida. Talvez fosse a forma de lhe retribuir.

Aimée olhava a mulher com olhar de súplica, com a esperança de ver seus males resolvidos. Jules também aguardava a resposta de Francine, que permanecia calada, demonstrando certo nervosismo, apertando as mãos. Depois de alguns minutos de muita reflexão, finalmente decidiu responder:

— Talvez eu possa ajudá-la, minha jovem, mas não sei se aceitará o que tenho a dizer sobre o que sente.

Aimée abriu um sorriso confiante e passou a escutá-la. Ela falava sobre a vida e também sobre a morte, que entre as duas só havia uma mudança de plano, que não modificava em nada a

pessoa, que permanece exatamente como era em vida com suas tendências, personalidade e comportamentos. Em certos casos, tem até aqueles que rejeitam e se rebelam por não mais estarem de posse do corpo físico, mantendo-se em sofrimento. Aimée podia vê-los, e eles acreditavam que ela podia ajudá-los a encontrar seu caminho na nova morada em que se encontravam, permanecendo ao lado dela, o que a perturbava intensamente.

Jules permaneceu todo o tempo ao lado da filha, percebendo que ela estava mais calma e serena, ouvindo atentamente as explicações de Francine.

Ficaram horas conversando. Já estava anoitecendo, e o assunto não se esgotara. Aimée não dava trégua com suas perguntas. Francine já demonstrava cansaço, e Jules decidiu finalizar por ora.

— Peço-lhe que fique conosco, orientando minha filha em suas dúvidas. Peça o que quiser e eu lhe darei. Aimée é meu maior tesouro. Se ela não estiver bem, que alegria terei nesta vida? Nada é mais importante que a felicidade dela. Farei o que for necessário para que isso seja possível. Como poderei lhe pagar?

— Não quero nada, afinal tenho com o senhor uma dívida imensa. Salvou-me naquele dia, cuidando de mim. Não me deve nada, sou eu quem lhe devo a minha vida. Ficarei o tempo que for necessário para ajudar sua filha. O que eu aprendi nesta vida passarei a Aimée e o que ainda não aprendi aprenderemos juntas.

Aimée foi ao encontro de Francine e a abraçou com toda a gratidão.

Passaram-se dois anos desde aquele dia. Ela permanecera ao lado de Aimée como uma grande amiga e mestra. Os pesadelos finalizaram-se, as dúvidas deram lugar à confiança pelo aprendizado adquirido, e, juntas, continuaram sua caminhada para novas descobertas e novos conhecimentos. Aimée era outra pessoa desde a chegada de Francine, e Jules seria eternamente grato àquela mulher.

Lembrou-se de tudo isso enquanto ouvia Adele contar-lhe sobre sua triste vida.

Quando ela finalizou, fez a derradeira pergunta:

— O senhor acredita que minha busca não terá um desfecho favorável?

Jules viu o olhar de súplica que aquela menina lhe endereçara e não pôde encará-la diretamente. Desviou o olhar, pois sabia o que vinha enfrentando, tanto pelo descaso como pela intolerância do próprio pai, mas não podia permitir que ela abrigasse falsas esperanças. Elise não era a solução para seus problemas, talvez até pudesse colocar a menina em perigo, levando-se em conta suas ligações com o clero.

Jules queria muito ajudar Adele, porém precisava de tempo para refletir e ouvir seu coração. Olhou-a com carinho e disse:

— Jamais poderemos antecipar uma resposta que ainda não está pronta. Não posso lhe afirmar nada, minha jovem. Não tenho tal poder, mas posso lhe hospedar o tempo que for necessário, garantindo sua total segurança. Enquanto isso, pensaremos em algo. O que posso lhe antecipar é que essa Elise, que sua mãe pediu que procurasse, não existe mais. Acredite em mim. Aproveite a estadia para descansar.

Adele estava decepcionada com o que acabara de ouvir, entretanto não podia se entregar ao desânimo. Seria então como Jules lhe dissera: pensariam juntos sobre uma nova alternativa. Sorriu com simpatia para aquele homem que a estava ajudando sem qualquer obrigação.

— Bem, feitas as apresentações recheadas com muita história, me deu até apetite — disse Jules, levantando-se e esfregando a barriga. — Vamos à mesa aproveitar essas delícias. Aimée, sirva

os convidados. Rene, temos muito o que conversar, mas deixemos para depois da refeição.

O clima voltou a ser agradável e descontraído durante toda a refeição. Ao final dela, Jules chamou Rene para dar uma caminhada. Adele e Justine disseram a Aimée que gostariam de repousar. Ela as acompanhou até o quarto, prometendo acordá-las no final da tarde.

Adrien foi o único que parecia disposto, permanecendo na sala até a jovem retornar.

— Gostaria de conhecer o lugar? Posso lhe mostrar tudo — disse ela.

— Será um prazer — respondeu.

Perguntou de onde ele era, sobre sua família, seu lar e tudo mais. Era muito solitária. Quando alguém visitava seu pai, queria saber tudo, como se assim pudesse estar em contato com a vida lá fora, da qual o pai tanto a preservava.

Adrien contou-lhe sua história, as perdas que sofrera, toda a dor que experimentara, deixando a jovem sensibilizada.

— Sinto muito por você, Adrien. A vida não tem sido fácil pelo que pude perceber. Mas parece que encontrou um objetivo para dar continuidade à sua existência. Adele tem sido sua motivação, não é mesmo? Sua história me comoveu demais, e não consigo imaginar um pai que não dê abrigo e proteção à própria filha. No mínimo, não está cumprindo com as obrigações que lhe foram outorgadas. Sei que não devemos julgar ninguém, porém é difícil não olhar com olhos críticos para quem age de forma tão desleal com quem devia apenas amparar. Afinal, quantos anos ela tem?

— Disse que vai completar treze anos no mês que vem. Já não se sente mais uma menina. Aliás, é impossível conversar com ela, por alguns minutos que sejam, e não esquecer que tem apenas essa idade. É tão madura, fala com tanta propriedade e sabedoria sobre assuntos que não deveriam ser da sua alçada. É impressionante e cativante. Não pude recusar seu pedido para acompanhá-la nesta viagem. E, se pedisse que eu a levasse até o fim do mundo, talvez não me recusasse também.

— Ela é muito convincente, porém creio que não deva prosseguir com seu plano de ir até Bousquet. Meu pai conheceu Elise pessoalmente, pensando que ela pudesse me ajudar, porém voltou decepcionado com o que viu. De acordo com ele, essa mulher não fez associações corretas. Não tenho nada a ver com as escolhas dela, mas posso não concordar, não é mesmo?

— Com certeza cada um é responsável pelas escolhas que faz na vida. As boas e as más. Se essa Elise não é uma pessoa confiável, será muito perigoso para Adele.

— É o que meu pai irá lhe falar quando conversarem sobre o assunto. Fique tranquilo, pois ele também é muito convincente. Sua amiga parece ser de uma família abastada. Se tiver posses, talvez Elise possa ajudá-la no início. Mas e quando os recursos escassearem, o que ela será capaz de fazer com a menina?

— Elise seria capaz de lhe negar auxílio e soltá-la no mundo? — perguntou Adrien.

— Não sabemos, por isso meu pai disse que ela não é confiável. Os interesses materiais estão acima dos espirituais, o que sempre denota o caráter inferior de uma pessoa. Mas não adianta falar sobre algo hipotético, sobre o que ela é ou não capaz de fazer. Não fique inquieto sobre essa questão e lembre-se de que cada coisa se resolve no seu tempo. Nem antes, nem depois, e sim no tempo certo.

Adrien olhava Aimée com a mesma admiração que Adele, afinal elas eram muito parecidas em sua maneira de falar sobre a vida e sobre as pessoas. Sentia a mesma afinidade, como se as conhecesse há longa data.

A vida lhe tirara tudo e estava devolvendo gradativamente o que perdera, na forma dessas duas jovens iluminadas e que preenchiam sua vida de luz...

Aimée, por sua vez, sentia a mesma coisa por aquele jovem sofrido e, ao mesmo tempo, tão cheio de coragem e energia para superar os obstáculos do caminho. Sentiu-se atraída por ele, coisa que jamais sentira por homem algum. Seu pai recebia muitos visitantes, muitos nobres e alguns rapazes muito bonitos que a cortejaram, porém jamais sentiu por eles o que estava sentindo por aquele jovem tão simples, com tanta doçura e bondade no coração. Isso a comovia por demais!

Continuaram andando pela propriedade, e a sensação de Adrien era como se estivesse em suas próprias terras, um lugar cheio de luz, de energia positiva, de aconchego, de paz. Sentia muita saudade de sua família, sempre tão calorosa. Seus olhos se encheram de lágrimas, o que foi percebido por Aimée.

— Saudades de sua família? Não fique assim, eles ficarão bem, não duvide.

Adrien percebeu que ela era tão perspicaz quanto Adele e nada poderia lhe ocultar.

— Isso aqui me lembra a minha família. Sinto tanta harmonia, as pessoas trabalham felizes, agradecidas pela oportunidade de ter seu sustento. Em casa éramos meu pai e irmãos, que cuidavam dos animais e das plantações. Minha mãe fazia queijos artesanais deliciosos e nossa casa estava sempre repleta de gente. Seu pai me parece uma pessoa boa e generosa. Lembra o meu.

— Meu pai é assim mesmo. Tenho muito orgulho dele e sei que faria tudo ao seu alcance para ver todos felizes. Fique aqui o tempo que quiser se isso lhe traz tantas recordações alegres.

— Depende de Adele.

— Então aguardemos. Enquanto isso quero que saiba que estou muito feliz por tê-lo aqui em nossa casa.

— A recíproca também é verdadeira.

Os dois sorriram e continuaram o passeio...

Enquanto isso, Jules e Rene conversavam sobre Elise.

— Rene, você sabe onde está se metendo? Por que aceitou conduzi-los até Bousquet? Não se lembra do que lhe contei sobre ela? Ou será que tem outro interesse?

— Fiquei receoso em guiá-los até lá, mas não consegui dizer não a essa jovem. Principalmente, não consegui negar nada a Justine. Acredito que encontrei a mulher da minha vida.

O homem deu uma gostosa gargalhada e pediu que ele contasse tudo sobre seu novo amor...

Adele e Justine dormiam tranquilamente no quarto.

A vida parecia dar uma trégua a todos. Por ora...

CAPÍTULO 7

Novas decisões

A tarde transcorreu em muita tranquilidade, cada qual escolhendo sua forma de encontrar os momentos de paz tão necessários ao reequilíbrio das energias.

Adele e Justine descansaram por algumas horas. Quando despertaram, foram à procura de Aimée, que estava com Adrien conversando como se fossem velhos amigos. Rene se juntara aos dois, e sonoras gargalhadas preenchiam o ambiente. O anfitrião retornara ao seu trabalho, prometendo encontrá-los no jantar.

O clima era de descontração, e Adele sentiu um aperto no coração. Gostaria de experimentar essa tranquilidade, mas sabia que sua vida tinha uma destinação diferente. Talvez nunca pudesse viver como eles. Tudo parecia tão convidativo, entretanto sabia que não era a escolha realizada. Queria muito viver uma vida de simplicidade e normalidade, mas infelizmente isso não iria acontecer.

Pediu a Aimée para lhe mostrar o jardim que Rene lhe confidenciara ser sua criação.

— Ele sempre exagera em seus relatos, mas desta vez ele foi fiel. Adoro a natureza, as flores e me sinto responsável por cuidar delas com todo o carinho. Venha comigo e eu lhe mostrarei tudo. Adrien, nos acompanhe...

Jules os encontrou antes do jantar e chamou Adele a sós para conversar:

— Minha querida, sinto-me na obrigação de relatar-lhe tudo o que sei sobre Elise.

A jovem empalidecia enquanto ouvia tudo o que Jules sabia sobre a mulher em quem colocara todas as esperanças de salvação. Se fosse verdade, não sabia mais que caminho seguir. Seria verdade tudo o que sua mãe lhe falara sobre Elise?

Conforme Jules ia lhe contando sobre seu encontro com ela, ele podia perceber a angústia no olhar da jovem, que estava prestes a chorar. Naquele momento Jules percebeu o quanto a menina estava sofrendo. Quanto ela se exigia! "Por que precisava carregar um fardo tão pesado alguém de tão pouca idade?"

Essa e outras perguntas povoavam a mente de Jules, que já se sentia arrependido de ter sido franco com a jovem. Mas não poderia permitir que ela continuasse a se iludir com quem não merecia tal consideração. Foi em sua direção e estendeu os braços para lhe dar o amparo que a situação exigia. Ela não resistiu e o abraçou, deixando as lágrimas derramarem, sem fazer esforço algum para contê-las. Assim permaneceu por alguns instantes, esperando que a dor se aplacasse.

— Não fique assim, minha menina — disse Jules com carinho. — Encontraremos uma alternativa. As soluções aparecem no momento certo.

Sorria para Jules, sentindo tristeza por Deus não tê-lo colocado como seu pai. Queria muito um pai assim como ele! Jules ofereceu seu braço e acompanhou-a para o jantar. A jovem permaneceu silenciosa durante a refeição. Todos pareciam tranquilos e felizes, tentando aproveitar os momentos de paz que a vida lhes proporcionava. Assim é a vida. Entre tempestades, momentos de calmaria. A vida segue seu rumo de maneira objetiva e implacável. Basta aproveitarmos cada instante e efetuar o aprendizado necessário.

Adrien estava preocupado com Adele. O semblante da menina, sempre tão iluminado, agora ostentava certo ar de mistério e tristeza.

Pensou em falar com ela, mas a jovem pediu licença, alegando estar cansada e desejando se recolher. Justine estava prestes a acompanhá-la quando, com um delicado gesto, Adele pediu que a amiga ficasse na companhia agradável do grupo. Queria ficar sozinha por alguns momentos.

Aimée era uma excelente anfitriã e pediu-lhes que a acompanhassem até seu local preferido. Subiram as escadas em espiral que havia no fundo da sala. Assim que chegaram ao topo, todos se encantaram com a pequena estufa que lá existia. Havia muitas flores, cujo perfume inebriava a todos. Ao final da estufa, depararam-se com uma pequena saleta de vidro, que refletia a luz da lua e das estrelas.

— Esse é meu lugar preferido quando quero ficar só — falou Aimée, rodopiando nos calcanhares com os braços estendidos. — Já passei muito tempo aqui observando as estrelas e a Lua, pensando no quanto somos pequenos diante da obra do Criador. Fico imaginando se existem outros mundos no Universo, se existe vida e como elas seriam...

Os demais jovens ficaram encantados com a visão daquele céu estrelado, parecendo tão próximo deles. Perceberam que nunca haviam pensado em questões tão complexas. Era algo muito interessante para analisar e discorrer.

Os quatro ficaram conversando até tarde. Adrien se encantava com Aimée e com seu jeito cativante e doce de expressar pensamentos e ideias. Ela era tão simples e ao mesmo tempo tão intensa. Adele e Aimée eram muito parecidas no jeito de pensar. Ambas acreditavam no poder do amor, da compreensão, da aceitação das diferenças, da certeza da paternidade Divina que a todos observa e cuida com amor.

Tudo era confuso para Adrien, que sempre tratara a vida com simplicidade, sem muitos questionamentos, apenas aceitando o que ela lhe oferecia. Seu pai dizia que não adiantava insistir em contrariar a vida, pois ela é sempre soberana e dita as regras. As duas jovens, entretanto, pensavam muito diferente. E tudo que falavam parecia tão lógico que ele acabara confuso sobre o que estava acontecendo. Por que a vida estava lhe mostrando aquilo? Seria para que repensasse a própria existência, passando a valorizar o que elas julgavam imprescindíveis à conquista da felicidade?

Estava tão absorto que nem percebeu Aimée encarando-o fixamente, sorrindo:

— Gosto do que vejo em seu olhar — disse a jovem. — Amanhã conversaremos mais!

Adrien retribuiu o sorriso e seguiu para seu quarto, sem deixar de notar Rene e Justine abraçados. Sorriu ao passar por eles, mas sequer foi notado...

Rene pedia um beijo à Justine, que não sabia se seria uma escolha certa a fazer. Tudo estava tão complicado. Seria hora de se deixar levar por um romance?

O rapaz foi insistente e conseguiu roubar-lhe um beijo. Sorrindo, se despediu...

Justine sabia de suas responsabilidades com Adele. Não se esquecera de que a vida da jovem era seu bem mais precioso, que necessitava de atenção. Quando decidira ir até Bousquet, prometeu acompanhá-la até lá. Mas não havia pensado no que faria depois que a tarefa fosse concluída. Jamais esperou conhecer um homem que a perturbasse tanto quanto Rene. O que fazer? Decidiu dormir...

Nada como uma noite inspiradora para que as ideias aflorassem. Assim seria mais fácil tomar uma decisão.

Na manhã seguinte, todos despertaram bem cedo para visitar a região próspera e acolhedora. Aimée prometera essa visita a todos.

Adele estava serena e com um semblante tranquilo. Disse que gostaria de acompanhar o grupo no passeio, pois precisava relaxar um pouco.

Aimée queria apresentar Francine, que morava não muito distante de sua casa. No caminho, contou-lhes como conhecera sua grande professora para assuntos místicos e espiritualistas.

Ela morava numa casinha acolhedora e confortável. Recebeu Aimée com um abraço afetuoso e cumprimentou carinhosamente a todos. Quando chegou a vez de Adele, seu olhar se modificou. Ela fixou seu olhar no dela e o que viu foi prenúncio de grandes problemas.

Adele sonhara naquela noite com sua mãe, que estava preocupada com o desenrolar de sua história. Pediu-lhe que tomasse uma decisão quando estivesse certa de que era a melhor escolha a fazer. Pediu-lhe prudência para que nada fugisse ao controle nas decisões que teria de tomar em breve.

Todos querem respostas claras e objetivas às suas solicitações, mas se esquecem de que cabe a cada um efetuar a escolha que julgar adequada aos seus propósitos. O outro pode apenas opinar, mediante aquilo que sabe intimamente, mas a decisão é individual e intransferível.

Adoraria ouvir de sua mãe qual caminho deveria seguir, mas isso não lhe ajudaria em nada.

Francine observou atentamente a jovem e teve acesso a determinadas visões sobre sua destinação. Um frio percorreu sua espinha. Julgou conveniente nada dizer sobre o que viu. Passados os primeiros momentos de tensão, relaxou e convidou todos para adentrarem seu humilde lar.

Aimée tinha grande consideração por Francine, que a auxiliara nos momentos mais difíceis de sua vida. Ela lhe fez compreender e aceitar coisas que ninguém jamais soube lhe explicar. Permaneceu abraçada à sua mentora encarnada:

— Francine, estou aqui para que converse com essa jovem e tente colocar algumas ideias em sua cabeça, principalmente sobre Elise.

A mulher endureceu o olhar, lembrando que quase perdera a vida em função de Elise. Acreditava que não fosse uma pessoa confiável por causa de sua reputação.

— O que você quer saber que seu pai já não tenha contado? — perguntou Francine.

— Jules já contou sua história, Francine. Sei que Elise não correspondeu às suas expectativas e, certamente, não corresponderá às minhas em função do que ela se tornou, mas preciso seguir meu coração. Eu já me decidi e vou até Bousquet para conhecer a mulher em quem minha mãe depositava tantas esperanças. Preciso de respostas a algumas dúvidas que carrego há muito tempo. Minha mãe não está mais aqui comigo para me orientar, então tenho que decidir sozinha. Eu pretendia conversar com vocês durante o jantar, porém creio que deva antecipar minha decisão.

Todos os olhares voltaram-se para ela, que permanecia tranquila em sua postura. Na realidade, tinha dúvidas quanto a seu destino. Adiantaria conhecer tanto, saber decifrar tantos mistérios, se o mundo ainda não estava disposto ao aprendizado?

De que valeria o saber se teria de mantê-lo oculto, impedindo que o conhecimento pudesse ser divulgado a todos que dele necessitavam? Mesmo agora, conhecendo a verdade sobre Elise, seu destino era incerto! A única certeza é a de que não viveria fugindo covardemente de seu próprio pai nem tampouco se entregaria ao suplício de forma servil.

Lutaria com todas as suas forças e resistiria o tempo que fosse necessário, porém antes precisava estar frente a frente com Elise e conhecê-la na intimidade.

— O que você pretende? O que essa mulher pode mudar em sua vida? Ela não é quem você pensa que é — afirmou Francine, categórica.

— Quero sondá-lo sobre o que vai em seu íntimo para que eu possa decidir a respeito do meu destino. Não sei o que encontrarei. Tenho ainda algum dinheiro, se é isso que a satisfaz. Não quero, no entanto, comprometer a vida de nenhum de vocês, e fiquem à vontade para decidirem me acompanhar ou não. Mas vamos deixar as decisões difíceis para o momento adequado. Aimée falou que você faz compotas de frutas como ninguém. Podemos conhecer sua grande habilidade? Faz tempo que não experimento essas delícias.

Francine sorriu, deixando o clima mais ameno e favorável, e serviu os doces que Aimée tanto elogiara. No entanto, uma preocupação permanecia em sua mente: aquela jovem estava tomando decisões perigosas que colocariam sua própria vida em risco. Tentaria dissuadi-la quando tivesse a oportunidade de conversarem a sós.

— Sei que possui conhecimentos sobre temas complexos, pois teve uma instrução primorosa. Ontem conversávamos sobre a possibilidade de este universo ser infinito, onde nossa imaginação jamais irá encontrar um ponto finito. O que pensa sobre isso?

Adele sorriu, pois esse era seu assunto predileto, um dos que rompiam os dogmas que a Igreja impunha sobre seus fiéis e que deixavam seu pai profundamente irritado quando falava nele. Nos últimos meses decidira não entrar mais em choque com ele, preservando um pouco da paz de que tanto necessitava. Sonhara repetidas vezes com sua mentora espiritual, recebendo instruções acerca da complexidade do Universo. Dizia que nada poderia ser estático, pois tudo era movimento incessante e contínuo. Nosso pequenino planeta não poderia sobressair-se sobre os demais, como o único a abrigar vida inteligente. Seria o mesmo que considerar que Deus outorgou a vida apenas a esse minúsculo astro, o que seria improvável haja vista a imensidão que nos rodeia.

Aimée ouvia com olhos de encantamento e respeito sobre algo tão apaixonante e que, por vezes, lhe tirara literalmente o sono, perdendo-se em discussões solitárias e sonhadoras. Quantos mistérios ainda por desvendar... Quando os homens se renderiam à sua pequenez?

Ela tinha uma relação de admiração, respeito e submissão àquele que criou tudo o que existia neste e nos demais mundos participantes da criação maior.

Não entendia por que a Igreja julgava-se superior ao Criador, ditando regras, impondo sua vontade como soberana e definitiva, esquecendo-se de que tudo deveria passar pelo crivo e análise daquele que tudo sabe.

Não concordava com o comportamento cruel que a Igreja dispensava a todos que dela discordavam ao negar às criaturas humanas o direito de pensar e agir conforme sua consciência. Afinal, não era na consciência que habitava a porção divina que o Pai Criador legou a todos os seus filhos? Não existiam no íntimo de cada ser as sementes de todas as virtudes que nos assemelham

ao Pai, mesmo que ainda em germe? Como as sementes precisam de tempo para germinar, crescer e frutificar, assim também as criaturas humanas precisam de tempo, trabalho e esforço para permitir que as sementes do conhecimento germinem em seus corações. Tudo no tempo certo. O progresso do homem levará ao progresso da sociedade e da civilização. Mas tudo leva tempo...

A conversa, da qual todos participaram, permaneceu por longo tempo. Francine observava aqueles jovens sedentos de conhecimento e intensos em seus questionamentos, pensando que o que presenciara era uma raridade. Em um tempo em que tudo era proibido e relegado ao silêncio, aqueles jovens questionadores poderiam correr o risco de ser banidos por suas ideias consideradas rebeldes, pois incitavam a população a questionar também seu próprio papel no mundo. As ideias revolucionárias tinham de ser contidas e sufocadas para não gerar desequilíbrio na sociedade, que a Igreja acreditava estar sob seu controle e submissão.

Um momento inesquecível aos olhos de Adrien, que sentia o quanto precisava aprender sobre assuntos que poucos tinham conhecimento e sobre a vida como um todo. Sentia que tinha de correr em busca do saber enquanto ainda tinha tempo e oportunidade para isso. A vida lhe ofertara esse presente irrecusável e não poderia desprezar a chance. Ainda não se decidira sobre o que fazer, mas seu coração já sabia o caminho a seguir. Nada o prendia às suas terras, a não ser as tristes recordações. Já não tinha mais um lugar ou alguém a quem retornar. Agora era um homem do mundo, e seu lugar seria aquele que seu coração decidisse.

Já passava das cinco horas quando os jovens decidiram retornar, sob protestos de Francine, que há muito não se sentia tão feliz. Aimée prometeu repetir o encontro nos próximos dias, despedindo-se afetuosamente da anfitriã.

Jules já os esperava quando retornaram. Enquanto todos foram se preparar para o jantar, Adele pediu para conversar com o pai de Aimée.

Ela contou sobre sua decisão, o que fez o homem franzir a testa de preocupação.

— Minha jovem, esta decisão é definitiva ou posso recorrer ao seu bom senso?

— É definitiva. Quero que saiba que estou ciente dos riscos, pois acreditei em tudo o que me relatou, mas esse é o único caminho que eu posso trilhar. Não tenho um lugar para ir. Posso ser encontrada a qualquer momento pelos homens de meu pai e não quero causar nenhum transtorno ao senhor, que me acolheu com tanto carinho em sua casa. Não tenho para onde ir, a não ser para lá, conforme minha mãe me orientou.

— Minha querida, sua mãe desconhecia esses novos fatos acerca de Elise. Desconsidere o que lhe pediu, pois estará correndo sérios riscos indo ao encontro dessa mulher. E se os homens de seu pai estiverem aguardando você lá? Acredita que ela vai protegê-la? Pense nisso. O que eu posso lhe dizer é que está indo ao encontro do problema, do qual não terá escapatória se Elise entregá-la de bandeja ao seu pai. Ela é interesseira e inescrupulosa, entenda isso.

— Só posso lhe dizer é que não voltarei à casa de meu pai de forma alguma. Tomarei outra providência, se assim for necessário.

Definitivamente, Jules não gostou do que viu naquele olhar de criança madura. Pegou nos braços da jovem e pediu que ela lhe olhasse nos olhos. Viu duas lágrimas escorrendo por sua face rosada e juvenil.

Abraçou aquela criança como se fosse sua própria filha. A jovem desatou a chorar e assim permaneceu por longo tempo.

— Fique aqui conosco, cuidarei de você e não permitirei que nada lhe aconteça. Você tem ainda muito a viver, muito a aprender e a ensinar. Pensaremos numa alternativa, mas não vá ao encontro de Elise, eu lhe peço.

— Você não conhece meu pai. Se me descobre aqui em suas terras, ele irá perturbá-lo até conseguir seu intento, que é me levar de volta. Não posso ficar aqui! Não quero trazer problemas tampouco o perigo para esta casa. Agradeço a oferta, mas decidi que vou ao encontro de Elise, pois assim colocarei um ponto final nesta história. Depois, pensarei em algo. Com relação a Rene, pedirei que fique. Sei que poderá se complicar ao me acompanhar. Se Adrien desejar acompanhar-me, aceitarei sua ajuda apenas para me conduzir até Bousquet. Depois pedirei que volte. Ele é um jovem digno e cheio de atributos que sequer imagina possuir. Uma joia rara, ainda em estado bruto. Sei que Aimée conseguirá burilá-lo e os resultados serão surpreendentes. Eles têm uma tarefa a realizar juntos e jamais impediria que essa programação seja alterada por minha causa. Serão felizes juntos, é o que eu posso antever. Acolha minha fiel amiga Justine e a auxilie no que precisar. É o único favor que lhe peço. Minha mãe deu-lhe de presente algumas joias de extremo valor e me pediu que lhe entregasse quando fosse o momento certo. Creio que esse momento chegou e peço-lhe que seja portador do presente. Não sei quando irei retornar. Decidi que seguirei só nesse caminho.

Jules já não tinha como argumentar com aquela jovem determinada e decidida em suas ações. Pediu-lhe apenas que ficasse mais alguns dias com eles.

— Agradeço, mas tenho que tomar meu rumo. Falarei com Adrien e Rene, poupando Justine, pois sei que fará tudo para me acompanhar. Sei o carinho que tem por ele e nada faria para causar-lhe qualquer mal.

— Não precisa me dar explicações. Não aprovo suas escolhas, mas todo ser é livre para escolher seu próprio caminho. Fique tranquila, pois eu mesmo irei com você. Conheço o melhor caminho até lá. Tenho mesmo que fazer uma entrega na região e pedirei que alguns homens nos acompanhem. Poderemos nos preparar e seguir depois de amanhã. É razoável para você?

— Não quero causar nenhum problema, porém em sua companhia me sentirei mais segura. Não tenho como agradecer esse gesto, Jules.

— Creio que Adrien gostará de nos fazer companhia nessa viagem. Falarei com ele!

Adele deu um sorriso cheio de paz e certeza. Aquele era um bom homem. Como todos os que cruzaram seu caminho para auxiliá-la em sua jornada.

Tudo parecia em paz durante o jantar. Jules disse à filha que pretendia fazer uma pequena viagem e aproveitaria a estadia de Rene, que cuidaria dela e da casa. O semblante de Aimée se fechou, entristecendo como sempre acontecia quando seu pai saía em viagem.

Dessa vez ela estaria em excelente companhia e o tempo passaria rápido. Jules pediu para conversar com Adrien no final do jantar. Queria saber um pouco sobre sua região e como tudo se encontrava depois de tantas tragédias. A peste trouxe consigo a escassez de alimentos e, consequentemente, a fome e a miséria. Aquela região não havia sido poupada.

Aimée quis também participar da conversa, mas Adele a chamou. Pediu que lhe mostrasse o refúgio secreto que todos haviam conhecido na noite anterior.

Todos saíram da sala. Permaneceram apenas Jules e Adrien, que, encabulado diante daquele homem tão confiante, cheio de vitalidade e força, não sabia o que falar. Jules foi logo ao ponto contando o real motivo da conversa. Explicou sobre a conversa com Adele e seus planos de ir o mais brevemente possível para Bousquet. Disse que iria acompanhá-la até lá, mesmo sendo contrário às decisões da jovem. Jules questionou sobre a possibilidade de Adrien juntar-se a eles, e o rapaz assentiu, dizendo que gostaria de seguir com ela até seu destino. Jules então lhe contou sobre a programação a seguir.

Adrien estava com maus pressentimentos sobre a viagem, e Jules percebeu o desconforto estampado em seu olhar. Gostaria de lhe dizer que não se preocupasse, pois tudo daria certo, mas não aprovava mentiras. O rapaz já passara por tantos percalços nas últimas semanas, então não seria justo lhe infundir falsas esperanças.

— Adrien, meu caro, essa decisão não é a mais adequada e Adele tem consciência disso. Não precisa seguir viagem conosco, pois levarei alguns homens comigo, como sempre faço. Pode ficar aqui se achar que é mais conveniente.

— Não ficarei aqui sem nada poder fazer enquanto ela se expõe desnecessariamente ao perigo. Irei com ela até seu destino e tudo farei para protegê-la. Não conseguiria permanecer passivo, apenas aguardando notícias. Estarei ao lado dela para o que precisar. Só estou com maus pressentimentos...

Jules sorriu diante daquele jovem corajoso e impetuoso, que possuía a fibra necessária para vencer qualquer obstáculo no caminho. Entendeu o interesse de Aimée por ele. Ela via nele a força, o idealismo, a verdade, virtudes que sempre enaltecera num homem.

Pensou que, além de cuidar de Adele, teria também de proteger Adrien de si mesmo para que não cometesse nenhum ato impensado que pudesse causar-lhe perigo. Ele era impulsivo, e sabia que isso era sempre fator de risco diante das situações difíceis. Aimée não o perdoaria se algo acontecesse àquele rapaz. Tudo já estava programado e assim aconteceria.

O jovem concordou, dizendo que seria discreto para que ninguém desconfiasse dos planos. Agradeceu a Jules a companhia durante a viagem até Bousquet, que seria providencial, afinal não conhecia a região e teriam dificuldades se fossem sós.

Jules ainda pediu que não deixasse transparecer nada a Rene, que era muito matreiro e sagaz, pois isso poderia comprometer a viagem. Em seguida, se despediu do jovem e se recolheu, dizendo que o dia seguinte seria muito atribulado.

Adrien saiu em direção ao refúgio de Aimée, onde os amigos estavam, olhando a noite clara, iluminada pelas estrelas e por uma lua crescente, que irradiava energias sutis aos enamorados, despertando sentimentos e doces emoções.

Ficaram lá por algumas horas, até que Adele se despediu do grupo dizendo que estava muito cansada e iria dormir.

— Bem, queridos, aproveitem a lua dos enamorados. Acho que estou sobrando e vou descansar. Amanhã conversamos. Boa noite!

Os dois casais sorriram.

Aimée pegou a mão de Adrien e pediu que a acompanhasse a outro lugar, deixando Rene e Justine a fazer planos para o futuro.

Um futuro que poderia ser comprometido se algo saísse errado em seus planos. Um futuro que talvez lhe fosse negado viver... O tempo diria se estava certa ou não em suas intuições.

Que futuro lhe aguardava? Pela primeira vez percebeu que ninguém tem o controle sobre o futuro, que nada mais é do que uma sucessão de ações que se desenrolam após as decisões pessoais de cada um.

Ela pensou que, de certa forma, de acordo com nossas ações no presente, todos temos o poder de conhecer o futuro. Adele sabia o que poderia lhe acontecer. Mas não tinha certeza.

O melhor a fazer seria continuar a caminhar. Sempre...

CAPÍTULO 8

Um novo caminho

O melhor a fazer em qualquer situação é continuar a caminhar, jamais interromper os passos. Se pararmos, se permitirmos que o medo nos acompanhe, fatalmente estaremos fadados ao fracasso.

Adele sabia que não podia permanecer inerte, pois sua caminhada já se iniciara anos atrás, desde que despertara para os assuntos referentes ao espírito imortal. Tinha aceitado as incumbências, consciente de que seu futuro seria uma incógnita, e jamais sentira qualquer temor perante suas escolhas.

Muitas vezes se perguntava qual havia sido o propósito de encarnar com tantas tarefas, num período ainda tão obscuro e predominantemente conservador. Deveria haver uma resposta a tal indagação, mas ainda não conseguira obter, mesmo após sucessivos questionamentos aos mentores que a acompanhavam na atual encarnação. Uma vez, sua mentora lhe orientou:

— Minha filha, deixe de lado os questionamentos, que absorvem importante parcela de suas energias, e apenas realize. Faça tudo o que estiver ao seu alcance. Suas ações serão sua melhor empreitada. Pare de procurar respostas a questões que ainda estão submersas na ignorância. Só o tempo será capaz de lhe oferecer entendimento. Enquanto é possível, procure não ficar ociosa e seja, sempre que a oportunidade aparecer, um intermediário do seu próximo. Todos têm um lugar na imensidão deste Universo. Não é diferente com você. Até o ser mais primitivo tem um papel a executar, minha filha. Imagine o que o Pai não espera daqueles que detêm inteligência, bom senso e determinação em se aperfeiçoar?

Adele se contentava com as informações que recebia, consciente das tarefas que precisava efetuar. Passou a realizar ativamente tudo o que a vida lhe oferecia: informava, esclarecia, curava, alertava, incentivava, se compadecia, se doava.

Assim tinha sido até então, mediante a pouca idade e as oportunidades que surgiam.

Após as últimas revelações sobre Elise, sentia que o desânimo a visitara de forma inexorável. Seu castelo de sonhos queria ruir, assim como as esperanças de fugir definitivamente de seu austero e insensível pai. Mas uma força maior a sustentava, incentivando-a a prosseguir. Sabia que tinha amigos com quem contar.

Lembrou-se de sua mãe, que lhe dizia desde muito criança: "Se não sabe o que fazer, deixe que seu coração te guie. Viva um dia por vez, pois, se quiser viver todos num só, terá perdido a oportunidade do aprendizado que sempre ocorre de forma gradual".

O dia seguinte foi repleto de atividades, das quais fez questão de participar. Fizeram um passeio pela vizinhança, conhecendo os agricultores que trabalhavam para o pai de Aimée. Tudo o que viram era condizente com o espírito que imperava naquele lugar: companheirismo, afabilidade, respeito, generosidade, alegria. Todos trabalhavam felizes, sabendo o que iriam receber ao fim da exaustiva jornada. Jules era digno, honesto, íntegro em suas ações, respeitava o esforço daqueles que o serviam. Era uma região próspera e magnífica, algo raro de se encontrar num momento de tanta penúria, em função da peste que acometia grande parte da Europa.

No fim do dia, exaustos, se refrescaram à sombra do harmonioso jardim de Aimée. Alguns bancos rodeavam o local e todos lá permaneceram até o sol se pôr.

Ao jantar, Jules anunciou que partiria logo cedo e que não iria acordá-los, fazendo já as despedidas. Aimée se jogou nos braços do pai e lhe pediu que fosse cuidadoso, que realizasse tudo com presteza e retornasse logo.

— Algum dia fiz diferente, minha filha? — perguntou Jules.

— Não, papai, mas não custa lembrar que eu preciso de você por perto. Não sei o que seria de minha vida sem sua presença. Dê-me um abraço apertado e diga que voltará o mais cedo possível.

Jules envolveu a filha num afetuoso e intenso abraço, beijando-a repetidas vezes.

— Quem irá acompanhá-lo? — perguntou Aimée.

— Os homens que sempre me acompanham. Estarei de volta em dois ou três dias. Enquanto isso deixarei o comando a você, Rene.

Rene abraçou Jules e comprometeu-se a cuidar de tudo na ausência do amigo.

Adrien acompanhou Aimée até seu quarto e, em seguida, voltou à sala para encontrar Adele, que lá permanecera para resolverem sobre a partida.

Conversaram alguns minutos apenas, distante de Justine, que estava com Rene, passeando no jardim à luz da lua. Adele pegou nas mãos de Adrien e disse:

— Não tenho palavras para agradecer seu gesto, me acompanhando nesta viagem. Jamais esquecerei tudo o que fez por mim.

Havia lágrimas de gratidão em seus olhos e nos de Adrien. Os dois amigos apenas se olharam intensamente, num olhar que dizia tudo o que se passava em seus corações. Em seguida, também se recolheram.

O sol ainda não acordara, mas Jules, Adele, Adrien e os demais já estavam prontos para seguir viagem. Jules deixou uma carta para Rene, pois achou conveniente informar o paradeiro de todos, caso demorassem a retornar.

Quando Rene encontrou a carta, eles já estavam a caminho há algumas horas. Lamentou o gesto impensado do amigo, sentindo um frio a percorrer-lhe a espinha. Isso sempre lhe acontecia quando o perigo rondava. Pensou que Jules poderia estar em apuros e decidiu que deveria contar a Justine o paradeiro de sua jovem amiga. Na noite anterior, Adele decidiu colocar umas ervas que induziram ao sono no chá de Justine para que ela dormisse até a hora do almoço e deixou uma carta para a fiel amiga, explicando-lhe sobre suas decisões.

Aimée saiu logo cedo sozinha, pois não havia dormido muito bem, e decidiu conversar com Francine. Estava apreensiva e com um aperto no coração. Sempre ficava preocupada com as viagens de seu pai, mas estava excepcionalmente se sentindo tensa. Tomou rapidamente seu café e foi ao encontro da amiga.

— O que aconteceu, minha menina? Por que está tão nervosa? Seu pai viajou?

— Sim, Francine, mas estou apreensiva e não sei o motivo. Ele me disse que seria uma viagem rápida e que estaria de volta no máximo em três dias. Não tive uma noite tranquila, tive alguns pesadelos e acordei assim.

Francine fechou os olhos e tentou entender o que estava acontecendo. Ela tinha facilidade para conhecer acontecimentos futuros, mas nem sempre esse acesso lhe era permitido. Permaneceu em profunda meditação para ter acesso às possíveis informações do futuro, às premonições propriamente ditas, procurando as respostas que Aimée fora buscar.

Continuou com os olhos fechados, orando aos seus mentores espirituais e solicitando ajuda sobre o que fazer. Temia as possíveis reações de Aimée quando soubesse que seu pai poderia estar em perigo. Mas o que ouviu a deixou calma, serena e pronta para oferecer as respostas.

— Não fique preocupada, minha filha. Nada de mal irá ocorrer com seu pai, que retornará ileso dessa viagem tumultuada. Devemos aguardar seu retorno, e ele mesmo irá nos relatar os fatos. Por ora, a orientação é de que você deve seguir com sua vida, como se tudo estivesse em paz. A única coisa que me pediram para lhe revelar é a verdade.

— Que verdade? — questionou Aimée curiosa.

— O real motivo da viagem de seu pai.

— Não estou entendendo, Francine. Conte-me tudo, por favor.

Francine contou o que a menina em breve saberia: que Adele havia fugido do castelo, provavelmente indo ao seu destino, Bousquet. Contou-lhe que seu pai e Adrien a acompanhavam, mesmo após as recomendações feitas. A jovem corria sério perigo e, por estar em companhia de seu pai e Adrien, o mesmo poderia ocorrer com eles, que a defenderiam em caso de perigo iminente.

Os olhos de Aimée se arregalaram e então ela entendeu as preocupações. Seu pai havia alertado Adele sobre Elise, mas por que ela decidira ir até lá? Não sabia que Elise era uma criatura perigosa? Por que insistir?

Francine observava o olhar preocupado da jovem, que temia pela integridade física de seu pai e de seu mais jovem amigo.

— Você disse que meu pai retornaria para contar toda a história. E Adrien, ele também corre perigo?

— Isso não me foi revelado, minha filha. Mas confie em Deus, que é soberanamente justo e sábio, e seus desígnios são sempre certos. Tudo acontece dentro de uma programação. O que podemos fazer, no momento, é orar, pedindo toda a proteção divina aos envolvidos nesta viagem. É a nossa parte a realizar. Confie no Pai, que tudo sabe e tudo conhece. Vamos deixar nas mãos de Deus. Acalme seu coração, para que você possa sintonizar-se com as energias mais sutis que nossos amigos da luz necessitam para envolver a todos em muita proteção. Vá para casa, minha querida.

Aimée suspirou profundamente, procurando relaxar a tensão, e sentiu uma energia poderosa, acalmando-a e fazendo-a se sentir mais confiante.

Francine percebeu quando uma cachoeira de luz radiante a envolveu, energia transformadora contendo os nutrientes necessários para que ela sentisse a paz e o equilíbrio de volta. Aimée era uma alma pura, aqui encarnada para nos auxiliar no entendimento do mais fraterno amor.

A jovem abraçou a amiga, pedindo que a avisasse se tivesse outras notícias.

— Se eu descobrir algo, você será a primeira a saber — disse Francine. — Agora vá e converse com seus amigos. Não deixe que nenhum deles tome qualquer decisão precipitada. Cuide dos ânimos de Rene e afirme que nada de mau irá acontecer com seu pai. Não permita que ele faça algo comprometedor, certo?

— Fique você tranquila. De Rene eu sei cuidar. Se preciso for, o prenderei em casa.

Aimée disse isso sorrindo, mostrando que estava mais calma e controlada. E, mais do que isso, sabia que não podia se descuidar dos pensamentos e sentimentos, procurando emitir apenas as mais puras energias.

O Mestre nos pede a oração e a vigilância em toda e qualquer situação da vida. Infelizmente esquecemos essa preciosa lição, que poderia nos afastar de muitas situações difíceis e comprometedoras. Mas é sempre bom lembrar a importância e a eficácia da oração sincera e verdadeira, permeada de propósitos nobres e elevados.

Enquanto isso Rene tivera acesso à carta deixada por Jules, e a preocupação se apoderou dele. Pensou em ir ao encontro do grupo, mas não sabia se era a decisão mais acertada. Decidiu ir até o quarto de Justine. Abriu a porta e encontrou-a ainda dormindo, tendo muita dificuldade em despertá-la.

— O que aconteceu? Onde está Adele? — disse a jovem sonolenta.

— Tome um pouco de água e conversamos — respondeu Rene.

Contou-lhe sobre a viagem do grupo, deixando-a em pânico. Tentou se levantar e teve muita tonteira, sequer conseguiu ficar de pé.

— Eu sei o que ela fez — disse Justine. — Adele colocou ervas em meu chá para que eu dormisse profundamente. Então ela planejou tudo com Jules e Adrien, e saíram logo cedo?

— Sim, Justine. Mas vejo que ela lhe deixou também uma carta. Leia, por favor.

A jovem leu a carta em voz alta, compartilhando as informações com Rene. Enquando lia, lágrimas escorriam pelo seu rosto. Por que ela agira assim? Não sabia que a acompanharia em todos as dificuldades? No final da carta compreendeu a atitude da menina, sentindo a grandeza daquela jovem, a ponto de sair da vida de Justine para que ela pudesse viver a sua própria. Quanta nobreza dentro daquele jovem coração, que só sabia pulsar amor a todos que dele se aproximavam! Amava essa menina e não podia deixá-la partir assim.

Rene pediu que se acalmasse. Conversariam com Aimée e decidiriam o que fazer.

Assim que Aimée chegou, encontrou os dois na sala.

— Já sabem do ocorrido? — Aimée sorriu. — Intuição feminina. Assim que despertei, percebi que algo estava acontecendo. Meu pai deixou algum bilhete, Rene?

— Vou lhe contar o que sei, depois Justine falará sobre a carta de Adele e, juntos, decidiremos o que fazer.

Após as revelações, todos ficaram pensativos e calados. Precisavam analisar a situação com cautela e bom senso. Aimée foi a primeira a falar:

— Creio que devemos aguardar notícias de meu pai. Até lá, não devemos tomar nenhuma atitude.

— Adele pode precisar de mim — disse Justine preocupada.

— Mas ela não foi clara o suficiente com você, Justine? Não lhe pediu que cuidasse de sua vida? Não era esse o desejo dela? Por que não respeitar? — disse Aimée.

— Mas eu prometi à mãe de Adele que cuidaria dela com minha própria vida.

— Ela já lhe revogou essa promessa, dizendo que está livre para seguir com sua vida. Ela escolheu ir até Bousquet, conhecendo a reputação de Elise e do que ela é capaz de fazer. A escolha foi dela. Podemos ajudar aquele que amamos, mas não podemos viver a vida que ele escolheu. Sua vida deve ser fruto de suas escolhas, Justine. Você vive sua vida e ela vive a dela. Quando partirmos desta existência e chegarmos à vida espiritual, seremos cobrados pelo que fizemos ou deixamos de fazer. Foi isso o que aprendi, e Adele compartilha da mesma forma de pensar.

— Eu sei, minha jovem, porém sempre estive ao lado dela, cuidando de sua segurança e integridade física e emocional. Dará conta de suas responsabilidades sozinha?

— Eu não tenho dúvida alguma de que ela é capaz de administrar sua própria vida! Acalma teu coração. Segui essa orientação e me sinto muito melhor e mais confiante de que tudo ficará como deve ficar mesmo que não seja nossa vontade, afinal a vontade do Pai deve prevalecer sempre.

Justine ficou pensativa alguns instantes e em seguida disse:

— Entendo que detém a verdade em suas palavras, mas meu coração ainda está ligado ao dela e não sei como não ficar preocupada com o que poderá lhe acontecer.

— Ela estará em companhia de meu pai, seus homens e de Adrien. Você conseguiria segurança melhor?

— Tem razão, minha amiga. Vou tentar aguardar notícias — disse Justine, confiante.

Rene ficara calado durante a conversa das duas mulheres, decidindo não intervir. Comentou logo depois:

— Compreendi o que disseram e entendo que devam permanecer aguardando notícias, mas não sou assim paciente. Vou atrás deles agora mesmo!

Aimée colocou-se diante dele, como a impedir-lhe a passagem.

— Não, Rene. Você vai permanecer aqui nesta casa, aguardando o retorno de meu pai. Não foi exatamente isso que ele pediu?

— Mas eu vou ficar aqui esperando sem fazer absolutamente nada? Não sou assim. Sou um homem de ação e não sei ficar ocioso — respondeu.

— Você está apenas seguindo a orientação de meu pai, que confiou em você para cuidar de tudo em sua ausência. Vai nos deixar sozinhas aqui?

O jovem estava confuso, inseguro quanto às decisões a tomar. Certa vez, o próprio Jules o aconselhou: "Quando estiver inseguro quanto ao caminho a seguir, analise as opções. Não tome nenhuma atitude quando a certeza não o acompanhar". Decidiu, então, que pensaria melhor nas opções a fazer.

Todos sabiam que não seria fácil ficar à espera de notícias, mas assim deveria ser. Pelo menos por ora.

Jules havia preferido o caminho mais rápido para a jornada, de vegetação fechada e terreno íngreme. Assim Adele lhe pedira: queria chegar o mais rápido possível para que toda a tortura e sofrimento acabassem.

Estavam todos silenciosos e pensativos. Adrien e Adele caminhavam lado a lado. O clima não era favorável à conversa. Todos estavam com os sentidos em alerta.

Adrien queria conversar com Adele sobre um ponto que o incomodava, mas não encontrava o momento mais adequado.

A jovem, percebendo os ânimos do rapaz, se aproximou e perguntou:

— O que tanto o incomoda, Adrien? Por que está tão sisudo e preocupado?

— Não estou com bons pressentimentos, já lhe disse. Sinto que uma sombra nos envolve desde que saímos em viagem. O que você imagina que irá acontecer quando chegarmos a Bousquet?

— Não sei, meu amigo. Não sei tudo sobre todas as coisas e compartilho com você essa mesma tensão e sombra que nos acompanha. Essa Elise, pelo que foi dito, não é uma criatura adorável e generosa, como minha mãe me falou. Pode ser que eu não encontre nada de proveitoso. Talvez nada tenha que aprender com ela, mas só saberei essas respostas quando estiver frente a frente com ela. Não sei se os homens de meu pai já estão lá. Parece que ele descobriu meu roteiro sem eu ter deixado qualquer pista. Os caminhos estão se fechando para mim.

— Você está com medo? — perguntou Adrien, apreensivo.

— Talvez um pouco temerosa pelos futuros acontecimentos. Mas para que temer se sabemos que nossos destinos são fruto de nossas próprias escolhas?

— Mas nem todos assim acreditam, Adele. A grande maioria acredita que suas vidas sejam imutáveis, impostas pela Divindade. Para essas pessoas só resta aceitar passivamente o que a vida lhes designar, sem chance alguma de efetuar qualquer alteração, mesmo que isso lhe pareça sensato. O medo é a consequência da ignorância que ainda predomina.

— Exatamente, meu caro. Se acreditar ter a posse da própria vida e aceitar que pode submetê-la à sua vontade, é inadmissível que o medo tenha uma participação tão efetiva. Tenho certeza de que você encontrará em seu caminho alternativas possíveis, sem que necessite submeter-se aos caprichos de pessoas que se sentem soberanas e dominantes, mas que na verdade não receberam poder algum de Deus para assim agir. Um dia, todos irão compreender que são livres para pensar, agir e ser quem se deseja. Provavelmente esse dia ainda esteja distante, mas isso acontecerá fatalmente, pois o progresso é inevitável, em qualquer setor da existência.

Adrien sorriu, sentindo o quanto aquela garota estava além de seu tempo, talvez por isso ainda fosse tão incompreendida. Porém seus fundamentos eram tão naturais e óbvios que não tinha como refutá-los. Grande garota! Por que as pessoas são tão herméticas para o novo, para o progresso? Sentiam medo do que poderia lhes advir? Todos temem o novo, mas todos, um dia, terão de enfrentá-lo.

Adele sentiu que o jovem amigo estava muito preocupado com seu destino.

— Adrien, não se preocupe comigo, pois a maior preocupação deve ser consigo mesmo. Se cada pessoa cuidasse de dirigir seu próprio destino, sem perder energias importantes com preocupações que não lhes dizem respeito, chegariam mais rapidamente às soluções necessárias. Mas assim não agem, perdendo precioso tempo em resolver questões que não são de sua alçada. Cada um deve escolher seu caminho e ser responsável pelas escolhas efetuadas. Eu penso assim! Não me sinto em condições de aconselhá-lo sobre o melhor caminho a seguir, pois não conheço suas ambições íntimas. O que é bom para mim pode não ser para você e vice-versa. Por que então se preocupar excessivamente com coisas que não sabemos se irão acontecer ou se são necessárias para nosso aprendizado? Acalme seu coração e não permita que o medo se aposse de você, o que o tornaria inacessível ao auxílio Divino, que sempre nos será concedido se nossas intenções forem dignas e nosso esforço for atuante e nobre. Minha forma de viver foi escolha minha, mesmo antes de chegar aqui, o que talvez ainda não possa compreender. Sabia de todos os riscos e de todas as batalhas que teria de travar não apenas comigo mesma, mas com toda a ideologia dominante neste tempo em que vivemos. Tudo foi traçado antes mesmo que eu nascesse, e posso lhe garantir que qualquer atitude que necessite tomar será de minha responsabilidade. Responderei por todos os meus atos. Se fizer algo repreensível aos olhos do Pai Maior, arcarei com as consequências de minhas escolhas inadequadas.

— Não estou gostando do rumo de nossa conversa, como se algo terrível fosse acontecer. Acredito que exista uma alternativa viável, nem que seja fugir indefinidamente.

Adele deixou o olhar vagar no infinito e concluiu:

— Deixemos que a vida siga seu curso, meu amigo. Não pensemos que o pior possa acontecer. Valorizo minha vida mais do que tudo, mas ela precisa ser produtiva. Adrien, vamos encerrar nossa conversa e ganhar energias para a caminhada. Peço apenas que confie em mim. Não me subestime, nem tampouco tente direcionar meu caminho. É minha incumbência e tentarei fazer a melhor escolha. Esteja certo disso.

Os dois ficaram novamente calados, cada um com o turbilhão de ideias a organizar e redirecionar. Cada coisa tinha seu lugar certo. Teriam que confiar...

Chegaram à pequena estalagem exaustos. Alimentaram-se e foram dormir cedo para iniciar a caminhada logo que o sol raiasse. O dia amanheceu cinzento, com possibilidades de chuva, o que deixou Jules preocupado. Faltava muito pouco para chegar em Bousquet, e seus pressentimentos não eram os melhores.

Caminharam por aproximadamente duas horas quando avistaram um imponente castelo, cercado por uma vegetação bem cuidada, repleto de árvores frutíferas e ornamentais. Era um local muito bonito, mas, de acordo com Jules, a beleza que a natureza havia marcado naquele lugar não era condizente com as energias que do castelo emanavam.

O lugar estava tranquilo e não divisaram nenhuma pessoa por perto. Tudo estava silencioso demais, o que o fez desconfiar de que algo não estava como deveria.

O coração de Adele batia descompassadamente, afinal chegara finalmente ao seu destino. Havia um imenso portão que garantia a proteção dos habitantes, mas não havia ninguém por perto. Jules e seus homens se aproximaram e abriram o portão, adentrando as dependências do castelo. Até chegar à porta, havia um caminho todo feito de pedras, rodeado por lindas e perfumadas flores. Quando estavam bem próximos, a porta se abriu e saiu uma mulher de aproximadamente quarenta anos, de beleza inigualável. Os longos cabelos castanhos emolduravam seu rosto sério e enérgico. Ela caminhou até o encontro do grupo e perguntou:

— O que fazem aqui? O portão estava fechado para impedir o acesso de pessoas indesejadas. Quem são vocês?

Quando fixou o olhar em Jules, ele lhe pareceu familiar, e ela tentou se lembrar de onde o conhecera. Olhou o restante do grupo. Quando bateu o olhar em Adele, seu semblante se fechou, empalidecendo a olhos vistos. Sabia quem era aquela jovem, e talvez fosse tarde demais para ela.

No mesmo instante em que ia se dirigir ao encontro da jovem, um grupo de homens surgiu pelas laterais do castelo, dirigindo-se a Jules e aos seus acompanhantes.

Adele também empalideceu quando viu Pierre se aproximando. Foi ao encontro dele e perguntou:

— Olá, Pierre. Finalmente me encontrou. O que pretende fazer comigo?

O homem não conseguiu manter o olhar em Adele, abaixando seus olhos tristes e cansados. Essa era a última coisa que desejaria que acontecesse, mas o destino lhe cobrou uma peça. Não queria encontrar a menina por nada nesse mundo, pois sabia que teria de levá-la de volta a seu pai. Gostava muito de Adele. Sabia quão especial ela era. Ele a viu nascer e acompanhou sua vida sempre de perto.

Conhecia sua mãe desde que ela se casara com o pai de Adele e sabia o quanto ela também era uma criatura especial. E conhecia também o pai. Apesar de trabalhar em suas terras por muitos anos, nutria por ele apenas respeito e lealdade. Fora isso, sabia o quanto ele era um ser inflexível e, muitas vezes, cruel com seus subordinados. Adele era sua única filha, mas mesmo assim não hesitaria em mandá-la para um convento, submetendo-a a essa dura provação. Quando lhe deu a incumbência de trazer Adele de volta, Pierre lamentou profundamente, pois sabia que não poderia desobedecer à sua ordem. Esperava não encontrar a menina, mas os homens que o acompanhavam não pensavam igualmente.

— Tenho que levá-la de volta, minha menina. Posso lhe garantir que este não era o meu desejo, mas, agora que a encontrei, não posso deixar de cumprir minha tarefa.

— Como sabia que estava aqui?

— Seu pai encontrou nas coisas de sua mãe uma carta de Elise datada de muitos anos atrás e percebeu que esse era seu destino. Por favor, Adele, venha conosco sem oferecer resistência. Seu pai nos deu a ordem de levá-la a qualquer custo, mas não permitirei nenhuma violência desnecessária. Peça a seus amigos que nada façam para nos impedir.

Os olhos de Adele se encheram de lágrimas ao constatar o imenso sofrimento que Pierre experimentava ao ter que cumprir a ordem de seu pai. Sabia o quanto ele era cruel com quem não obedecia às suas ordens, mas sabia, também, o quanto aquele homem estava sofrendo para cumprir a exigência de seu pai.

— Irei com você, mas antes gostaria de falar com Elise alguns instantes. Posso?

Todos ficaram calados e imóveis. O que iria acontecer?

CAPÍTULO 9

Decisão inesperada

Elise observava tudo. Sabia quem era aquela menina, pois já havia sido alertada sobre sua visita. Sabia que era muito especial e teria adorado a ideia de tê-la ao seu lado, contudo isso não iria acontecer. Não poderia ajudá-la, com risco de ser perseguida. Por isso pagava um bom preço àqueles que a conheciam para mantê--los distantes de seu castelo. Não queria medir forças com a Igreja, pois sabia que estaria em desvantagem. "Mas aquela era apenas uma menina, que mal poderia fazer? Que poderes ela detinha para que todos a quisessem longe do povo? Ela devia ser uma criatura muito especial!"

Conhecera alguém assim no passado, mas jamais a encontrara novamente. Sabia que ela era muito especial, dotada de uma sensibilidade e percepção jamais vistas naqueles tempos. "Mas que dons especiais essa menina tinha?"

Suas perguntas não ficaram sem resposta, pois Adele foi em sua direção:

— Meu nome é Adele e você conheceu minha mãe tempos atrás. Seu nome era Anete e foi ela quem me orientou a lhe procurar na esperança de que pudesse me dar abrigo e proteção. No entanto creio que ela não a conhecia profundamente. É triste constatar o quanto as pessoas ainda preservam seus mais primitivos interesses, esquecendo-se de que recebem do Pai tarefa que mudaria os destinos de muitos. Sei o quanto é especial, Elise, mas não sabia o que falaria mais alto em seu íntimo. É uma pena não podermos ser amigas, pois teríamos muito a aprender uma com a outra. Pelo que fiquei sabendo, você já selou meu destino, não é mesmo? Fez uma escolha e posso lhe afirmar que não foi a escolha certa e que será responsável por suas ações.

Elise abaixou o olhar. Não conseguiu encarar a verdade que aquela jovem lhe atirava no rosto. A doçura que Adele irradiava, mesmo com palavras tão duras, e tocou seu coração como jamais acontecera, fazendo-a sentir-se um ser desprezível. Sentiu uma dor lancinante em seu peito, arrependendo-se de sua decisão. Mas agora era tarde. Levantou os olhos e o que viu a deixou ainda mais constrangida e sem palavras.

Adele estava com o olhar fixo em Elise, e o que se via era um olhar repleto de compaixão àquela criatura que ainda não se compatibilizara com as Leis Divinas. Não seria ela que a julgaria, afinal o único que detém esse poder é Deus. Somos responsáveis por nossas escolhas. Elas definirão o que iremos resgatar ao longo da existência: sofrimento ou paz íntima. Depende unicamente de nós.

Elise, por sua vez, tinha o coração em frangalhos, sabendo que o destino daquela jovem esteve em suas mãos e que o deixara escapar. Poderia ter feito algo, porém fora covarde e arraigada em seus valores mundanos e efêmeros. As lágrimas começaram a jorrar, sem que ela pudesse detê-las, e seu cérebro começou a

funcionar de maneira mais ágil que o habitual, tentando encontrar uma saída.

Mas o olhar de Adele pediu-lhe que nada fizesse. Seu destino já fora selado, muito mais pelas escolhas que fizera do que pelas de Elise.

— Espero que sua decisão não lhe cause mais prejuízos além dos que já conquistou com suas ações equivocadas, Elise. Gostaria apenas de lhe dizer que coloquei em suas mãos todas as minhas esperanças. Creio que o equívoco foi meu, afinal ninguém pode realizar por nós o que nos compete. Insisti em acreditar que havia uma esperança para mim. Porém, a responsabilidade é apenas minha. Não quero que se sinta culpada por nada. Não lhe guardarei nenhum rancor. Fique em paz, mas saiba que todo o bem que espalhar será seu maior escudo contra as forças do mal, que insistem em desestabilizar as forças da natureza e do bem, que fatalmente um dia serão vitoriosas. Não desista de seus antigos sonhos. Lembre-se de que tudo o que plantou sob a terra colherá nesta ou em outras existências. É assim que Jesus, o semeador Maior, nos ensinou. Nunca se esqueça de que é força propulsora do bem e do amor, do conhecimento e do esclarecimento. Não se negue a isso.

Elise foi até a jovem e a estreitou num longo abraço, entre lágrimas do mais puro arrependimento.

— Me perdoe, Adele. Você se parece com sua mãe na aparência, na sensibilidade e na sabedoria. Estarei em débito contigo até que consiga apagar todo o mal que lhe causei.

As duas mulheres abraçadas irradiavam uma luz intensa e, no ambiente do lado espiritual, amigos do bem observavam o desenrolar dos fatos.

De repente, Elise se desvencilhou de Adele e, olhando fixamente em seus olhos, cochichou em seu ouvido:

— Vá embora, minha menina. Deixe que cuidarei de tudo. Fuja daqui o mais rápido que puder e não olhe para trás. Eu criei esse problema, eu o solucionarei. Peço que fique atenta e, ao meu sinal, saia daqui. Até lá finja que aceita retornar.

Adele não sabia o que fazer ou pensar acerca do que ouvira. Não queria se tornar uma eterna fugitiva, mas as perspectivas futuras não eram nada alentadoras. Não sabia se suportaria seu destino caso acatasse as orientações de Pierre e voltasse para a casa de seu pai. Não era de se esquivar a nada, mas voltar seria assinar sua sentença de morte definitiva. Decidiu que tentaria fugir. E que Deus abençoasse sua decisão!

Elise pediu a Adrien que se aproximasse, pois queria lhe falar. Contou rapidamente o plano arquitetado, mas que necessitaria de sua ajuda para que ele se concretizasse.

Adrien, até então com os olhos marejados, sentiu suas forças renovadas, porém ainda não sabia como proceder. Ficou tentado a lutar com aqueles homens, mas estava em desvantagem. Elise, porém, pediu-lhe que aguardasse o momento certo.

Jules, por sua vez, constatou o que já previra: Elise entregara Adele a seus perseguidores. Teve asco por aquela mulher, mas, quando a viu pedindo perdão à jovem, ficou sensibilizado, lembrando-se do que sua filha lhe diria naquela situação: quem somos nós para fazer qualquer julgamento? Como podemos julgar qualquer pessoa que seja se ainda cometemos tantos deslizes e falhamos com nossos semelhantes?

Decidiu apenas observar os acontecimentos. Aproximou-se de Adrien, com o intuito de contê-lo, caso ele se decidisse a confrontar os homens. Tocou em seu ombro, solicitando-lhe que nada fizesse, porém o brilho que viu em seus olhos era o prenúncio de que estava planejando alguma ação contra Pierre.

Adele foi ao encontro dos dois amigos, indagando com o olhar os próximos passos. Enquanto isso, Elise indicou uma das moradoras do castelo e pediu que alguns homens de Pierre a acompanhassem, a fim de providenciar mantimentos para a viagem. Ficaram apenas três deles e Pierre. Elise chamou outra jovem e pediu-lhe que ficasse ao lado de Adele. Falou algo no ouvido dela e em seguida disse ao grupo:

— Sei que pretendem partir o mais cedo possível. Caso queiram descansar um pouco, posso providenciar acomodações.

Pierre queria finalizar rapidamente a tarefa e retornar. Estava sendo muito difícil lidar com tudo aquilo, afinal gostava imensamente de Adele e jamais imaginou ser seu carrasco. "Mas ordens são ordens", pensava. Seu patrão tornava-se cruel quando não era atendido, e Pierre não queria enfrentar a ira dele. Porém, seu coração estava partido em ter de levá-la de volta, pois sabia qual seria sua sina. Absorto em seus pensamentos, não percebeu o que Elise estava tramando.

Elise foi até Adele e disse:

— Sophie irá acompanhá-la até uma passagem secreta que a conduzirá para bem longe daqui. Adrien, seu fiel amigo, a acompanhará. É o que posso fazer para amenizar um pouco meu erro. Perdoe-me! Quanto a você, Jules, procure distrair Pierre o máximo que puder. Faça isso por Adele, eu lhe peço.

Jules não queria compactuar com toda aquela farsa, mas era necessário caso quisesse que Adele saísse ilesa e conseguisse fugir para bem longe. Concordou com Elise e foi até Pierre com o intuito de conversar sobre o destino da jovem.

Tudo aconteceu repentinamente. A um sinal de Elise, Sophie pegou a mão de Adele, que seguiu acompanhada de Adrien. Elise, por sua vez, colocou-se à frente de um dos homens, dificultando-lhe qualquer ação. Pierre, ao perceber a manobra, chamou um dos homens para impedir a fuga. Jules bloqueou sua passagem, barrando-o assim que ele tentou se aproximar da jovem fugitiva. Quando um dos homens estava prestes a colocar as mãos sobre Adele, Adrien empurrou-o bruscamente, jogando-o ao chão. Pierre pediu que cuidassem para não ferir a jovem, que precisava voltar com sua integridade física preservada. A briga se instalara, e Adele e seus amigos estavam em desvantagem numérica, denunciando que o confronto seria rápido.

O que não se esperava era que os homens de Pierre usassem de violência. Um deles tirou a adaga do cinto e ameaçou Adrien. Investiu sobre o rapaz, que tentou a todo custo mantê-lo distante, empurrando-o para bem longe de Adele, que já se arrependera de ter concordado com a fuga. Adrien era ágil, o que deixou o homem furioso por não conseguir dominá-lo. O jovem ficou à frente e disse a Adele:

— Fuja. Cuidarei deles para que não consigam ir ao seu encalço.

Ela relutou em deixá-lo. E numa fração de segundos viu o que ninguém mais pôde perceber: um outro homem do grupo pegou a própria adaga para dar cobertura ao companheiro e foi ao encontro de Adrien, que, de costas, não percebeu a aproximação nem a intenção. Adele, no entanto, foi mais rápida e colocou-se sobre Adrien para protegê-lo. Acabou ferida em seu lugar. A adaga perfurou seu corpo na altura do peito, fazendo-a cair com as feições contraídas de dor.

Jules correu e pegou-a nos braços, percebendo que o sangue já tingira todo o seu vestido. Colocou-a suavemente no chão enquanto os demais permaneciam paralisados, sem esboçar qualquer reação. Adrien se desvencilhou do oponente e segurou as mãos de Adele, chamando-a à vida. Elise saiu do torpor e, à pedido de Jules, correu para buscar algo que estancasse o ferimento.

O homem que a atacara, ao perceber o que fizera, debandou a correr para bem longe, temeroso do que poderia lhe acontecer. Pierre abaixou-se e chamou por ela, pedindo que não partisse. A comoção era geral.

— Adele, fique conosco! Por que se colocou à minha frente? Você não merece isso, minha amiga querida! Tem tanto para viver! Era eu que estava predestinado a partir, pois nada me prende nesta vida! Não tenho ninguém, e você sabe disso! O mundo precisa de você e de sua luz, não nos negue isso, eu lhe peço! — Adrien chorava ao ver o sangue tingindo a roupa de sua amiga mais querida.

A jovem abriu lentamente os olhos e apertou a mão do amigo. Com a voz entrecortada pela dor, conseguiu sorrir e disse:

— Agradeço imensamente suas palavras de carinho, mas nada mais há que ser feito. Você foi e sempre será um grande e fiel amigo. Aimée lhe espera. Jules, cuide de Justine e faça por ela o que faria por mim. Adrien, siga seu caminho e continue sendo essa pessoa íntegra e pura, não se deixando contaminar pelas injúrias do mundo. Nosso tempo ainda chegará e algum dia nos reencontraremos nessa longa jornada. Jamais esquecerei o que fez por mim. Não quero que se sinta culpado, pois a escolha foi minha, meu amigo! Agora preciso ir e nesta viagem prefiro ir só!

— Eu jamais a esquecerei, Adele. Se é que isso é possível, um dia nos veremos novamente. Serei eternamente grato por tudo o que aprendi contigo.

Os dois se abraçaram carinhosamente, despedindo-se. Em seguida seus olhos foram se fechando lentamente, e Adele partiu deste mundo que jamais a compreendeu.

— Adele, fale comigo! Acorde, por favor! Não nos deixe! — chamava Adrien.

Jules pegou o pulso da jovem, já sem batimento algum. Adele estava morta ali à sua frente. Não havia mais nada que pudessem fazer. Seu coração estava apertado.

Pierre foi ao encontro de Adele, tentando acordá-la também. Não podia imaginar o que lhe ocorreria se levasse apenas o corpo sem vida da jovem. Ficou desesperado e partiu para Elise, confrontando-a:

— O que você fez com ela? Você é a responsável por isso, sua ordinária. O que pretendia ajudando-a a fugir?

Elise ficou assustada com a reação de Pierre, que foi ao seu encontro com uma adaga, pronto para atacá-la. Ela tentou fugir, mas os homens de Pierre não permitiram. O homem estava ensandecido com a perspectiva de retornar com a jovem sem vida. Quando Pierre tentou atingir a mulher, Adrien, que estava próximo dela, tentou impedi-lo, sendo ele mesmo golpeado com a adaga no peito. O jovem não esperava o golpe e sentiu quando a arma atingiu suas costelas como uma brasa queimando as entranhas. Ficou sem ar e caiu ao chão, sentindo uma dor lancinante invadindo-lhe o peito. Jules foi ao encontro de Adrien, contendo Pierre, que parecia enlouquecido.

— Pare com isso! Veja o que fez! Elise, pegue panos limpos e algo para limpar esse ferimento! Vamos, seja rápida, me ajude ou esse jovem irá morrer também!

Elise saiu de seu torpor e chamou por serviçais para que providenciassem o que Jules pedia. Todos permaneceram parados enquanto Jules e Elise tentavam conter a hemorragia de Adrien.

— Adrien, estamos tentando conter a hemorragia, precisamos de sua ajuda.

O jovem apenas gemia baixinho, contendo a dor que lhe acometera. Sentia que seus olhos queriam se fechar e pensou se não seria uma boa ideia. Não queria lutar mais, afinal a vida estava lhe tirando a cada dia alguém que amava. Qual era o sentido de continuar a viver, se seus afetos estavam indo embora? Ouvia a voz de Jules lhe chamando como se estivesse muito longe, mas não sabia se conseguiria atendê-lo, pois estava sentindo um torpor cada vez maior, como se não mais conseguisse se manter acordado. Seus olhos pesavam demais, queria adormecer. Não queria mais lutar, não tinha mais sentido algum permanecer vivo. Que motivação o aguardava? Foi quando sentiu uma presença a seu lado, alguém que o acarinhava com voz doce e afetuosa. Era sua mãe que lhe sorria:

— Não desista, meu filho. Tem muito a viver e a aprender. Não queira retornar antes de seu tempo, pois pode encontrar apenas dor e sofrimento. Lute como sempre fez! Reaja para que possa dar seguimento a essa encarnação e realizar algo de produtivo para você e para muitos. Sua hora ainda não chegou, meu querido, e não quero que retorne sem antes ter mostrado sua força e determinação. Um dia compreenderá coisas que ainda não é capaz de entender. Apenas lute, meu filho! A vida lhe devolverá com a mesma moeda todo o empenho que colocar nessa ação.

Adrien queria ir com sua mãe, mas algo lhe dizia que não podia ainda... Tinha coisas a realizar e devia isso a Adele, que tanto lhe ensinara no tempo em que estiveram juntos.

Aos poucos a dor foi cessando, seus olhos começaram a se abrir e a primeira coisa que viu foi o rosto preocupado de Jules.

— O que aconteceu? Meu peito dói demais.

O jovem tentou se mexer, mas a dor aumentou e ele apenas emitiu um gemido.

— Fique quieto, Adrien. Procure não se mexer por hora. Estamos tentando estancar o sangue. Elise, faça alguma coisa que possa deixá-lo sem dor. Você deve conhecer alguma erva capaz disso.

A mulher assentiu e saiu em busca do que Jules pedira. Ela fez compressas de ervas e permaneceu ao lado de Adrien até ele adormecer serenamente.

Jules observara Elise cuidando do rapaz com tanta gentileza e carinho, que o fez perceber uma faceta nova e desconhecida naquela mulher. Ela era capaz de atos surpreendentes, em todos os aspectos. Sentiu-se tocado e passou a olhar Elise sob outro enfoque.

Estava prestes a fazer um comentário quando percebeu que todos haviam se esquecido de Adele. Apenas Pierre permanecia ao lado da jovem, velando-lhe o sono eterno. Lágrimas escorriam por sua face, lamentando tudo o que acontecera. Seu patrão jamais lhe perdoaria, mas este era o menor de seus problemas. Não conseguiria viver com esse peso no coração. Ele não conseguiria se perdoar nem que vivesse mil anos. Teria que levar Adele de volta para seu pai e arcar com a responsabilidade de seus atos. Devia isso ao patrão...

Jules foi ao encontro de Pierre e conversaram por alguns instantes. Ele tentou explicar que Elise não fora responsável pelo incidente e o censurou por sua atitude impulsiva, que quase custou a vida de um jovem inocente. Pierre ficou calado, aceitando tudo o que aquele homem lhe dizia. Perguntou se Adrien ficaria bom, e Jules assentiu, explicando que tudo poderia ter sido diferente, pois ele poderia ter tirado a vida de um ser inocente. Jules mais uma vez lembrou-se de que sua filha havia mostrado certo interesse por Adrien, que deveria ser realmente alguém muito especial. Comprovara isso presenciando seu ato em defesa de uma desconhecida. Alguém capaz de gestos altruístas, como proteger seu semelhante.

Elise ainda estava ao lado do jovem, velando-lhe o sono restaurador.

Pierre, por sua vez, colocou Adele sobre uma mesa, tentando organizar sua viagem de retorno às terras do patrão. Partiriam pela manhã bem cedo. Enfrentaria todas as consequências que lhe estivessem reservadas.

Pierre e seus homens levaram Adrien para um dos quartos, onde ficaria mais bem instalado. Elise fez questão de ficar ao seu lado caso necessitasse de cuidados durante a noite. Jules decidiu também ficar com o rapaz.

— Você tem um carinho especial por esse jovem. Conhece-o há muito tempo?

— Não, apenas há alguns dias, e o suficiente para que me apegasse a ele. Além do mais, ele parece ter conquistado o coração de minha filha. Você se lembra dela?

Elise abaixou o olhar, sentindo-se constrangida com a pergunta. Lembrava-se de Jules o suficiente para sentir a vergonha tomar conta de si. Percebeu que ficara rubra, o que fez com que Jules esboçasse um leve sorriso.

— Deixemos no passado o que lá deve permanecer. Não guardo nenhum ressentimento do que aconteceu com minha filha. O destino colocou em meu caminho uma mulher que foi um anjo enviado por Deus. Tornou-se sua conselheira espiritual e sua grande amiga. Eu a conheci assim que parti deste lugar. Indiretamente, sou-lhe grato. Portanto, esqueçamos nossas diferenças.

Elise retribuiu-lhe com um sorriso sincero, repleto de gratidão.

— Você é um homem generoso e tenho-lhe grande respeito. Gostaria apenas que soubesse que me arrependi de não lhe tê-lo ajudado. Passava por momentos difíceis, era muito vigiada e perdi o foco sobre minhas tarefas nesta vida. Mesmo que não guarde nenhuma mágoa, gostaria que perdoasse minha falha com sua filha. Fico feliz que ela tenha aprendido a conviver com sua sensibilidade tão apurada, sem maiores sofrimentos. Tendo um pai tão dedicado e receptivo a novas ideias, seu caminho irá fluir sem lhe causar danos.

— Devo lhe confessar que no início não foi tarefa fácil e cheguei a pensar que ela poderia estar seriamente doente.

— Todos pensam assim, o que é uma pena, pois poderiam auxiliar muito mais aceitando as diferenças de comportamento que algumas pessoas ostentam desde muito cedo. Recebi algumas jovens que chegaram com sérios transtornos, que foram sendo tratados simplesmente com o afastamento de seus lares conflituosos, fonte de incompreensão e rejeição. Muitas aqui permanecem até hoje, pois seus pais não as aceitam. É lastimável que isso ocorra, mas não estamos preparados culturalmente para compreender essas pessoas. Não sei se entende a gravidade da situação que enfrento, e talvez por isso eu tenha me tornado uma pessoa sem qualquer gesto de sensibilidade e humanidade. Sofro demais tentando preservar minha própria vida e cuidar de algumas jovens. Talvez não esteja fazendo muito por elas, mas tenho procurado fazer o meu melhor.

— Você não me deve explicações sobre sua vida. Quando lhe procurei estava pensando apenas em minha filha, mas, como você mesma disse, talvez ela estivesse melhor ao meu lado do que aqui. Os caminhos podem parecer incertos, mas o Pai define e nos direciona para o lado acertado da vida. Aimée é uma alma sensível e não a vejo enquadrada a condições e regras instituídas por um seleto grupo que acredita deter o poder. Que não nos ouçam falando assim.

Jules era uma pessoa além de seu tempo e das imposições insanas de alguns cardeais poderosos e inescrupulosos. Sabia de segredos de alguns deles, o que ainda lhe garantira certa segurança. Mas não tinha ideia de até quando seria preservada, portanto o ideal a fazer era manter-se no anonimato, evitando

confrontos desnecessários. Aquela conversa jamais a teria em lugar público. Precisava manter sua filha em total segurança. Falar a verdade era algo perigoso e insano. Por esse motivo mantinha sua filha longe de qualquer situação que lhe causasse evidência. Aimée sabia de tudo isso e aceitava passivamente as orientações de seu pai. Ela era realmente um presente de Deus e queria usufruir da sua presença o máximo de tempo possível.

Elise percebia dignidade e sabedoria transbordando daquela figura viril e, ao mesmo tempo, doce e calorosa. Sentiu que poderia ter se apaixonado por ele. Bem, se fosse em outra época, em outros tempos... Jules era uma criatura apaixonante, mesmo que sequer tivesse noção de seu poder de sedução. A curiosidade passou a imperar, e Elise quis saber mais sobre ele.

— Você cuida de Aimée sozinho? E sua esposa?

O olhar de Jules mudou radicalmente, e ela viu uma intensa mágoa em seus olhos. Sentiu que fizera a pergunta errada, mas agora já havia penetrado em terreno perigoso e hostil. Jules pensou por alguns instantes na resposta que daria.

— Somos apenas nós dois. Não tenho esposa.

— Ela morreu? — perguntou Elise.

— Sim, pelo menos para nós dois, há muito tempo!

Jules percebeu a curiosidade no olhar daquela cativante mulher e, pela primeira vez em todos aqueles anos, sentiu coragem e vontade de falar com alguém sobre sua esposa, uma pessoa infiel e interesseira, que mal conhecera a própria filha. Não sabia se ela estava viva. Talvez a peste tenha conseguido colocar suas garras sobre ela, o que seria bem merecido, afinal eram ambas da mesma estirpe: insensíveis e avassaladoras. Respirou fundo e decidiu dividir sua dor com Elise, o que jamais fizera com alguém.

— Bem, na verdade não sei seu paradeiro, nem mesmo se está viva. Ela saiu de nossas vidas há muito tempo, deixando apenas um rastro de dor e ressentimento.

— Se não quiser falar sobre isso, mudemos de assunto. Perdoe-me a indiscrição. Lamento se esse assunto o constrange.

— De forma alguma me constrange, apenas nunca consegui falar sobre isso com ninguém.

Mas já é tempo de colocar uma pedra sobre esse assunto. Aimée já tentou falar sobre isso, mas senti que ainda não era o momento certo. Minha esposa nos deixou há muito tempo, quando minha filha ainda era bebê. Eu me apaixonei por sua beleza e me esqueci de que isso não seria suficiente para manter um relacionamento duradouro. Era uma mulher apaixonante, cheia de atrativos físicos que escondiam sua verdadeira essência. Casamo-nos com toda a pompa possível, e realmente acreditei que seria eternamente feliz ao seu lado. Doce ilusão! Assim que Aimée nasceu e necessitava de cuidados incessantes, Louise começou a manifestar sua insatisfação por não poder mais comparecer a festas. Reclamava estar exausta e foi deixando de cuidar de Aimée. Passou o encargo para a ama, que foi quem cuidou de minha filha quando a mãe decidiu que precisava de um período de descanso. Eu não podia me ausentar e permiti que Louise viajasse apenas na companhia de sua acompanhante. Foram a Paris. Encontrei-me algumas vezes com ela, que me seduzia, pedindo que ficasse. Mas minha responsabilidade me impedia, afinal tinha uma filha para cuidar. Bem, o restante deixo para sua imaginação deduzir. Na última visita que fiz não mais a encontrei. Recebi apenas um bilhete, no qual explicava que estava indo para a Espanha com alguém que a compreendia e a aceitava como era. Nunca mais tivemos notícias dela. Como pai, creio que fiz um bom trabalho. Como mãe, devo admitir que cometi muitas falhas. Foi um momento difícil de

enfrentar, devo confessar. Passei a olhar todas as mulheres com certa resistência e algum preconceito. Preferi a solidão a passar novamente por isso.

— Nem todas as mulheres são assim como ela.

— Preferi não arriscar. Tive algumas aventuras passageiras, mas jamais me imaginei novamente ao lado de alguém em minha cama e em minha casa. Tenho tudo o que eu quero, posso muito bem passar sem isso.

— Compreendo sua dor, mas creio que deva reconsiderar sua escolha. Não se esqueça de que um dia Aimée terá sua própria vida, deixando-o novamente solitário. Sua vida independe da dela e, por mais que a ame, ela um dia seguirá seu rumo.

— Eu sei de tudo, mas quero dedicar-me a ela o tempo que me restar.

— Espero que faça a melhor escolha e que não tenha arrependimento algum.

Seus olhares se cruzaram, e era possível ver a energia pulsante naquele momento. Os dois assim permaneceram por longo tempo, sem pronunciar qualquer palavra.

Elise desviou o olhar, percebendo que o jovem ao seu lado delirava de febre. Preparou-lhe então compressas com água morna. Jules começou a ficar preocupado com o estado de Adrien, mas ela o tranquilizou:

— Não se preocupe, a febre é um bom sinal. Seu organismo está reagindo, o que é muito alentador. Em algumas horas ela cederá, acredite.

Já amanhecia, e os dois ainda permaneciam acordados ao lado do jovem ferido. A febre cedeu pela manhã e o sono dele se tranquilizou. Jules decidiu acompanhar os preparativos de Pierre, que sairia logo cedo. Elise disse que ficaria com Adrien até que ele acordasse.

Novamente os dois olhares se cruzaram e desta vez ambos sorriram.

— Agradeço pela noite esclarecedora e libertadora — falou Jules. — Precisava falar com alguém e tirar todo o peso que me oprimia. Foi uma ótima ouvinte. Obrigado por me escutar.

— Eu que lhe agradeço pela confiança em me contar sua intimidade.

— Cuide de Adrien e me chame se ele acordar.

— Fique tranquilo. Vá ver Pierre e mande minha solidariedade.

Jules observou atentamente a mulher, percebendo sinceridade em suas palavras. Antes de sair do quarto sentiu algo estranho e perturbador, mas não sabia o que era. Ela também percebera e fechou os olhos, concentrando-se e tentando entender o que se passava.

Havia grande movimentação no ambiente, porém invisível aos olhos dos encarnados.

Estava de prontidão uma equipe espiritual cuidando para que nada saísse dos planos individuais de todos os presentes.

Sem que Elise percebesse, uma criatura iluminada a envolveu numa luz intensa e revigorante. Sussurrou algumas palavras em seu ouvido, fazendo com que a emoção a dominasse e lágrimas furtivas escorressem pelo seu rosto. Lembrou-se de sua mãe, que partira quando ainda era uma criança carente de aconselhamentos e carinho. Sua vida não havia sido nada fácil depois que ela se fora. Sentiu-se desamparada e sozinha! Por que se lembrara dela agora? Ela talvez não se orgulhasse dos caminhos que escolhera trilhar, mas não havia tido muitas escolhas. Seu pai tentou cuidar dela, mas nunca soube como lidar com tudo o que ela herdara de sua mãe, uma criatura especial em todos os sentidos. Sentiu saudades dos dois e lembrou-se de passagens de sua vida. Algumas foram especiais, trazendo-lhe paz íntima. Outras, porém, deixaram seu coração apertado, sentindo o peso das escolhas inadequadas que fizera. Será que teria tempo de reparar seus erros? Será que a vida lhe concederia novas oportunidades de fazer o que era certo?

Pela primeira vez, em tantos anos, sentiu necessidade de fazer algo diferente. Olhou aquele rapaz na cama, que poderia ter perdido a vida por ela, achando que talvez esse tenha sido um sinal de esperança para sua triste vida. Talvez Deus tivesse se compadecido de sua alma renegada e enviado um sinal para que modificasse seu caminhar. No entanto, o que poderia fazer? Sentia-se prisioneira de seu próprio mundo, refém de tantos poderosos. Fugir de tudo isso? E seu trabalho, como ficaria? Estava confusa e cheia de dúvidas. Mas o que aquela menina lhe dissera era a mais pura verdade: ela colheria o que tivesse semeado. E que tipo de sementes estava semeando?

Mais uma vez a entidade iluminada acercou-se dela, dizendo palavras de incentivo:

— *Sim, minha filha, colheremos o que plantarmos, aqui ou onde estivermos. Mas nunca é tarde para mudar nossas condutas quando elas estiverem nos conduzindo a insucessos ou à infelicidade. É preciso ter coragem para mudar. Basta querer!*

CAPÍTULO 10

Esclarecendo

Elise tentou entender o que significavam as palavras de encorajamento e de quem provinham. Já havia sentido aquela presença muitas vezes, quando os problemas se avolumavam ou quando a pressão dos poderosos a tolhia. Era uma voz íntima que a impulsionava a rever suas ações e a modificar o rumo de seu caminhar. Mas não sabia se faria sentido se guiar por aquela voz. E se ela quisesse apenas conduzi-la a um caminho sem volta? Em outros tempos conseguia fazer essa distinção, mas nos últimos anos percebeu que suas percepções passaram a ficar nebulosas. Infelizmente sabia o motivo. Sabia que não estava no rumo certo há muito tempo. Costumava ser auxiliada por irmãos mais elevados quando merecedora de amparo. No entanto, desde que fizera concessões, deixando de lado seus ideais mais nobres, sabia que não teria mais essa proteção e que estaria só na vida.

"Estaria desamparada por realizar escolhas inadequadas e por pensar em seu próprio bem-estar?"

Não era esse o Deus que ela cultivou desde a infância, que sua mãe lhe apresentara ainda jovem. Deus era um Pai generoso, compassivo, manso, amoroso, misericordioso e justo. Nunca duvidara disso, até sentir-se sozinha e desamparada no mundo, tendo que tomar decisões, consciente de que não seriam as que sua mãe aprovaria.

Jules ainda não conhecia sua história na íntegra e precisava contar todos os detalhes. Precisava dividir isso com alguém, talvez para que conseguisse a absolvição que sua consciência ainda não lhe oferecia.

Estava muito confusa após o encontro com Adele, jovem com tantos dons, muito acima dos seus. Talvez, se ainda mantivesse a pureza de outrora, as coisas fossem diferentes e seus poderes teriam se expandido. Mas isso não tinha acontecido... Não poderia ter ajudado Adele, pois era ela própria quem mais precisava de ajuda. O máximo que poderia acontecer era a menina lhe ensinar tudo o que sabia e, juntas, talvez pudessem ajudar muitos mais.

Elise deixou que a dor se libertasse de seu peito e chorou tudo o que jamais fizera em sua vida. Lágrimas de tristeza, arrependimento, dor, frustração. Chorou como nunca antes, libertando-se de sentimentos inferiores que a devoravam nos últimos anos. Pensou estar sozinha, mas muitas testemunhas espirituais a tudo presenciavam, e todas estavam radiantes com a transformação naquele espírito, antes tão resoluto, e que agora oferecia sinais de mudanças em sua maneira de encarar a existência. Elise tinha uma programação muito diferente da que estava seguindo. Os últimos eventos foram responsáveis por essa transformação no mundo íntimo de Elise. O que parecia inacessível até então havia sido tocado, e havia uma chance para que ela reconsiderasse o caminho escolhido.

A mãe de Elise estava radiante com o que presenciava, e lágrimas de emoção escorriam por seu rosto iluminado.

– *Nada está perdido. Que Deus seja louvado! Deixemos que ela continue nessa reflexão que apenas lhe proporcionará a paz que há tanto tempo lhe tem sido negada. Temos que auxiliar Adele em seu desprendimento. As coisas poderiam ter sido diferentes, mas foi essa a sua escolha, salvando a vida de seu amigo. Um ato generoso e nobre, o que denota sua elevação! No entanto, deixou de cumprir sua tarefa redentora. Ela retornará em outra experiência e tentará levar seu conhecimento a essa humanidade tão sofrida e ainda ignorante das leis divinas. Vamos, temos trabalho a fazer.*

O seleto grupo deixou o quarto onde Elise velava o sono de Adrien e foi para o ambiente em que o corpo de Adele se encontrava. Pierre estava inconsolável pelo desencarne precoce da menina. Os homens esperavam suas ordens para iniciar a viagem.

Ela estava com um semblante tranquilo e parecia estar apenas adormecida. Foi essa a imagem que Jules guardou para contar ao amigo assim que despertasse. E enviou a Adele um último pensamento em forma de prece, rogando ao Pai que a amparasse em seus amorosos braços. Sabia que ela ficaria bem... Onde estivesse...

Quando a equipe espiritual adentrou a sala, deparou-se com uma cena tocante e singela. A jovem estava sendo amparada por sua mãe, que a segurava em seus braços. Ela cumprimentou amorosamente a equipe, pedindo permissão para acompanhar o desligamento de Adele. Queria que fosse sem sofrimento, pois sua filha era merecedora de todo o auxílio. Todos assentiram e rodearam a jovem, que ainda permanecia dormindo. Procuraram apressar a ruptura dos laços materiais para que ela pudesse se despojar do corpo.

Quando começou a abrir os olhos, ainda confusa, sentiu uma dor lancinante em seu peito como se o ar lhe faltasse. A equipe fez o máximo permitido, procurando que adormecesse e apenas despertasse quando já estivesse em local apropriado. Quando ela novamente adormeceu, a equipe finalizou o trabalho e todos juntos deixaram o local, partindo para a nova e provisória morada de Adele.

Quando Jules retornou ao quarto, percebeu que Elise adormecera, exausta com os acontecimentos. Parecia outra mulher, assim pensou. Sentia uma energia diferente ao seu lado e precisava entender o que aquilo significava. Ele pegou uma manta e a cobriu.

Sentou na outra cadeira e lá ficaria até o jovem melhorar.

O cansaço também o dominou, e foi despertado horas mais tarde pela própria Elise, que lhe trouxe uma bandeja com alimento. Fazia horas que comiam, e ele deveria estar faminto, pensou ela.

— Adrien já está melhor. Acordou e pediu água. Perguntou o que tinha acontecido e adormeceu novamente. O sono é reparador e lhe trará benefícios. E você?

— Acho que também dormi um pouco — respondeu Jules.

— Você dormiu algumas horas, mas precisava. Seus homens estão sendo bem atendidos, não se preocupe.

Jules olhou a comida e devorou tudo o que lhe foi servido. Não sabia que estava com tanto apetite. Satisfeito, deu um sorriso, completando:

— Estava precisando disso. Agradeço a gentileza e a hospitalidade. Terei de lhe retribuir um dia. Será minha hóspede pelo tempo que quiser.

— Eu adoraria, mas não sei se será possível. Não posso me ausentar daqui.

O olhar de Jules se fechou, preocupado. Com a seriedade estampada, disse:

— Creio que você terá de repensar sua vida. Nada mais será como antes, posso lhe afirmar. Sua integridade física está ameaçada agora. O pai de Adele é um homem poderoso e capaz de qualquer coisa para se vingar.

— Mas por que ele iria se vingar de mim? Eu não fui responsável pelo que aconteceu.

— Não é assim que ele irá pensar. Ele não tem mais ninguém nesta vida e vai atribuir a você toda a responsabilidade. Você não pode ficar aqui.

— Não vou fugir como uma criminosa, não devo nada a esse senhor. Além do mais, tenho minhas meninas que não têm ninguém no mundo senão a mim. O que fariam? — Rugas de preocupação dominavam o semblante de Elise.

Jules surpreendeu-se com a atitude dela, rejeitando qualquer possibilidade de abandonar as jovens à própria sorte. Mais uma vez essa mulher o surpreendera. Ela era uma grande incógnita. Não sabia que pensamentos habitavam sua mente tampouco do que ela seria capaz de fazer. Mas sua vida corria perigo, e não podia deixar de alertá-la, tentando demovê-la do propósito de lá permanecer.

— Creio que você não esteja levando a sério o que estou lhe dizendo. Foi Pierre quem me alertou sobre a possibilidade de uma reação do pai de Adele e pediu que eu a avisasse, pois não quer ser responsável por mais mortes. Ele conhece aquele homem e sabe do que é capaz. Você pode se abrigar em minhas terras até que tudo se acomode. Fique lá por algum tempo como minha hóspede e depois decida o que fazer.

— Agradeço sua preocupação, Jules, mas tenho que zelar pela integridade das jovens que estão aqui. No momento, elas não têm para onde ir. Prometi a seus familiares que cuidaria delas pelo tempo que fosse necessário.

— Mas não serão problema para o pai de Adele. Elas podem permanecer aqui sob os cuidados de alguém confiável. Diga-lhes que fará uma viagem para cuidar de familiares distantes. Ficará ausente pelo tempo que for necessário, mas retornará assim que possível. Pense nesta possibilidade, Elise.

— Mas e se ele atentar contra a vida dessas jovens inocentes? Como poderei viver com esse peso em meus ombros? Já tenho tantos pecados a expiar, terei que conviver com mais alguns?

Jules sabia que Elise tinha razão em seus maus presságios, pois não poderia se descartar uma revanche.

— Veja bem, você não estará fugindo de seus compromissos, apenas cuidando de sua proteção. O que estou lhe pedindo é que permaneça afastada desse turbilhão, que em algum momento irá se encerrar. Você fica em minhas terras, espera tudo se acalmar e depois retorna para suas tarefas.

Elise comoveu-se com aquele gesto fraterno e decidiu pensar na proposta.

— Prometo pensar em tudo o que falou, Jules. Agora temos um doente para cuidar.

Adrien dormira o dia todo, mas a febre cedera e o ferimento parecia estar em fase de cicatrização. Já havia anoitecido quando o jovem despertou.

— Como se sente? — perguntou Jules, preocupado.

Adrien estava fraco e ainda confuso. Olhou em volta pensando encontrar Adele. Sentiu uma tristeza profunda em seu coração. Fechou os olhos por um instante, como se revivesse os últimos momentos com ela.

Elise quebrou o silêncio que se abateu naquele quarto.

— Não sei como agradecê-lo, Adrien. Serei eternamente grata pela ação que quase custou sua vida, no entanto, fique tranquilo que logo ficará bom.

— Não precisa me agradecer, pois fiz apenas o que qualquer um teria feito. Só lamento ter cedido aos caprichos de Adele e a trazido até aqui.

Elise sabia que Adrien não aprovava sua conduta, mas era tão puro de coração que não a julgava. Sentiu imenso carinho por aquele rapaz, lembrando-se do tempo em que fora exatamente igual a ele. Mas tudo isso era passado...

— Sei que não gosta de mim e não o recrimino. Talvez um dia você possa conhecer minha história e mudar sua visão sobre mim. Quem sabe possa me compreender. Sei o quanto está triste com a morte de Adele, mas saiba que foi ela quem escolheu seu destino. Eu nada poderia ter feito. Quem a conheceu recebeu um pouco de sua iluminação. Sinta-se honrado por ter tido a oportunidade de conviver com ela.

Lágrimas escorriam por seu rosto. Elise tinha razão em tudo o que dissera. Pela primeira vez, desde que chegara a Bousquet, Adrien olhou para Elise com um olhar desprovido de acusações. Adele lhe dizia que cada criatura escolhe seus próprios caminhos e ninguém deve ser responsável pelas escolhas alheias. Ele olhou para a mulher cuja vida salvara e sentiu que Adele estaria feliz pelo seu gesto, ao expor a própria vida para salvar a de outra pessoa, assim como ela fez. Ofereceu-lhe um sorriso, dizendo:

— Você tem razão em tudo o que falou e não tenho direito de julgá-la. Não me deve nada, pois fiz apenas o que minha consciência aprovaria.

Elise retribuiu o sorriso e agradeceu-lhe com o olhar.

— Você ainda não disse como está. Tem fome? — perguntou Jules. — Alimente-se para que possa se restabelecer o mais rápido possível. Partiremos assim que melhorar. Não podemos permanecer aqui por mais tempo.

Uma empregada surgiu, trazendo um prato de sopa e um pouco de pão, que Adrien comeu com apetite.

O jovem ficou calado o resto da noite, pensando em tudo o que a amiga lhe ensinara sobre a vida. Sabia que ela seria inesquecível!

Assim que Elise se recolheu a seus aposentos, Jules explicou sobre a urgência em partir daquele castelo por causa do perigo que todos enfrentariam se lá permanecessem.

— Podemos partir quando quiser — disse Adrien com energia.

— Não partiremos enquanto você não se sentir mais fortalecido. Não podemos arriscar.

— Mas eu já me sinto em condições de viajar.

— Não seja pretensioso, meu rapaz. Você pode se sentir melhor, mas o ferimento foi profundo. Descanse e recupere suas energias. Podemos ficar mais uns dois dias. Se depois desse tempo se sentir em condições, empreenderemos viagem.

— Dois dias são mais do que suficientes. Estarei em boas condições, confie em mim.

— Então descanse, meu jovem. Vou dar uma caminhada, pois estou me sentindo sufocado dentro deste quarto. Preciso de outros ares.

Jules decidiu explorar o local e pediu a seus homens que descansassem, pois seguiriam viagem em dois dias. Elise lhes providenciara alimentos e acomodações para o repouso.

Quando ele caminhava por um lindo jardim, observou ao longe Elise sentada num banco, cabisbaixa e pensativa. Entretida em seus pensamentos, não percebeu a presença dele.

— Um bonito recanto para se viver — disse o homem.

— Quando cheguei aqui não havia nada, tudo estava abandonado. Eu e algumas meninas, de mãos hábeis e operosas, demos vida a este lugar. Já se passaram quinze anos desde que aqui decidi viver. Era um local distante, ninguém me conhecia, bom para recomeçar a vida. Mas em pouco tempo comecei a receber algumas visitas incômodas, acompanhadas de ameaças. Em pouco tempo me vi enredada e incapaz de viver conforme havia planejado. Minha vida tomou um rumo bem diverso. Posso lhe afirmar que jamais fui interesseira, e os valores que recebo para cuidar dessas jovens repasso grande parte para o clero. Fico com o que necessito para sobreviver e dar uma vida digna a elas. E, se assim não fizesse, nem eu mais estaria aqui. Sinto-me uma prisioneira em meu próprio castelo. Se eu os contrariasse, não poderia ajudar esse seleto grupo de jovens. Sei que parece uma história confusa e absurda, mas infelizmente é assim que tem sido. Quando você me procurou, anos atrás, estava em processo de adequação às novas regras que eles mesmos impuseram para manter este local aberto. Eu estava tão furiosa com as artimanhas que me enredaram, que não estava raciocinando objetivamente. Sinto a forma como lhe falei e sei que nada justifica meu gesto, mas gostaria que ouvisse minha versão dos fatos.

Jules se compadeceu daquela mulher tão corajosa e determinada, mas refém de alguns que direcionavam os rumos de sua vida e de suas escolhas. A cada instante percebia uma faceta nova de Elise de Bousquet. E se encantava com sua forma honesta de encarar os fatos, mesmo que fossem contrários a ela própria.

Segurou-lhe as mãos e disse com carinho:

— Imagino que sua vida não tenha sido fácil, fazendo tantas concessões para sua própria segurança e dessas jovens. Mas gostaria que me respondesse com toda a sinceridade: sua vida tem valido a pena? Você pode estar ajudando algumas meninas, mas o que tem feito por você?

Elise fechou os olhos com força, como se revivesse toda a sua vida em alguns instantes. Quando os abriu, estavam marejados, exprimindo tanta dor, que Jules não se conteve e a abraçou carinhosamente. Assim permaneceram por preciosos e longos minutos. Quando ela se desvencilhou do abraço, olhou fixamente para Jules:

— Não sei se tem valido a pena. Gostaria de ter a coragem e a força de Adele, que enfrentou os problemas sem esmorecer. Sinto não ter a mesma fibra espiritual e a mesma dignidade dela. O máximo que consigo ser é uma criatura desprezível aos olhos de todos, e eles devem estar com a razão para me julgarem assim. Creio que seja melhor permanecer aqui. Se meu destino for cair nas mãos do pai de Adele, que assim seja feito. Não irei fugir! Ficarei aqui! Agradeço seu carinho, mas siga seu rumo assim que Adrien melhorar e fique longe de mim para que não aconteça coisa pior. Todos que se aproximam de mim acabam tendo um trágico destino, e você não merece isso. É um homem bondoso, generoso e tem uma tarefa a cumprir, zelando pela segurança de sua filha. Cuide-se! Não quero que nenhum mal lhe aconteça!

Jules olhava aquela mulher desesperada à sua frente e sentiu o quanto ela precisava de alguém que lhe estendesse a mão, dizendo que a vida valia a pena ser vivida. Em qualquer condição, em qualquer situação! Com facilidades, com dificuldades, com privações, com provações! A vida é um dom de Deus!

Aimée sempre lhe falara sobre isso e sobre a gratidão pela oportunidade de estar ali, delineando seu caminho, enfrentando todas as dificuldades, pois assim deve ser para que o aprendizado se efetive. Tudo tem um propósito e precisamos estar atentos para decifrar o que a vida deseja nos ensinar! Abençoado aquele que aceita os desígnios divinos e encontra a chave desse mistério bendito: como bem viver! Aimée amava a vida e ensinava a todos a valorizar o presente, sendo feliz e fazendo os outros felizes. Elise precisava conhecê-la!

Que ironia do destino! Viera até Elise para buscar ajuda para Aimée e agora queria levá-la para perto de sua filha, que tinha muito a lhe ensinar. Esse pensamento o fez esboçar um leve sorriso...

— Elise, agora tenho a convicção de que preciso afastá-la deste castelo. Venha comigo e conheça Aimée. Sei que será importante para as futuras decisões que terá de tomar. Você está confusa, sem condições de tomar qualquer decisão. Passou por momentos difíceis, esteve prestes a perder a vida, e pode perdê-la a qualquer momento, portanto não tem condições para escolhas sensatas. Dê uma pausa em sua vida e venha comigo. Você não é prisioneira deste castelo, por mais que se sinta assim. Se a procurarem, irão receber o mesmo recado, de que partiu para ajudar um familiar que necessita de cuidados. Eu estou decidindo por você, pelo menos por ora. Partiremos daqui a dois dias, pois Adrien precisa de um pouco mais de repouso.

Ela não sabia o que dizer àquele homem decidido à sua frente. Talvez ele estivesse com a razão e deveria se ausentar por algum tempo. Mas será que as suas meninas ficariam bem?

Jules percebeu o motivo de preocupação de Elise e resolveu auxiliá-la.

— Vamos fazer o seguinte: deixarei aqui uns homens que me acompanham para cuidarem de tudo em sua ausência. Darão a proteção necessária. Você tem homens trabalhando aqui?

— Alguns poucos que cuidam do trabalho mais pesado. Moram com suas famílias perto do castelo, mas ficam aqui a maior parte da semana. Seus homens podem ficar no castelo auxiliando os outros nas tarefas. Não será nada estranho vê-los por aqui.

— Então estamos decididos? — perguntou, ansioso com a resposta.

Elise sorriu e assentiu.

— Então descansemos, pois o dia foi agitado e tenso demais. Preciso de uma cama confortável, pois meu corpo está todo dolorido por ter ficado tanto tempo naquela cadeira.

— Venha comigo e lhe mostrarei seus aposentos.

O dia seguinte foi tranquilo. Adrien parecia melhorar a olhos vistos. Elise conhecia muito bem as propriedades de certas ervas cicatrizantes, e o ferimento estava quase totalmente seco. Era inacreditável a eficácia das plantas!

Conversou com sua ajudante, Anne, à qual ensinara tudo o que sabia, explicando que precisava se ausentar por algum tempo. Pediu que ficasse tranquila, pois deixaria tudo preparado e nada lhes faltaria. Anne era uma jovem que lá chegara tempos atrás, vítima de seus próprios familiares. Estava com o corpo repleto de hematomas e feridas. Fugira com um grupo de andarilhos quando soube sobre Elise. Ela se compadeceu com a história da jovem e deu-lhe abrigo e orientação, ensinando-lhe tudo o que aprendera. Anne tinha uma dívida de gratidão com a mulher e a idolatrava. Faria qualquer coisa por ela, prometendo não contar a ninguém seu destino, mesmo porque não sabia efetivamente qual seria. Não conhecia aquele senhor e todos que lá estiveram nos últimos dias. Elise lhe disse que era melhor saber o menos possível, assim ela estaria em segurança.

Dois dias depois o grupo partiu de volta para as terras de Jules. Adrien estava recuperado, mas Elise cedeu-lhe um cavalo para que ele andasse o menos possível. O grupo partiu assim que amanheceu, um dia que prometia ser ensolarado, mas frio, o que era comum naquela região.

Viajaram durante toda a manhã, parando apenas para se alimentar e descansar um pouco. Conseguiram parar na mesma estalagem simples de antes e lá permaneceram durante a noite, abrigando-se do frio da madrugada.

Na manhã seguinte, retomaram a caminhada. Adrien parecia bem, mas Jules percebeu que ainda sentia muitas dores. O que não poderia acontecer era o ferimento abrir, o que seria um grande problema. Elise estava atenta e o verificava a todo momento, admirando a coragem e a determinação daquele rapaz, que não reclamou um instante sequer.

Passava das três da tarde quando avistaram as terras de Jules, que respirou aliviado. Haviam conseguido chegar em segurança, e não via o momento de rever Aimée. Elise acompanhava Adrien e ficou ao seu lado durante toda a jornada, caso ele precisasse de seus cuidados. Assim que avistaram o castelo, Jules percebeu que Aimée já corria em sua direção de braços abertos. A recepção foi mais calorosa que o habitual, e a jovem não se desvencilhava do pescoço do pai.

— Você está bem? Conte-me tudo o que aconteceu por lá. — Aimée estava repleta de perguntas. — Papai, jamais faça isso novamente, me deixando nesta aflição! Onde está Adrien? Não o vejo.

Adrien e o restante do grupo andavam num ritmo mais lento e chegaram minutos depois ao castelo. A jovem continuava abraçada ao pai quando viu o jovem descer cuidadosamente do cavalo, o que a intrigou.

— O que aconteceu com Adrien? E Adele? Quem é essa mulher?

— Filha querida, eu também estava muito saudoso, mas agora fique calma e quieta, caso contrário não conseguirei falar e contar tudo. Você está bem, minha menina?

Agora era ele quem a abraçava carinhosamente. Sentira muita falta dela!

Com tanto barulho, logo os demais apareceram. Rene correu ao encontro de Jules. Quando viu o estado de Adrien e sua palidez, percebeu que algo havia acontecido. Viu, então, a mancha de sangue em suas roupas. O ferimento infelizmente abrira e precisava ser tratado para evitar infecção. Elise a tudo observara e não sabia se devia intervir, mas um olhar de Jules incentivou-a a cuidar do rapaz.

Aimée percebeu que algo acontecera. Sem saber quem era aquela mulher, decidiu não fazer perguntas. Pediu que Rene e alguns homens o levassem para um quarto, e todos a seguiram.

Adrien estava muito abatido e parecia que iria desmaiar a qualquer momento.

— Desde quando começou a sangrar? Por que não me falou antes? — perguntou Elise.

O jovem estava sem forças para retrucar. Fechava os olhos e apertava-os quando a dor o atingia. A mulher pediu que trouxessem água quente para fazer uma infusão e amenizar as dores. Ninguém falava nada, apenas obedeciam às ordens daquela desconhecida. O ferimento estava aberto realmente, o que a deixou preocupada. Pegou umas ervas e colocou-as diretamente sobre o ferimento, cobrindo-o com uma compressa. O chá começou a fazer efeito e Adrien adormeceu.

— O que você deu a ele? — questionou Aimée desconfiada.

— Apenas um sedativo que amenizará as dores. Fique tranquila, que em breve ele acordará. O sono o ajudará a recuperar as energias. Você conhece essas ervas que eu coloquei em seu ferimento? Vou precisar de mais algumas.

A jovem saiu do quarto e foi buscar mais ervas. Voltou rapidamente, fazendo com que Elise sorrisse.

— Vejo que não quer deixar o jovem sozinho. Você deve ser Aimée. Seu pai falou muito de você. Sei do seu interesse por Adrien e posso lhe garantir que ele ficará bem. Não deve se preocupar. Fique ao seu lado. Quando ele acordar, ficará muito feliz em revê-la.

A jovem corou diante daquela mulher. Quem era ela? Como sabia tanto a seu respeito?

A curiosidade a deixava ansiosa e precisava fazer as perguntas...

— Quem é você? Meu pai ainda não teve tempo de contar o que aconteceu lá. Mas não sei quem é você!

— Sou Elise de Bousquet. Vou aguardar que seu pai lhe conte tudo o que aconteceu. Depois conversamos, se assim desejar.

Aimée não estava entendendo nada. O que aquela mulher estava fazendo em suas terras, acompanhando seu pai e Adrien? E Adele, onde estava? Muitas perguntas ainda sem respostas. Seu pai teria muito o que falar.

Nesse instante, Jules entrou no quarto e perguntou:

— Já conheceu Elise? Ela ficará conosco algum tempo. Antes que você me crive de perguntas, estou aqui para responder a todas elas. Você merece uma explicação. A notícia triste é que Adele está morta. Bem, comecemos do início...

CAPÍTULO 11

Explicações necessárias

Jules contou como tudo aconteceu desde que chegaram a Bousquet, sem esconder nenhum detalhe. Quando falou de Adele e de sua atitude corajosa, colocando-se à frente de Adrien e salvando--lhe a vida, os olhos de Aimée se cobriram de lágrimas. Continuou seu relato, enfatizando também o gesto de bravura de Adrien, que certamente poupou a vida de Elise. Olhou o jovem adormecido e imaginou o quanto ele sofrera com a morte da amiga.

— Esse Pierre sabe quem você é? — perguntou a filha preocupada.

— Sabia apenas que estava acompanhando Adele. Por quê? — respondeu o pai.

— Eles podem vir até aqui — falou Aimée preocupada.

— Fique tranquila. Estamos seguros. Deixei alguns homens por lá e me avisarão se algo acontecer.

Elise a tudo ouvia e sentia a rejeição de Aimée por ela. Mas era explicável e não poderia reclamar. Quem sabe um dia ela não a compreenderia? Ela ficou no quarto com Aimée até anoitecer, quando Adrien abriu os olhos e se deparou com a figura exuberante da jovem, que limpava o suor de sua testa. A febre tinha voltado e isso a preocupava. Aimée se lembrou de uma planta rara na região, que Francine havia utilizado certa vez para debelar uma infecção numa criança. Era uma erva muito perigosa e precisava ser utilizada na dose certa. Aimée a plantara em sua estufa, com outras ervas medicinais. Pensou em sair, mas mudou quando Adrien abriu os olhos e disse:

— Será miragem ou delírio? É você mesma? Como está linda!

— Como se sente? — perguntou Aimée, corando perante o elogio.

— Não sei dizer ao certo, é como se eu tivesse levado um coice no peito. Arde e dói ao mesmo tempo. Parece que está queimando.

Era o efeito da compressa de ervas que Elise preparara. Mas a febre, porém, não queria ceder.

— Bem, Adrien, agora é melhor poupar suas energias. Vou buscar algo que acabei de me lembrar. Durma um pouco enquanto isso. Voltarei logo.

O jovem estava muito sonolento e adormeceu novamente.

Elise ficou curiosa com o que Aimée estava planejando. Ela sorriu e completou:

— Venha comigo e lhe explico. Vou pedir para Justine ficar com ele.

Justine estava inconsolável. Por mais que Rene a consolasse, a jovem se sentia responsável e não parava de chorar.

No caminho, Aimée contou sobre a planta milagrosa, com grande poder curativo. Quando viu a estufa, Elise ficou surpresa.

— Tudo aqui é muito lindo, Aimée. Você é quem cuida de tudo?

— Eu e uma pessoa de minha extrema confiança. Você iria se surpreender com tudo o que tenho aqui. Ou não! Afinal deve conhecer tudo isso muito antes de mim.

A visitante analisava detidamente cada planta. Algumas ela conhecia; de outras, queria conhecer mais o poder de atuação. Teria tempo mais tarde para isso. Agora queria conhecer a tal erva medicinal capaz de operar milagres.

Aimée lhe mostrou uma erva de coloração esverdeada, com tons mais claros nas pontas. Muito pequena, mas de efeito poderoso. Colheu algumas e mostrou como deveria prepará-la.

— Não podemos usar o talo, apenas as folhas e em pequena quantidade, fazendo uma infusão. Vamos usar apenas algumas folhas, creio que três serão suficientes. Vamos! Depois voltamos e lhe mostro outras.

Elise a acompanhou até a cozinha e observou a rapidez com que preparou o chá. E o ofereceu a Adrien.

— Isto é amargo demais! — disse o jovem, fazendo uma careta ao sorver o primeiro gole.

— Mas vai curá-lo rapidamente, não reclame! — disse Aimée com energia.

Ele tomou o chá e adormeceu novamente.

Justine, que saiu assim que as duas voltaram, lançou um olhar para Elise. "O que terei de fazer para provar que não tive culpa na morte de Adele?", pensou.

Jules entrou no quarto e pediu que as duas fossem descansar, mas nenhuma quis arredar pé do local, permanecendo nele até Adrien acordar.

— Pensaram que eu ia morrer? Adele me disse que terei vida longa e não será uma febre que irá ceifar minha existência — disse o jovem, sentindo-se melhor.

— Muito engraçado! Deveria ter falado antes, pois não perderíamos uma noite inteira com você! — brincou Aimée.

— A febre cedeu, mas deve permanecer quieto para não comprometer o ferimento — disse Elise, examinando o local ferido, que ainda aparentava uma vermelhidão, porém o aspecto já era melhor do que o da noite anterior.

Aimée estava mais tranquila vendo o estado do rapaz e agradeceu intimamente a Deus por todo o amparo concedido a ele.

Logo cedo Jules e Rene foram visitar o enfermo. O pai de Aimée intimou as mulheres:

— Quero ambas fora daqui e só retornem depois de descansarem. Estou sendo claro?

Adrien sentia-se melhor. Queria se levantar, mas foi impedido por Jules.

— Fique quieto! Já deu muito trabalho a todos nós, agora trate de se recuperar, pois temos muito a fazer. Sei de suas habilidades e vou ensinar-lhe mais algumas assim que melhorar.

Agora coma alguma coisa.

Uma mulher entrou carregando uma bandeja com um prato de sopa, que parecia saboroso, o que estimulou o apetite do jovem. Rene aproveitou para perguntar a Jules se ele tinha certeza de que estavam em segurança.

Como conhecia bem o clero, a nobreza e suas ramificações, Jules acreditava que ninguém iria incomodá-lo. Mas, por precaução, faria uma visita a um velho amigo e contaria tudo o que acontecera em Bousquet. Assim, ficaria mais tranquilo. Queria apenas se certificar de que Adrien, ao partir, não correria mais perigo de vida.

— Como está Justine? — perguntou o anfitrião.

— Inconformada e sentindo-se culpada pelo que aconteceu. Ela acredita que se estivesse em companhia de Adele poderia ter evitado sua morte — respondeu Rene.

— Tudo aconteceu rapidamente e ninguém poderia imaginar que ela teria tal gesto. Talvez nem ela! — explicou Jules. — Foi uma decisão rápida e impetuosa, com o intuito de proteger Adrien. Todos sentirão sua ausência, afinal era uma jovem especial que tinha muito a ensinar. Foi uma lastimável perda, porém Justine e nenhum dos que lá estavam poderiam ter impedido tal feito. Não se pode imputar a responsabilidade a ninguém! Um gesto heroico e nobre! O que mais poderíamos esperar dessa grande menina?

Adrien concordava com Jules. No afã de protegê-la, não pensou que sua atitude poderia colocar a própria vida em risco. Ela abdicou de viver para que ele continuasse vivo! Mas a vida dela tinha muito mais valor por todos os conhecimentos que possuía, assim pensava o jovem com o coração apertado de saudades! Faltava muito pouco para que ela fugisse quando tudo aconteceu... O que teria acontecido se os planos não fossem alterados? Quem poderia responder? Adele estava certa de que sua vida seria uma eterna fuga, vivendo no ostracismo e nas sombras, mas estaria realizando a tarefa que lhe fora incumbida. Agora tudo se perdera! Adrien gostaria apenas de partilhar um pouco mais de seus conhecimentos e experiências. Sentiria muito sua ausência, assim como todos que a conheceram. Queria apenas saber como ela estava e onde se encontrava naquele momento. Ela lhe falara sobre a eternidade da vida, mas ele não compreendera suas ideias. Se o corpo morre, o que sobrevive? Era tudo muito confuso... Será que ela continuava viva, sendo exatamente quem era, pensando da mesma forma que pensava?

— O que está pensando, meu rapaz? Parece tão distante daqui! — perguntou Jules.

— Em Adele e em tudo o que ela me ensinou. Sentirei saudades! — respondeu Adrien.

— Todos sentirão, mas não podemos mantê-la aqui entre nós. Devemos deixá-la partir e seguir seu novo destino. Se é que temos algum depois de deixar esta existência carnal... E, se tivermos, não sei se gostaria de reencontrar alguns desafetos, por isso é melhor não fazer inimigos na vida. Melhor é viver em paz com todos e espalharmos o bem onde estivermos.

Adrien sorriu com as palavras de Jules, que parecia pensar de modo semelhante ao da querida amiga. Gostaria de conversar com ele sobre isso algum dia.

Assim que Jules e Rene deixaram o quarto, Justine apareceu. Os dois estavam muito emocionados. Foi ela quem iniciou o diálogo:

— Adele gostava muito de você e sei que o sentimento era recíproco. Ela o tinha como irmão e me pediu que cuidasse de você quando não mais estivesse aqui.

Adrien tentou consolá-la, e assim o fez, conversando com Justine por mais de uma hora. No fim da conversa, os dois permaneceram abraçados chorando a ausência da doce e inesquecível Adele. Justine desabafou:

— Não sei o que fazer daqui para frente.

— Você vai cuidar de sua vida, pois é o que ela desejaria que fizesse. Você está viva e tem que pensar em seu presente e futuro. Viva intensamente tudo o que a vida lhe oferecer. Seja feliz fazendo alguém feliz. O que mais se pode querer da vida?

— Até parece Adele falando... Seria exatamente isso o que ela me falaria se estivesse aqui. Sei que tem razão, porém preciso de tempo para ordenar minhas ideias. Nunca pensei em viver um romance, mas, depois que conheci Rene, tudo mudou.

— Adele queria que todas as pessoas fossem felizes, inclusive você e eu! Não sei ainda o que vou fazer da minha vida. Se retorno ou se fico aqui e recomeço vida nova.

— Neste momento precisa apenas ficar curado. Fique bom logo, meu amigo. Precisamos ficar bem, para que nossa querida amiga, seja lá onde estiver, também fique bem. Como será que ela está? Estará sozinha em algum lugar triste?

— Fique tranquila, Justine, pois tenho certeza de que está muito bem.

Os dois amigos continuaram mais alguns instantes conversando. O dia passou rapidamente e, assim que anoiteceu, Aimée entrou sorridente no quarto. Justine já havia se recolhido. A menina encontrou Adrien dormindo. Elise cuidava dele.

— Descansou um pouco? — perguntou Elise.

— Sim e tive um sonho lindo, que gostaria de compartilhar com Adrien.

Elise fez menção de se retirar do quarto, mas Aimée a segurou pelo braço dizendo:

— Pode ficar aqui e escutar meu sonho. Creio que poderá esclarecer algumas partes que ficaram meio duvidosas.

Com a conversa das duas, o jovem despertou.

— Como se sente? — questionou Elise.

— Bem melhor. Creio que já posso me levantar. Bem, se as duas me permitirem...

— Penso que será melhor ficar mais um pouco em repouso para sua própria garantia. O ferimento já está quase cicatrizado. Aimée vai nos contar um sonho com Adele —comentou tranquilamente Elise.

Aiméé ficou surpresa com aquela observação, pois não havia falado que o sonho se referia à jovem amiga. Elise sorriu. Afinal, ela era uma sensitiva muito competente, que detinha conhecimentos a que poucos tinham acesso. Já se vangloriara demais desse seu dom. Agora já era tempo de modificar suas posturas, deixando a vaidade de lado. Lembrou-se das palavras de Adele sobre plantações e colheitas...

— Desculpe-me, Aimée, mas não consegui resistir a ler seus pensamentos. Sei que consegue fazer isso quando deseja e que isso não é surpresa para você.

— Acredito que poderemos aprender muito uma com a outra. Bem, se tiver interesse sobre algumas ervas, conte comigo. Em troca, vou lhe pedir que me ajude a controlar minha impulsividade, que limita muitas das minhas ações. Creio que consegue me entender...

— Será um grande prazer, Aimée. Conte comigo para o que precisar.

— Bem, vamos ao sonho. Adrien, você vai gostar de ouvi-lo...

Ela iniciou contando que, ao se deitar, sentiu uma estranha sensação, como se algo fosse acontecer. Adormeceu rapidamente. Em seguida, viu seu corpo sobre a cama e uma grande sensação de liberdade. Olhou à sua volta e percebeu a presença de uma senhora muito bonita, que lhe sorria e estendia a mão, dizendo apenas: "*Venha comigo, minha querida*".

As duas saíram do quarto, e, sem saber como aquilo aconteceu, Aimée se viu num lugar muito bonito e ensolarado. Entraram no que parecia uma cabana, mas dentro havia um imenso salão, com muitas pessoas andando de um lado a outro. A senhora cumprimentava a todos com muito carinho e respeito. Ela a conduziu para um pequeno quarto todo branco, com apenas uma cama e uma cadeira. Uma mulher muito bonita estava sentada, segurando a mão de uma jovem adormecida, num sono tranquilo e sereno. Quando se aproximou, percebeu que era Adele. Queria falar algo, mas não conseguiu. E reproduziu as palavras daquela senhora, das quais se lembrou nitidamente: "*Sei que está curiosa para saber o que está acontecendo. Adele ainda dorme e assim permanecerá até o momento em que sua consciência expurgar seus medos e inseguranças, em função da atitude que assumiu, comprometendo a própria vida para proteger uma grande amizade. Um gesto de generosidade e desprendimento, mas que abreviou sua existência e a impediu de prosseguir o que lhe estava programado, por isso terá que rever seus atos assim que despertar. É um espírito de muita luz e já adquiriu créditos, o que lhe permitiu estar aqui. Assim que despertar estará em condições de arcar com a responsabilidade de seus atos de forma consciente, analisando suas ações e se elas contribuíram para seu aprimoramento. Nós a trouxemos aqui para que possa se certificar de que tudo o que já aprendeu é a pura realidade. O espírito sobrevive à morte do corpo físico, e Adele continua viva, mesmo que seu corpo não mais lhe sirva aos propósitos encarnatórios. Ela terá uma nova oportunidade de retornar à vida material, a única que possibilita testar os conhecimentos já adquiridos. Por ora, ela ainda dorme. Mas está bem, pode informar a todos que se preocupam com ela. Você se lembrará de tudo e poderá divulgar a quem julgar necessário. Tem uma linda caminhada pela frente, mas terá que controlar seus dons para melhor utilizá-los. A informação deve ser oferecida de forma gradual para não chocar os desavisados nem suscitar perseguições daqueles que não desejam que a ignorância seja eliminada. Faça o que precisa fazer, com discrição, mas jamais se esqueça de que a bondade e o amor devem ser sempre a meta de sua existência. Assim que for possível, retornará a nos visitar e, quem sabe, encontrará nossa amiga em plena consciência! Gostaríamos que retornasse ao seu corpo físico com a lembrança de tudo o que pôde presenciar, repassando a todos para que se certifiquem de que a morte realmente não existe. O Espírito é imortal, e essa deve ser sua maior certeza. A vida material é apenas uma passagem, como uma viagem em busca do aperfeiçoamento. Que Deus a abençoe e a conserve pura e amorosa, distribuindo alegria e doçura por onde passar. Estaremos por perto quando precisar..."*.

Aimée finalizou a narrativa contando que pôde ver Adele e que ela estava bem. Os dois ouviram o relato em silêncio, sem palavras para descrever o que sentiam.

— O sonho foi muito real, sei que a jovem era Adele e sei que ela está bem. Vocês acreditam que foi real?

Elise foi a primeira a sair do torpor e dizer:

— Nossos sonhos são muito mais do que imaginamos. Acredita-se que sonhar é apenas uma forma de liberar nossas emoções e sentimentos contidos, mas é muito mais do que isso. Já tive sonhos como o que acabou de contar e há muito tempo não os tenho mais. Quantas lições aprendi durante o sono! Quanto realizei me encontrando com espíritos elevados que acreditavam em mim, repassando seus conhecimentos! Creio que não mais o mereça, e tudo farei para reconquistar a confiança desses companheiros iluminados. Como era a senhora que conversou com você? Consegue descrevê-la para mim?

Conforme Aimée se lembrava da imagem da mulher, os olhos de Elise foram marejando, até que duas lágrimas furtivas escorreram pelo seu rosto.

— Consegui ver por meio de você a imagem dessa mulher. Ela me ajudou a decifrar tantos segredos e mistérios. Tenho saudades! Há muito tempo não a vejo em meus sonhos. Você ainda é pura de coração e assim deve permanecer para que esses amigos jamais a abandonem.

— Não consegui dizer uma palavra sequer, pois estava atenta a tudo. Essa senhora disse algumas coisas das quais não consigo me lembrar, mas em resumo era isso que eu lhes contei.

Adrien, agora você já sabe que Adele está bem. Procure melhorar o mais rápido que puder. No final, ela enfatizou sobre a imortalidade da alma, que o espírito sobrevive à morte do corpo físico. Eu sempre acreditei nisso, porém até hoje não tive comprovação. Se for a nossa querida amiga em meu sonho, ela continua viva, apenas ainda dorme.

— Será que isso ocorre com todos os que partem desta vida material? — perguntou Adrien.

— Creio que cada criatura seja um mundo à parte, cada um com suas experiências de vida, com erros e acertos que o diferenciam de outras. Cada ser é único e tem uma história particular de vida, fazendo escolhas acertadas ou não. Cada um deve ter um tratamento individual, mediante o que fez, o que não fez, seja todo o bem, seja todo o mal. Cada um merece um tratamento exclusivo, não acham? — disse Aimée.

— Você não acredita que Deus é um Pai de amor e misericórdia? Por que trataria de forma diferenciada cada filho Seu? Porque erram, não merecem ser perdoados? — perguntou Elise.

— Creio que só será perdoado aquele que se arrepender de seus erros e procurar a correção, caso contrário, para que e por que fazer o bem se todos terão o mesmo tratamento de Deus? — disse Aimée enfaticamente.

— Concordo, mas devo confessar que já tive muitas dúvidas sobre a misericórdia do Pai. Deve haver um fator que consiga separar o joio do trigo, como dizia Jesus, e esse deve ser o arrependimento pelo mal cometido. Porém só se arrepender não é suficiente, pois não invalida o ato praticado. É preciso que uma ação corretiva esteja presente, fazendo com que aquele que errou compreenda a gravidade da infração praticada e reconcilie-se com a lei. Caso contrário, todos continuariam a praticar o mal, pois estariam sempre impunes. Os que fazem o bem serão merecedores da misericórdia, os que fazem o mal, caso se arrependam dos atos praticados e corrigi-los, também o serão. Isso se chama justiça. Não pode haver impunidade, todas as leis devem ser respeitadas, e as correções devem ser aplicadas. Cada um deverá arcar com a responsabilidade por suas ações, sejam elas acertadas ou não. Já errei muito, mas espero a absolvição pelos erros praticados. Antes preciso me reconciliar com aqueles a quem dediquei o mal. Desde que vi Adele, tudo pareceu diferente. Conversei apenas alguns minutos com ela, mas foi o suficiente para refletir sobre minhas atitudes e revisar o que hoje considero inadequado. Quero muito ser novamente aquela criatura cheia de sonhos, ideais e esperanças. Não sei ainda como fazê-lo, mas sei que tenho de mudar radicalmente minha forma de atuar neste mundo tão imperfeito. Agradeço a seu pai por ter visto tudo isso antes de mim. Com o pretexto de me proteger, me levou a uma viagem não apenas para este lugar, mas a uma viagem de descobertas acerca de meu mundo íntimo tão perturbado, comprometido e sufocado, pedindo para ser observado. Quando seu pai me procurou, tempos atrás, e não o ajudei, nada lhe falou, poupando-me. Sei que ele encontrou uma mulher que foi uma grande cooperadora e aliada em seus estudos. Posso lhe afirmar que, naquele período, nada de bom teria a lhe oferecer, pois apenas damos o que temos, e eu tinha apenas dúvida, ressentimento e rancor. Qualquer dia, lhe contarei minha história. Não me orgulho dela, mas fará com que possa entender minhas atitudes. Talvez não consiga aceitar minhas ações, porém terá compreensão, pois esse é um dom que você possui.

Aimée começou a ficar encabulada perante Elise. Sentiu piedade por aquela mulher e gostaria muito de conhecê-la melhor. Teriam tempo para isso. Era uma pessoa fascinante, não se podia negar. Dotada de uma sensibilidade delicada a qual procurava ocultar, talvez para não ficar vulnerável e frágil. Seu pai a trouxera

para casa por um único motivo, e Aimée já sabia qual era: ele se preocupara com Elise. Conhecia seu pai profundamente e sabia que por trás daquele homem poderoso, valente, determinado, existia um coração frágil e amargurado. Sua mãe havia sido responsável por aquilo em que ele se transformara. Seu pai era um homem de bem, valoroso e merecedor de toda a felicidade, inclusive a afetiva. Deu asas à sua imaginação e já visualizou seu pai apaixonado e feliz. Por isso precisaria conhecer Elise melhor e suas intenções.

A jovem riu intimamente de suas reflexões e percebeu que Elise a observava. Desviou o rumo de seus pensamentos para não ser traída por eles.

Adrien observava a jovem com profundo carinho, sentindo por ela o que pensara nunca mais experimentar. Também deu asas à sua imaginação e pensou que talvez ele pudesse ficar por lá. Para que retornar a um local solitário que lhe traria tantas recordações infelizes? Decidira que mudaria sua vida. Conversaria com Jules assim que melhorasse.

Tinha braços fortes, conhecia todas as tarefas de plantio e colheita, pois as aprendera com sua família. Sua mãe lhe ensinara a arte de produzir queijos e fazia tudo com primor. Poderia ser útil a Jules. Tomara uma decisão: ficaria lá. Assim que pudesse se levantar iria até ele e pediria permissão para permanecer em suas terras. Tentaria sepultar seu passado, levando consigo apenas as boas recordações de seus familiares queridos. E, como Adele lhe ensinara, a vida seguia seu rumo, independentemente se estamos prontos ou não para acompanhá-la. E tinha uma motivação para permanecer lá: Aimée. Era impossível não ser tocado por aquela meiga criatura, dotada de tantas virtudes e bondade.

Seus olhares se cruzaram, e a jovem conseguiu ler os pensamentos de Adrien, o que a deixou encabulada e, ao mesmo tempo, feliz. Finalizou dizendo:

— Creio que meu sonho foi real. Foi uma oportunidade de conhecer o que existe do lado de lá. Quando era criança, meu pai acreditava que eu fantasiava demais, pois meus sonhos sempre tiveram significado especial para mim. Visitei lugares, conheci pessoas que, no mundo real, jamais encontrei. Porém sempre tinha uma figura muito querida para mim, a qual chamava de vovozinho. Era um senhor de meia-idade, sorridente, sempre me recebendo com um abraço especial. Ele me conduzia a esses passeios noturnos, me explicando tudo o que eu queria saber. Uma noite me confidenciou que teria uma tarefa especial e ficaria distante por um longo tempo, mas que iria me visitar assim que fosse permitido. Depois disso, me visita apenas ocasionalmente. Em seu lugar, às vezes vem a mulher muito bonita, mas sinto que a ligação que tenho por esse avô é muito forte. Os laços que nos unem são poderosos demais, como se eu o conhecesse há muito tempo. É curioso... Com a mulher é diferente, mesmo que seja sempre muito amorosa. Não conto isso a ninguém, pois faz parte dos meus segredos... Agora, Adrien, coma alguma coisa e descanse. São as ordens de meu pai. Ele disse que fará uma pequena viagem e precisa saber se você ficará bem.

Elise percebeu as manobras de Jules. O motivo da viagem era para se certificar de que sua filha permaneceria em segurança e no anonimato após os últimos incidentes. Pensou se não seria melhor ter ficado em Bousquet. Até quando iria se esconder do mundo? Qual seria sua verdadeira tarefa nesta existência? Eram os questionamentos que abarcavam sua mente e a impediam de ordenar as ideias. Estava confusa, temerosa por todos. Precisava se acalmar, pois uma mente perturbada não consegue pensar com coerência. Seria melhor ficar sozinha por alguns momentos para ordenar seus pensamentos. Pediu licença e saiu.

Mais um dia finalizava.

CAPÍTULO 12

Solução possível

Tudo tem um propósito na vida, isso é fato inquestionável. Todos aqui vivem uma experiência, cuja finalidade será um aprendizado em qualquer situação. E certamente responderão por suas condutas devidas ou indevidas. Isso é real e certo, pois é a lei de ação e reação. Se aprenderem a refletir sobre seus comportamentos, menos chance terão de equívocos futuros. Mas, infelizmente, muitos agem de maneira impulsiva, sem refletir cuidadosamente sobre a melhor forma de se integrar a esse grande espetáculo que é a existência material. Vivem impetuosamente, sofrem demasiadamente e adquirem incessantes débitos. Isso reflete a incapacidade dessas pessoas de gerenciar suas vidas com equilíbrio e maturidade, fato que na verdade se iniciou muito tempo atrás, quando lhes foi concedido o raciocínio. Tal capacidade traz consigo o livre-arbítrio, que possibilita efetuar escolhas e ser responsáveis por elas. Porém, apenas ocasionalmente se utilizam de maneira criteriosa e sensata esse poder que o Pai concedeu. Enquanto isso, vão vivendo as sucessivas experiências, entre erros e acertos, adquirindo débitos e comprometendo a capacidade de tornar a felicidade real e palpável...

Assim acontece com todos os que estão neste planeta de provas e expiações, onde o mal ainda tem imensa participação em nossas condutas. O mal, aqui representado pelo orgulho excessivo, vaidade e egoísmo, se mascara sob diferentes nomes. No entanto, o mal é e sempre será o mal.

Todo o mal cometido, de maneira voluntária ou involuntariamente, terá que ser revisto, reavaliado, levando a criatura que o cometeu a atos meritórios que o redimam.

Todos caminham pela mesma estrada do aperfeiçoamento. Uns seguem em ritmo mais intenso; outros, mais lentos, mas todos seguem o mesmo caminho, cujo destino é a perfeição moral e espiritual...

Aquele que está mais adiante auxilia o que está mais atrasado, para que juntos consigam caminhar mais rapidamente. Assim acontece em qualquer tempo.

Mas voltando à nossa história...

Jules decidiu viajar assim que Adrien apresentou melhoras. Precisava conversar com um velho e leal amigo, muito influente entre os poderosos do clero. Queria se certificar de que sua família ficaria em segurança e que não haveria nenhuma perseguição e invasão em suas terras. Avisou que ficaria fora apenas por alguns dias.

Aimée, assim que pôde, visitou Francine em sua casa, levando-lhe as novidades.

— Por que está preocupada? Sabe de algo que desconheço? — perguntou Aimée.

Francine nunca conseguia esconder nada dela. Havia sido uma excelente professora, ensinando-a a conhecer suas intuições e a confiar nelas, e Aimée havia sido uma aluna exemplar, assimilando as lições com presteza.

— Realmente não me sinto confortável com a presença dessa mulher em suas terras. Você sabe tudo o que aconteceu comigo no passado.

— No início tive o mesmo pressentimento, Francine, mas devo admitir que estou conhecendo uma nova faceta de Elise. Muita coisa aconteceu desde que esteve no castelo dela. Você me ensinou a olhar as pessoas sem preconceito e sem reservas, já que cada criatura é um ser dinâmico, capaz de se modificar e de se transformar.

— Porém não podemos ser tolos e esperar o impossível, afinal cada um dá aquilo que tem. Como ela poderia se modificar em tão pouco tempo? Muitas vezes necessitamos de muitas experiências carnais para aprendermos uma simples lição. Você se lembra de como ela tratou seu pai naquela ocasião? Com arrogância e desprezo, mostrando ser egoísta e insensível. Poderia ter mudado em tão pouco tempo?

— O que teria sido de mim sem a sua ajuda? Para mim, é como se eu tivesse ganhado um presente de Deus, que se compadeceu de mim e mandou-me outra mãe, desde que a minha me abandonou. Eu a amo como amaria minha mãe. Você me ensinou tanta coisa, que jamais teria como pagar tudo o que me concedeu. Aprendi a confiar em mim, valorizar minha sensibilidade e utilizá-la para o bem. Ensinou-me a respeitar a natureza e conhecer as potencialidades curativas das ervas e muito mais! O que me tornei nesta vida devo a você, minha amiga querida!

Francine ficou com os olhos marejados e abraçou a jovem com ternura. Ela era a filha que um dia lhe tiraram de forma tão cruel. Ninguém conhecia essa parte de sua história, que preferiu ocultar. Aimée era um anjo que o Pai lhe enviou para salvá-la.

Seria grata por toda a eternidade e capaz até de dar a própria vida para que ela ficasse em segurança e feliz. As duas permaneceram por alguns momentos num fraterno abraço, até que a jovem falou:

— Vim aqui para lhe fazer um convite irrecusável! Quero que conheça Elise. Depois, tire suas próprias conclusões. Confiarei em seu julgamento, como sempre fiz. Vamos!

Francine não teve como recusar o convite e acompanhou a jovem amiga até sua casa.

No caminho, conversaram sobre a erva medicinal que havia utilizado em Adrien, e não teve como não perceber o quanto Aimée estava enamorada por ele. Os olhos da menina brilhavam quando falava dele. Estava feliz pela jovem que, enfim, abrira as portas do coração para o amor. Já havia conhecido Adrien quando ele a visitou em sua casa e, desde aquele momento, percebeu que era um rapaz simples, digno, honesto e com um imenso coração a ser explorado. Sofrera muito e merecia uma pessoa como Aimée em sua vida, para dividir as alegrias da jornada. Formariam um belo casal!

— Como ele está? Sente-se melhor? Sabe que essa planta é milagrosa, apesar de poucos conhecerem seu poder medicinal. Você utilizou com cautela e na medida certa.. Seu querido estará em excelente forma rapidamente.

Aimée corou ante o comentário da amiga e pensou se devia confiar seu mais íntimo segredo. Se havia alguém neste mundo capaz de entendê-la, esse alguém era ela, sua amiga e confidente.

— Não fale assim, pois fico encabulada. Gosto de Adrien como de um amigo muito querido. Creio que você não esteja entendendo nada...

— Estou entendendo muito bem. Você apenas está temerosa em saber se será correspondida. Posso lhe garantir que Adrien a olha de forma mais carinhosa que a habitual. Rene é seu amigo, mas Adrien tem um olhar diferenciado para você. Será que ainda não percebeu isso?

— Ora, que fantasia! Ele é carinhoso com todos, não apenas comigo.

— Aimée, querida, o amor é algo sutil que escapa aos olhos mais desavisados. Encontra refúgio apenas onde lhe é oferecido abrigo. Adrien é um rapaz jovem, sofrido e carente de um amor verdadeiro, um amor que possa preencher todo o vazio contido em seu peito. É um ser amoroso que deseja viver intensamente o amor, o único capaz de conduzi-la a uma jornada de paz e equilíbrio. Você ainda não havia conhecido essa forma de amar a que eu me refiro, mas ele já a conheceu no passado e sabe da importância que você tem na vida dele. Ele sofreu uma grande desilusão com a perda precoce de sua noiva. Em seguida, teve novas dolorosas perdas e ficou com um vazio imensurável no peito. Quando a conheceu, as esperanças retornaram, e ele voltou a sonhar e a fazer planos. Você deu a ele uma nova motivação para continuar seu caminhar, minha querida. Sua luz, sua aura de bondade, simplicidade e ternura o cativaram. Você agora é responsável por ele! Dê-lhe-a oportunidade de viver uma vida plena de amor, que sei que você é capaz de oferecer! Pense nisso, Aimée. Não fuja de sua programação e de seu destino, minha menina, pois será cobrada pela não realização daquilo que está em seu caminho! Fale com ele e coloque em palavras tudo o que estamos conversando.

— Você deve estar louca! Espera que eu me declare a ele?

Francine deu uma gostosa gargalhada.

— Do que tem medo? De ser rejeitada? Ele jamais faria isso, pois os sentimentos dele por você são puros e verdadeiros, assim como os seus por ele.

— Mas nunca fiz isso, não sei como fazer. Vou esperar que ele revele suas intenções primeiro. E pare de me amolar! Deixemos que o tempo resolva essa questão!

— Você quem sabe, Aimée. Peço-lhe apenas que esteja receptiva aos sinais que ele vai lhe enviar. Sei o quanto é descuidada e avessa a essas questões. Fique atenta!

As duas riram e seguiram para o castelo. Estava um dia ensolarado e com temperatura amena, o que tornou o pequeno passeio extremamente agradável. Aimée era muito querida por todos pela sua simplicidade, gentileza e alegria que distribuía a quem cruzasse seu caminho. Neste dia, em particular, estava radiante de alegria. Após a conversa com Francine, passou a olhar o mundo com olhos da paz e felicidade. Sentia-se muito bem com a perspectiva de viver um romance.

Era o que sempre sonhara desde a adolescência, porém tinha tantas dúvidas sobre essa questão! Vivia tão isolada do mundo que acreditava ser impossível encontrar alguém por quem se apaixonar.

Estava ansiosa pelo encontro entre Francine e Elise, que foi eletrizante, se assim podemos dizer. As duas se observavam, cada uma assumiu uma postura defensiva, como se estivessem prontas para um inevitável confronto. Tudo aconteceu de forma sutil e contida. Apenas Aimée percebeu o clima tenso.

— Você deve ser a mulher de quem Jules falou e que tanto auxiliou Aimée — falou Elise.

— Exatamente. Aquela a quem você negou auxílio, colocando-a em uma situação de risco e perigo. Exatamente o contrário do que Jules fez quando a viu na mesma situação. Ele lhe ofereceu abrigo e proteção, o que você me negou quando a procurei.

Os olhos de Elise se entristeceram, sentindo toda a mágoa que Francine ainda ostentava.

— Você tem razão em sentir tanta mágoa. Eu desprezei seus apelos e a coloquei fora de Bousquet como faria a um cão sarnento. Não sei se um dia irá me perdoar. Você não foi a única que me procurou e não pude acolher, gerando culpa e ressentimento em meu coração. Naquela ocasião, participantes do clero vigiavam cada comportamento meu que julgavam inadequado, cada ação minha que se contrapunha aos seus interesses, cobrando cada vez mais pela minha própria segurança. Não me orgulho dessa parte de minha história, mas não posso voltar atrás e refazer todo o erro que cometi. Posso tentar consertar meu passado com novas ações permeadas pelo bem e pela caridade. Adele deixou uma frase em meu coração da qual não consigo esquecer: "tudo o que eu plantar, colherei". Quero corrigir meu passado, mas para isso preciso que todos a quem magoei e fiz sofrer me perdoem.

Francine a ouvia atentamente e entendeu de verdade o que Aimée lhe falara. Aquela mulher em nada se assemelhava à Elise que conhecera: arrogante e prepotente. Era outra pessoa! Mais sofrida, mais madura, mais consciente de seu papel perante a vida e, principalmente, de seus erros. Viu alguém ansioso por reconciliar-se com seu passado, ciente de que isso só seria possível transformando-se drasticamente a forma de conduzir sua vida. Toda a mágoa que sentia se desfez e sentiu-se livre como nunca se sentira antes.

Se as pessoas compreendessem como as mágoas e os ressentimentos aprisionam... E Francine era um grande exemplo. Guardou mágoas e ressentimentos por Elise por tanto tempo que seu coração mais parecia um lugar inóspito e sombrio. Uma verdadeira prisão, mesmo que sem grades.

Ouvindo o pedido de perdão de Elise, pareceu que tudo desmoronou dentro dela. Sentiu alívio e paz. Não precisava mais sofrer por isso. Se sofreu por tanto tempo, foi porque permitiu manter tais sentimentos em seu coração.

— Nada disso será possível se você não se perdoar. Como conseguir o perdão alheio de nossos erros se ainda temos dificuldade de enfrentar nosso mundo íntimo e nos perdoarmos? É necessário, antes de tudo, o autoperdão. Precisamos assumir nossas imperfeições e equívocos e compreender que isso é natural no caminho de nosso aperfeiçoamento. Erramos, pois somos imperfeitos, porém podemos fazer diferente e refazer o caminho inadequado, procurando evitar novos erros no futuro. Perdoe-se, para que possa compreender que a culpa em nada auxilia a caminhada, apenas paralisa nossos passos, impedindo-nos de seguir em frente. Se ainda não conhece o autoperdão, como saber perdoar o outro? Não tenho nada o que perdoá-la. Ao ouvi-la, percebi que eu ainda não havia me perdoado, ostentando por tantos anos ressentimento em meu coração, o que tornava minha vida amarga e triste. Eu precisava seguir em frente e você me mostrou que isso depende unicamente de mim. Como também a sua libertação, Elise. Perdoe-se e refaça seu caminho. Depende só de você o que desejar semear, não é mesmo?

Elise chorava copiosamente, sentindo a grandeza daquela mulher que tinha tanto a lhe ensinar. Definitivamente percebeu o quanto ainda precisava aprender. Sua estadia lá seria muito produtiva. Seria ao menos sua própria redenção!

— Bem, creio que as duas já se encontram prontas para uma nova amizade. Elise, esta é minha grande amiga de quem tanto lhe falei. Francine, esta é Elise, uma pessoa especial e que tenho certeza de que gostará de conhecer.

As duas estenderam as mãos e com um sorriso selaram uma nova fase de suas vidas. Uma vida plena de liberdade, aceitação, compreensão e, principalmente, de troca de conhecimentos. Ambas

tinham muito a ensinar e a aprender. Todos se beneficiariam com essa amizade.

Aimée deixou as duas conversando e foi ao encontro de Adrien, que caminhava pelo jardim que rodeava o castelo.

— Como se sente? Não se esforce demais, lembre-se das orientações recebidas, se deseja uma recuperação rápida. Já pensou o que irá fazer de sua vida?

O jovem sorriu timidamente, não sabendo por onde começar. Jules já lhe dera um sinal de que seria muito bem-vindo em suas terras.

— Ainda não sei. Seu pai pediu que eu não decidisse nada antes de falar com ele.

A jovem deu um largo sorriso, conhecendo as intenções do pai. Ela era a sensitiva, mas parece que era seu pai quem estava mais atento a tudo, percebendo coisas imperceptíveis até aos olhos mais argutos. Será que seu pai sabia de seu interesse por Adrien?

Jamais pensara em abandonar seu pai, seu único e grande amigo desta vida. Não poderia conceber a vida sem a presença dele ao seu lado, porém sabia que não o teria para sempre. Cada um tem um caminho a seguir e seu pai já lhe dedicara grande parte de sua vida, partilhando com ela todos os momentos felizes e infelizes. Chegaria o dia em que ele não mais a acompanharia tão de perto, permitindo que ela caminhasse com seus próprios pés.

Queria que esse dia custasse a chegar para não ter que viver tal dilema.

Perdida em seus devaneios, não ouviu a pergunta de Adrien.

— Você gostaria que eu ficasse?

Aimée corou ante a pergunta e não sabia o que responder. Lembrou-se de Francine e de suas ideias absurdas de se declarar a ele. Respondeu com outra pergunta:

— Por que me pergunta isso? E você? Quer ficar?

Dessa vez foi Adrien que se sentiu constrangido e tentado a falar de seus sentimentos, mas tinha receio de que ela o interpretasse de maneira equivocada e se ofendesse. Não queria que ela tivesse uma ideia errônea sobre seu caráter e suas intenções. Aimée era um tesouro de valor incomensurável, uma jovem sensível e pura. Ele era um jovem solitário, sem muito a oferecer. De repente, pensou o quanto estava divagando, já fazendo planos de se casar com ela. Eles jamais trocaram conversas sobre isso. Decidiu dar uma freada em seus pensamentos e voltar ao mundo real e possível. Um passo por vez, Adele lhe ensinara. Era assim que agiria com Aimée...

— Para dizer a verdade, Aimée, gostaria, sim. Na realidade não tenho mesmo muitas opções, sou do mundo, vou para qualquer parte se preciso for. Jamais tive medo de trabalhar em minha vida. E em qualquer lugar existe um espaço para alguém como eu. Sou uma pessoa simples, contento-me com pouco. Amo a natureza e a respeito, devo confessar que este lugar é especial. Não gostaria de ir embora daqui. Além do mais tem algo que me enfeitiçou e não sei se conseguiria ser feliz em outro lugar.

— E o que foi que te enfeitiçou? — perguntou Aimée.

— Uma jovem de lindos cabelos louros e um sorriso cativante, o mais puro que eu já vi em toda a minha vida.

Ela o olhou com desconfiança, sem entender se era brincadeira ou se ele falava sério.

Adrien quebrou o silêncio dando uma gostosa gargalhada.

— Estou brincando, não me olhe assim. Não sei se você é ou não uma feiticeira, mas devo admitir que algo nessas terras me enfeitiçou. Tem alguma explicação?

Aimée se recompôs, reassumindo seu controle e respondeu:

— Tenho uma explicação, mas não vou lhe dar. Você descobrirá sozinho e, quando isso acontecer, conversamos. O que acha?

— Creio que seja uma excelente ideia. Precisarei ficar aqui por um bom tempo para descobrir. Você não se opõe à minha permanência aqui, estou certo?

— Fique o tempo que quiser. Devo lhe avisar, porém, que aquele que permanece nestes ares não consegue mais daqui se afastar. Está preparado para isso?

— Com certeza.

Os dois se olharam fixamente sem dizer uma palavra. Aimée quebrou o silêncio:

— Acho que já ficou tempo demais aqui fora. Vamos beber alguma coisa?

— Convite aceito. E seu pai? Quando retorna?

— Disse que voltaria em alguns dias. Ele viajou ontem, mas já estou com saudade.

— Vocês têm uma relação muito bonita. Parecida com a que eu tinha com minha mãe. Sinto muita saudade dela.

Aimée pegou no braço de Adrien e o levou para dentro.

Justine a encontrou na sala, e o assunto passou a ser Elise de Bousquet. Questionavam se estavam em segurança com a presença dela.

— Meu pai viajou para assegurar-se de que ninguém venha nos visitar com intenções funestas.

Não sabemos do que o pai de Adele é capaz. Eu o conheço e sei que não desistirá de Elise, se acreditar na sua responsabilidade sobre a morte de sua filha. Ele é um homem severo, inflexível e implacável em suas decisões, mesmo que não estejam amparadas na verdade. Adele fugiu por conhecê-lo profundamente, consciente de que ele não desistiria de encontrá-la.

Justine ainda estava sensibilizada com a morte de Adele, e somente o tempo seria capaz de diminuir a dor de sua ausência. Rene estava ao seu lado, tentando confortá-la, mas tudo ainda era muito difícil de enfrentar. Aimée percebia a tristeza que Justine carregava em seu coração, mas nada podia fazer.

Os três permaneceram na sala conversando por mais algum tempo.

Os dias passaram, e Adrien se recuperava a olhos vistos. Elise e Aimée decidiram que a melhor forma de ver o tempo passar era trabalhar e aprender. Tinham muitos ensinamentos a partilhar, e aquele era um bom momento para estreitar os laços.

Justine procurou Francine para conversar diversas vezes, por quem foi confortada em inúmeras ocasiões. Segundo Francine, Adele ainda deveria passar por um longo período de adequação à sua nova condição. Se a amiga quisesse auxiliá-la, deveria vibrar apenas bons sentimentos. Os encontros pareceram minorar a dor que Justine ainda portava, e a companhia da nova amiga lhe trouxe um pouco de paz ao coração.

Rene assumiu as responsabilidades do local, como Jules lhe solicitara. Passados cinco dias, Jules retornou ao castelo, para a felicidade da filha.

Sua aparência estava cansada e estampava certa preocupação.

Não gostei de seu semblante, papai. Como foi a viagem? — perguntou Aimée.

— Cansativa, minha querida. Acho que já não estou mais na idade de empreender viagens tão longas e exaustivas.

— Ora, papai, deixe de reclamações e me conte tudo. Encontrou com seu velho amigo conde Deville? Como está sua saúde?

— Ele está bem, com exceção da gota que o tem atormentado demais. As dores são terríveis e ele não aceita seus chás. Que continue a sofrer, já que não quer ajuda...

— Não fale assim, papai. Você sabe que ele tem seus motivos. Perdeu um grande amigo envenenado com infusões mal orientadas. Ele ainda não superou isso!

— Bem, fora isso, ele está bem. Com relação ao assunto que me levou até ele, devo dizer que as notícias correm depressa. Ele me falou que um bispo amigo já estava ciente do incidente e tentaria amenizar a fúria do pai de Adele, que parece ser um grande provedor do clero. Pediu-me sigilo absoluto sobre o incidente e alertou-me de que poderia haver represálias. Tudo é possível, eu já sabia disso. O importante é que Louis fará tudo para que meu nome não apareça nessa história. Mas, caso isso não seja possível, sugeriu uma razoável contribuição para que nos deixem em paz.

Aimée fechou seu semblante. Sabia que tudo sempre se resolvia com alguma contribuição em espécie ou em joias, que era a preferida da Igreja. A menina nunca entendera como uma instituição que tem a responsabilidade de cuidar da parte espiritual fosse tão preocupada com bens materiais, com pompa, com riqueza! Enfim, se isso lhes proporcionasse a segurança necessária, que assim fosse. Seu pai tinha posses, terras e podia ser generoso com quem lhe aprouvesse.

— Fique tranquila, é o que eu lhe peço. Tenho razões para acreditar que nada irá acontecer. Antes de retornar, já encaminhei uma polpuda contribuição. Eles não irão nos procurar. Se o pai de Adele ainda insistir, o fará por conta própria. Espero que ele não cometa tal imprudência. Como está Adrien, seu protegido? — perguntou o pai mudando o rumo da conversa.

— Ele está quase totalmente recuperado e com ideias de permanecer por aqui. Você veria algum inconveniente nisso?

— De forma alguma, minha filha. Já havia feitos planos para ele quando se recuperasse. Foi o último pedido de Adele: que eu cuidasse dele, pois não tem mais ninguém neste mundo. O mínimo a fazer é acolhê-lo. Além do mais, sei que isso lhe trará muita alegria, não é mesmo?

A jovem corou ante a brincadeira do pai:

— Não sei o que o leva a crer que eu tenha algum interesse em Adrien. Ele é apenas um grande amigo. Claro que eu gostaria muito que ele ficasse. Assim como você aprovaria a presença de Elise aqui, no castelo, bem pertinho de você.

A jovem disse isso correndo para mais um abraço no seu amado pai, não lhe dando tempo para falar nada sobre Elise. Jules abraçou a filha com toda a ternura, percebendo mais uma vez como era difícil se afastar dela.

— Você passou por mim e nem para me dar um abraço — disse Rene. — Cuidei de tudo em sua ausência, pode ficar tranquilo. Mas e a viagem?

Os dois amigos se abraçaram e Jules contou tudo o que falara à sua filha. Rene confiava que ninguém iria incomodá-los. Providenciariam um local seguro para Elise, que no castelo ficaria muito visível. Falaria com seus empregados, pedindo sigilo sobre a permanência de Elise em suas terras, alertando-os de que poderiam ser inquiridos por visitantes desconhecidos. Todos respeitavam Jules e acatavam suas orientações. Sabiam que Aimée não podia ficar exposta. A jovem era muito amada por todos, que prezavam pela sua segurança e integridade física. Afinal, os tempos eram difíceis e todo cuidado era pouco. Aimée merecia esse cuidado... Mas e Elise?

CAPÍTULO 13

Acertando o passo

Jules fazia a pergunta intimamente e não encontrava respostas convincentes. Queria muito ajudar Elise de Bousquet, porém não sabia os motivos que o conduziam a tal atitude. Ele se preocupava excessivamente com a segurança dela e tudo faria para que nada lhe acontecesse.

Elise ficou sabendo do retorno de Jules por intermédio de Aimée.

— Papai acabou de chegar e agora me sinto tranquila e segura.

— A ligação de vocês é muito forte. A energia que os une é perceptível. Saiba que tenho aprendido muito com você. Hoje percebo que a transparência e a sinceridade devem comandar nossas ações em qualquer situação. Pessoas sensíveis como você ainda são uma raridade neste mundo. Sou-lhe grata por tornar minha existência mais útil.

Os olhos de Elise se cobriram de lágrimas sinceras e verdadeiras, fazendo com que Aimée também se emocionasse e a abraçasse.

— Não sou tudo isso. Sou o que sou e o que posso ser. Minha vida foi privilegiada, pois tenho um pai extremamente amoroso e zeloso, que tudo faz para meu crescimento em todos os aspectos da vida. Bem, quase todos...

Ao falar isso, Aimée deu um largo sorriso, pensando no quanto o pai a preparara para a vida, menos para a parte afetiva. A própria vida amorosa do pai tornara-se praticamente nula depois que a mulher os deixou. Não conseguia falar com ele sobre suas dúvidas amorosas, seus questionamentos íntimos e sempre tivera receio em falar sobre um assunto que poderia perturbá-lo.

Elise, sempre perspicaz, percebeu que algo a perturbava:

— O que você não consegue conversar com seu pai? Sou mulher e entre nós não existem assuntos proibidos. É sobre seu interesse em Adrien?

— É tão visível assim? Você acha que ele também já percebeu?

— Querida Aimée, Adrien só tem olhos para você.

— Ele lhe disse algo? — perguntou a jovem curiosa.

— Não foi necessário, pois cada vez que você entrava no quarto o olhar dele se iluminava, como se só existisse você naquele lugar.

— Será que ele não me olhava apenas como uma amiga e salvadora? Afinal, ajudei-o a se curar com minhas ervas secretas... Saiba que você é a primeira com quem dividi meus segredos!

— Serei eternamente grata por tudo o que está me ensinando. E, se eu tiver oportunidade de provar, assim farei — respondeu Elise.

— Não quis parecer ofensiva, mesmo porque nada do que sei me pertence. Ademais, do que adiantaria conhecer tanto e guardar segredo, e não ajudar quem necessita? Aprendi com Francine a colocar em movimento todo conhecimento adquirido. Não devemos reter apenas para nós o que pode ser útil a outros.

De que valeria mantê-lo oculto? Será que ele efetivamente nos pertence, Elise?

— Uma boa reflexão. Os bens materiais nos são concedidos por empréstimo para que possamos fazer bom uso dele. Os bens espirituais são os únicos tesouros que levaremos conosco. Porém, temos de nos esforçar para conquistá-los! Quando pensamos ter conquistado uma virtude, ao sermos testados, ainda assim falhamos!

— Creio que somos nós quem mais nos cobramos. Realmente somos juízes implacáveis de nós mesmos. Mas será que agimos assim conosco, e não com nosso próximo? Bem, eu procuro utilizar esse julgamento primeiro comigo... — disse sensatamente Aimée.

— Você e alguns poucos, porém a maioria assim não age, minha querida! São juízes implacáveis das condutas alheias e benevolentes com as próprias atitudes!

— Infelizmente você tem razão, Elise. Será que algum dia a ordem das coisas vai se acertar?

— Tenho de acreditar que sim, caso contrário qual seria o sentido de prosseguir nossa jornada? Creio que isso um dia irá se modificar, mesmo acreditando que não estarei por perto para presenciar...

— Por que não? Você não acredita nas infinitas possibilidades de ter outra existência? De nascer, morrer, nascer de novo? Quem sabe, numa outra oportunidade, você não esteja aqui e participe dessa transformação? Precisamos fazer nosso melhor hoje. Aprender tudo o que nos for concedido e permitido. Fazer todo o bem possível para que isso seja nosso real tesouro, que nos acompanhará eternidade afora. Creio que nossas ações de hoje definirão nosso amanhã. Sou feliz vivendo assim. Tenho algo que muitos custam a conquistar: paz de consciência, e faço com que ela me acompanhe todos os dias. E, Elise, quero um pouco mais: dividir com alguém todos os meus sonhos.

— E esse alguém, o eleito, seria o Adrien? — perguntou a nova amiga.

— Talvez. É tudo confuso para mim, pois ainda não sei lidar com as questões sentimentais. Não sei se é interesse, um capricho ou apenas amizade. A única coisa que sei é que quando estou perto dele minhas pernas tremem e sinto que minha espontaneidade desaparece. Sinto-me insegura e creio que deva transparecer o que sinto.

Elise deu uma gargalhada, deixando a jovem sem saber se falara alguma besteira.

— Minha querida, pare com tantos questionamentos. Tudo o que você acabou de relatar significa que está apaixonada. Nunca sentiu isso antes?

— Não — respondeu Aimée timidamente.

— Você está interessada em Adrien, não há como negar os sinais. E isso deveria ser motivo de contentamento, não de sofrimento e angústia. Se permita ser feliz e viver um romance. Não pense se será ou não o grande amor de sua vida. Deixe a emoção falar, siga seu coração e aproveite cada momento. O bom nisso tudo é que você tem a chance de viver essa história de amor. Adrien sente exatamente os mesmos sentimentos, o que denuncia que também está apaixonado por você.

— Como você tem tanta certeza? — respondeu a jovem, ansiosa pela resposta.

— Percebo os sinais e sei reconhecer quando duas pessoas estão apaixonadas. Bem, alguns ele já tem oferecido, como aquele olhar lânguido e apaixonado cada vez que você se aproxima. Creio que ele já tem dado algumas indiretas, com brincadeiras inocentes e joguinhos de palavras.

Enquanto Elise falava, Aimée ia sorrindo, lembrando-se de suas longas e divertidas conversas com Adrien. Elise podia ter razão.

— Bem, Elise, vamos supor que você esteja certa e Adrien tenha interesse por mim. O que eu devo fazer?

— Não será necessário que faça nada, pois o tempo se incumbirá de uni-los naturalmente. Deixe a vida seguir seu rumo, apenas esteja receptiva ao amor. As coisas acontecem a seu tempo e apenas precisamos estar atentos para não perder as oportunidades.

— Simples assim? Pensei que fosse mais complicado.

— O amor é algo simples e natural — disse Elise. Somos nós que dificultamos e oferecemos barreiras à sua manifestação. Devo confessar que não sou tão experiente nessa questão, mas sei exatamente o que deixei passar por orgulho e desatenção. Quando me dei conta, já era tarde e havia deixado passar a grande oportunidade de ser e fazer alguém feliz. O importante é não estar desatenta e observar a vida com olhos cuidadosos.

— Você deixou passar a oportunidade? — perguntou a jovem curiosa.

Uma infinita tristeza se estampou nos olhos de Elise. Aimée não soube como continuar seu questionamento. Elise se recompôs e prosseguiu seu doloroso relato.

— Já faz tanto tempo, e eu ainda me lembro como se fosse ontem. Tinha pouco mais de sua idade e estava vivendo um momento mágico, de deslumbramento. Eu achava que não havia espaço para alguém em minha vida. Quando me dei conta, o arrependimento veio rápido, mas já era tarde. Ele havia ido para bem longe. Nunca mais o vi, mas a notícia que um dia chegou era de que havia morrido num confronto. Naquele instante percebi que havia deixado de viver o que talvez fosse o grande amor de minha vida. Mas nada há que se possa fazer para mudar uma decisão do passado. Não fico lamentando, afinal era outro momento e a Elise era também outra. Uma mulher materialista, arrogante e orgulhosa. Hoje vejo sob outro prisma e sinto um grande vazio em meu coração, não somente em decorrência da ausência de um amor correspondido, mas um vazio em relação aos meus projetos que não foram realizados. Fiz uma leitura equivocada sobre a minha tarefa espiritual. Entretanto de nada adianta permanecer apegada a culpas, é preciso agir. Restou a sensação de que ainda tenho muito a realizar, mesmo que o tempo não mais esteja soprando a meu favor.

— Não pense assim, Elise. O tempo pode ser nosso aliado se o respeitarmos. Passe a olhar a vida em função das conquistas que ainda pode empreender, não das que ficaram no passado, sepultadas em seu orgulho e arrogância. O importante é seguir em frente, confiante de que haverá novas oportunidades de realizar seus objetivos. Se você se sente outra pessoa, aja conforme essa nova pessoa agiria. Não coloque impedimentos, que eles irão ao seu encontro.

— Você é sempre muito direta na maior parte dos assuntos pertinentes à vida. Devo dizer que jamais vi tanta sabedoria e confiança numa jovem de tão pouca idade. Disseram-me que Adele também era assim. São pessoas além do seu tempo! Talvez por isso sejam tão incompreendidas. As pessoas ainda não se sentem preparadas para tantos ensinamentos novos.

Elise pegou as mãos de Aimée e as segurou entre as suas, dizendo:

— Minha jovem, conte comigo em qualquer situação. Você ganhou uma fiel aliada. E, se estou redescobrindo meu caminho, devo isso a você e a seu pai. Não tenho mais dúvidas de que a Providência Divina atua em nosso favor em qualquer situação. Creio

que alguns amigos espirituais ainda acreditam em mim, não sou um caso perdido.

Aimée sorriu ante o comentário e concluiu:

— Não existe caso perdido para o Pai Maior. Ele conhece profundamente cada filho e sabe o que cada um pode oferecer. Sabe que iremos tropeçar muitas vezes em nossa caminhada e que iremos nos levantar tantas vezes sejam necessárias, pois não podemos permanecer muito tempo inativos. Nossa essência exige ação constante. Só assim o aprendizado irá acontecer. Bem, agora vamos ao encontro de meu pai. Sei que também está com saudades dele.

Elise corou ante o comentário da jovem. Realmente sentira a ausência de Jules. Talvez se sentisse desprotegida, fragilizada, carente e queria muito reencontrá-lo. Porém, o olhar de Aimée sobre ela deixou-a desconcertada, pois a encarava fixamente.

— Eu sei que não entendo muito desse assunto, mas também já pude perceber os olhares que ambos trocam. Jamais vi meu pai olhar assim para uma mulher, um misto de admiração, curiosidade, interesse, carinho...

— Creio que o único olhar sobre mim foi o de preocupação, afinal ao vir para sua casa eu coloquei todos em perigo. Jamais desejei causar qualquer problema a vocês. Acho que o olhar dele quer dizer: e agora, o que faço com ela?

— Não é esse o olhar que ele lhe oferece. Bem, vamos? — disse a jovem sorrindo.

Elise assentiu e ambas foram ao encontro de Jules.

Elas o encontraram conversando com Rene, que aparentava contida preocupação. Jules fez um sinal para o jovem, que entendeu o recado. Conversariam mais tarde sobre o assunto, quando estivessem sozinhos novamente.

— Papai, espero não estar interrompendo, mas Elise insistiu em vê-lo.

A mulher ficou corada ante o comentário, o que fez Jules descontrair-se e sorrir.

— Aimée, cuidado com as palavras. Elas podem dizer o que o coração não quer falar. Você continua uma criança espirituosa, deixando as pessoas constrangidas com suas brincadeiras. Elise, estou feliz em revê-la. Todos a trataram bem na minha ausência?

— Certamente, mas devo reconhecer que senti muito sua ausência.

— Que bom que alguém ainda sente minha falta, com exceção de Aimée, já que ela não consegue ficar longe de mim mais do que alguns dias. Essa menina precisa ter outros interesses que não seu velho pai, não concorda, Elise?

— Que ela deva ter outros interesses, concordo. Mas não creio que se sinta como um velho. Não tenho a sua disposição e sua energia.

— Bondade sua, porque é minha hóspede e quer me adular.

— Você me conhece muito pouco, Jules. Não costumo falar o que não sinto.

— Bem, se é assim, fico duplamente feliz pelo seu julgamento sobre mim.

— Como foi a viagem? Rendeu frutos positivos? — perguntou Elise, curiosa.

— Conversaremos amanhã. Tenho que tomar algumas decisões. Mas fique tranquila que seu caso tem solução. Tudo faremos para garantir sua segurança. Amanhã conversamos. Hoje quero apenas assuntos leves e descontraídos. Não vi ainda Adrien. Nosso rapaz está totalmente recuperado?

No mesmo instante, Adrien entrou na sala e foi em direção a Jules, dando-lhe um caloroso abraço. Jules observou que o jovem estava corado e parecia bem-disposto.

— Muito bom vê-lo recuperado, meu jovem. Pronto para reiniciar sua vida?

— Calma, papai, não acredito que já esteja querendo que ele comece a trabalhar, interveio Aimée.

— Já descansou o suficiente, não acha? — disse Jules, dando uma piscadela para o rapaz.

— O senhor tem razão. Já é hora de começar a trabalhar. Podemos conversar amanhã?

— Papai! Não estou acreditando que esteja falando sério. Ele passou por maus bocados, ainda não está totalmente recuperado. O senhor não pode exigir algo que ele ainda não possa dar.

A indignação da jovem era real e sua reação intempestiva era o que o pai esperava. Ele adorava brincar com a filha, que, sempre pura e ingênua, acreditava em tudo o que ele lhe dissesse. Ele a amava demais e não conseguia imaginar uma vida distante dela.

— Calma, Aimée, estou apenas brincando. E Adrien foi meu cúmplice nessa brincadeira.

A jovem fez cara feia, mas logo em seguida sorriu.

— Papai, conversaremos depois. Você continua o mesmo...

Adrien sorriu ao ver a reação da jovem em sua defesa, começando a acreditar que ela tinha algum interesse nele.

Ficou feliz e retribuiu a piscadela de Jules, que entendeu o que o jovem estava pensando naquele momento.

Gostaria de conversar com Adrien sobre o assunto, porém tinha outras prioridades no momento que demandariam sua atenção. Precisava encontrar um local seguro para Elise e Aimée, que poderiam estar correndo perigo se o que ele temia acontecesse. Talvez Adrien também, afinal Adele morrera para protegê-lo. Não conseguia imaginar o que o pai de Adele faria quando soubesse da morte da filha!

Foi ao encontro da filha e, enlaçando-a com seus vigorosos braços, disse-lhe:

— Aimée, espero que tenha providenciado uma refeição digna de alguém faminto!

— Apesar de não merecer, terá uma refeição fantástica. E já será servida!

Justine se uniu ao grupo e a refeição foi servida. Foram momentos descontraídos e felizes, como se a paz reinasse definitivamente naquela casa.

Na manhã seguinte, logo na primeira hora, lá estavam reunidos Jules, Rene e Adrien para discutir o destino de Elise de Bousquet. Jules contou aos rapazes sobre a reunião com o velho e influente amigo e as possíveis implicações de abrigar Elise em suas terras.

Alguns poderosos poderiam tomar isso como afronta e exigir explicações. Mas o que Jules poderia dizer? Que estava ajudando Elise, pois se compadecera dela? Como seria avaliada essa ajuda? Pensariam que ele estaria confrontando interesses maiores, ou se indispondo contra eles. Era, sem dúvida, uma situação delicada que exigiria atitudes sensatas e imediatas. Não poderia esperar mais tempo, precisava agir com cautela e urgência.

Rene e Adrien escutaram todo o relato sobre a viagem, preocupados com as possíveis investidas contra o castelo.

Eram tempos dominados pelas sombras da ignorância, em que cada um agia por seus próprios métodos e razões. Cada um fazia justiça pelas próprias mãos e acreditava ser detentor do poder. E assim agiam com o aval da Igreja, desde que fosse também ao encontro dos seus interesses.

Jules jamais afrontou os poderosos. Sabia que seria o único a perder. Com sua condição financeira privilegiada, pôde fazer polpudas doações ao clero, preservando a segurança de sua filha e de todos os que trabalhavam em suas terras. Mas a situação agora era outra.

Rene acreditava que deveriam agir com cautela, sem fazer alarde entre os trabalhadores que lá moravam. Não podiam confiar em todos. Sabia que a fraqueza de alguns poderia comprometer seus planos. Adrien pensava de forma semelhante, pois Adele lhe falara sobre a arrogância e a prepotência do pai, que sempre conseguia seus intentos. Esse foi um dos motivos de ela fugir e relutar para retornar ao seu convívio. Ele encontraria um bode expiatório para a morte de sua filha, e essa pessoa era Elise de Bousquet e qualquer um que a apoiasse.

Jules pensara em esconder Elise na casa de Francine, mas estava relutante se ela apoiaria a iniciativa. Sua casa era afastada das demais, num local com vegetação bem fechada. Pediria a Aimée, que a conhecia profundamente, para descobrir se a amiga concordaria com o plano. Mas antes precisava saber o que os jovens amigos pensavam a respeito.

— Conheço bem a região e acho que seria uma alternativa, desde que Francine aceite a incumbência. Pelo que conheço, ela tem uma alma generosa e sempre pronta a auxiliar — afirmou Rene.

— Sim, é uma pessoa generosa e tem muita gratidão pelo que fiz por ela tempos atrás. Porém, é um ser humano como qualquer outro. Pode ainda manter o ressentimento pelo que Elise lhe fez no passado. Não sei se seria uma boa opção, porém é a única que temos no momento. Adrien, o que você acha?

— Concordo com o senhor. Não sei se ela já perdoou ou se ainda guarda mágoa em seu coração. Mas pouco adianta ficarmos fazendo suposições. Precisamos conversar com ela antes, não concordam?

— Não acha que deveria falar com Aimée antes de qualquer coisa?

— Acho que ela já sabe sobre o que estamos discutindo. Está parada atrás da porta há alguns minutos — disse Adrien sorrindo.

Jules abriu a porta e deparou-se com a figura desconcertada da filha:

— Querida, ficar ouvindo atrás da porta foi algo que sempre disse ser errado. Pelo visto não aprendeu a lição.

Aimée ostentava um ar de criança travessa repreendida por alguma arte, mas durou pouco. Já imponente, deu as devidas explicações:

— Por que não me chamou para essa conversa? Pensou que eu não descobriria que estavam tramando pelas minhas costas? Você se esqueceu de que nada me escapa, papai? Fico realmente chocada com sua atitude.

— Aimée, querida, era apenas uma conversa de homens para discutir possíveis ações. Por que isso lhe interessaria?

— Simplesmente porque tudo o que acontece nesta casa me diz respeito. Você nunca me ocultou nada. Ou já fez isso antes?

Jules não se conteve e deu uma gargalhada, o que a deixou mais furiosa ainda.

— Papai, pare com isso. Eu não estou brincando. Estou muito preocupada com suas atitudes, conspirando pelas minhas costas.

O pai não parava de rir da filha, desanuviando o carregado ambiente. Ela sempre conseguia esse intento. Aimée era uma alma pura e doce, e contagiava a todos com seu jeito meigo e brincalhão.

— Bem, Aimée, cansei de rir. Não estou rindo de você, estou rindo de sua atitude. Fique tranquila, nunca lhe escondi nada, pois você sempre será minha eterna e leal confidente. Queria primeiro ouvir as opiniões deles. Mais tarde, iria conversar com você sobre nossos planos e sobre Elise, que é o assunto em questão.

— Aconteceu algum problema na viagem? — perguntou a jovem preocupada.

Jules sabia que não poderia esconder nada e decidiu contar-lhe tudo.

A jovem ouviu atentamente o relato do pai, franzindo o cenho a cada palavra que ele pronunciava. A situação era de certa gravidade e pressentiu que uma nuvem negra começava a rondar o castelo. Procurou controlar suas emoções para que o pai não percebesse a luz de alerta que se acendeu em seu semblante.

Quando ele finalizou, Aimée já tinha a solução para o problema.

— Papai, sei que Francine a ajudaria, pois as duas já conversaram e se entenderam. Porém seria um lugar visado. Ela sempre recebe muitas visitas e todos teriam conhecimento da presença de Elise na casa. Tive outra ideia e sei que vai apoiar. Lembra-se daquela casa que construímos para receber hóspedes que preferiam se manter no anonimato?

Jules fez-se de desentendido, mas deixou-a prosseguir.

— Por favor, papai, sei que construiu aquele pequeno solar num local de difícil acesso para receber alguns hóspedes que não queriam ser vistos, ou que você não queria que eu visse. Sempre soube desse lugar e já fui lá algumas vezes para saber como era. Esteve um pouco abandonado nos últimos tempos, não?

O pai estava constrangido, pois nunca soubera que ela tinha conhecimento daquele local secreto. Fazia algum tempo que não ia à pequena e graciosa casa. Sua vida afetiva estava adormecida há algum tempo. Muitas preocupações o afastaram de ideias pecaminosas. Desde esse dia, a casa permanecera fechada. A localização era privilegiada e poucos conheciam sua existência. Aimée tivera uma excelente ideia e talvez fosse a solução para o problema.

— Bem, Aimée, conversaremos sobre isso depois, mas aprovei sua ideia de esconder Elise lá. Mais tarde vou ver em que condições a casa se encontra. De qualquer forma, fique sabendo que seria mais coerente você entrar aqui do que ficar escondida atrás da porta.

— Peço desculpas pela minha atitude impensada. Não vai mais acontecer. Não pude resistir. Como não fui convidada, fiquei por perto. Mas já entendi o recado, papai.

— Vou pedir a Elise para me acompanhar ao solar e ver sua próxima moradia. Espero que concorde com a decisão. Não podemos esperar que uma surpresa nos pegue desprevenidos.

— Falarei com ela se não se opor — disse Aimée.

— Falaremos juntos — afirmou Jules.

Rene e Adrien assistiam ao debate entre pai e filha calados, percebendo o quanto eram parecidos em personalidade e comportamento. Tal pai, tal filha. Era inegável a forte ligação e cumplicidade entre eles. Bonito de ver.

— Agora é necessário espalhar que ela esteve por aqui e já foi embora, seguindo seu caminho. Não quero trazer problemas para os trabalhadores — disse Aimée.

— Podemos preparar tudo até o fim da semana. Vamos dizer que ela decidiu retornar ao seu castelo. Falarei com alguns homens de minha total confiança e pedirei que uma de nossas empregadas simule ser Elise, com suas roupas elegantes.

— Papai, e se Adrien ficasse na casa, como se você a tivesse cedido a ele como moradia? As terras são excelentes para o plantio. Adrien, você conhece a tarefa?

— Certamente. Poderia plantar algumas sementes condizentes com o clima e o solo. Vou verificar isso na visita que faremos. Acho, entretanto, cauteloso que Elise ainda não conheça o local. No momento certo, é conveniente que ela parta para lá em total sigilo.

— Adrien tem razão, papai. O senhor pode dizer aos agricultores que ele ficará em suas terras para trabalhar, assim, quando o encontrarem, saberão quem é.

— Vocês têm razão. Assim faremos. Adrien, se você estiver bem, poderemos ir lá mais tarde. Creio que seja a melhor opção a fazer.

— Papai, precisamos agir rápido, pois pressinto que teremos visitas muito em breve.

— Então sejamos rápidos. Confio em suas intuições, minha filha. Combine você mesma com Elise e conte-lhe tudo o que aqui conversamos. Ela de certo aceitará nossas resoluções, sabendo que serão para seu próprio bem e segurança.

Tudo parecia resolvido, mas quem pode garantir que situações ocorram apenas para nossa própria conveniência? Afinal, de que realmente temos controle?

É preciso viver para conhecer os reais planos de Deus e compreender que somos instrumentos de sua vontade. Tudo é aprendizado... Afinal, Deus é Pai de Amor!

CAPÍTULO 14

Novos acontecimentos

A conversa com Elise foi satisfatória. Porém ela não se sentia confortável em trazer tantos problemas e chegou a cogitar a possibilidade de retornar ao seu castelo em Bousquet.

Aimée foi categórica em recusar essa ideia. Não era a escolha acertada e prudente. Alertou sobre o pai de Adele, que tudo faria para encontrar alguém a quem culpar e selar definitivamente seu futuro.

— Sinto causar tantos problemas. Talvez seja melhor eu partir o quanto antes! Creio que tudo se acalmaria e o foco sairia de todos vocês. Meu destino já está escrito!

— Entendo sua forma de pensar, Elise, porém discordo da tese de um fatalismo em que não cabem alterações. A vida é dinâmica. Tudo pode ser alterado mediante novas ações de nossa parte. Nada é definitivo!

— Desisto de discutir com você, Aimée. Apenas até formar uma ideia mais acertada sobre meu futuro. Até lá, aceito seus préstimos.

Enquanto isso, Jules, Rene e Adrien visitaram o pequeno e charmoso solar, não muito distante da casa principal.

Era uma pequena casa, aconchegante e sóbria, com poucos cômodos, mas todos confortáveis. Adrien viu ao lado da casa uma pequena horta necessitada de mãos hábeis. O jovem gostou do local e sentiu-se num lar novamente. Outros tempos, outras questões, outras possibilidades. A vida toma rumos inesperados e precisamos estar atentos para receber cada oportunidade. Ele visualizou um futuro, o que há muito não conseguia conceber, e sentiu a esperança renascer em seu coração. Seus olhos umedeceram e lágrimas furtivas rolaram em seu rosto.

Jules percebeu a emoção do rapaz.

— Meu jovem, creio que o local pode ficar renovado em apenas alguns dias. Pedirei para que preparem tudo. O que achou?

— Excelente esconderijo para Elise. Posso reativar a pequena horta?

— Ela é toda sua, meu rapaz. Trarei sementes e encarregarei alguns empregados para ajudá-lo. Sei que gosta de colocar a mão na terra, mas um auxílio será providencial. Minha filha me mata se eu lhe sobrecarregar de trabalho braçal. Como ela disse: você ainda está convalescendo e não pode exagerar no esforço físico.

— Ela é precavida demais. Eu já me sinto forte e em forma. Não se preocupe.

Rene apenas observava o local, atento, caso intrusos chegassem sem serem convidados. A localização da casa era privilegiada, numa discreta elevação, com uma visão ampla de toda a redondeza. Fora construída com uma finalidade: ser discreta e passar despercebida.

Quando retornaram ao castelo, depararam-se com uma visita inesperada. Frei Jaques, grande amigo de Jules, era de uma linha flexível do clero. Conheceram-se na juventude e logo ficaram amigos. Ele conhecia Aimée desde que nascera e tinha um profundo afeto pela jovem. Sabia de sua sensibilidade apurada, de seus conhecimentos especiais, de sua ligação com Francine, de seus poderes excepcionais, e jamais relatara isso a ninguém, o que poderia colocá-los em grande perigo. Nunca trairia a confiança de seu fiel amigo. Além do mais tinha um carinho muito especial por Aimée. Ele acompanhara seu crescimento e a viu desabrochar aos conhecimentos espirituais. Admirava sua pureza e simplicidade, constatando que não poderia ser fruto do mal, mas de Deus.

Aimée o recebeu com um afetuoso abraço, enchendo-o de beijos, como sempre fazia. Ele acabara de chegar ao castelo, quase junto com Jules e os amigos.

— Minha menina, vai me sufocar com tantos beijos. Jules, meu bom amigo, você não me visita mais, então decidi matar as saudades. Aimée, querida, a cada dia consegue ficar mais bela! Vejo um brilho diferente em seu olhar. Está mais radiante! Qual é o motivo disso? Não vai contar a seu velho amigo?

— Frei Jaques, pare com bobagens. Não tem nada acontecendo comigo. Ah, já sei! Você está com saudade dos meus quitutes e tenta me adular.

— A menina continua espirituosa! Acredita que preciso usar desse artifício para conseguir alguma coisa de você? Estou falando o que vejo, e raramente costumo me enganar... Depois conversaremos!

Todos estavam se divertindo com a conversa, menos Aimée, que percebia a possibilidade de seu segredo ser revelado. Decidiu que conversaria com ele mais tarde.

Jules deu um forte abraço no velho amigo, curioso com sua presença. Uma luz de alerta se acendeu e suas preocupações aumentaram. Frei Jaques estava lá com um propósito. Ficou em dúvida se contaria a ele sobre Elise, mas, se não confiasse nele, em quem poderia confiar? Ele já demonstrara lealdade em várias ocasiões e não poderia conceber a ideia de que pudesse fazer algo que colocasse todos em perigo.

Olhou a filha e pediu-lhe em pensamento para que mantivesse Elise em segredo, até decidir se contaria ou não sobre sua presença. A jovem captou o pensamento do pai, coisa comum entre eles... Muitas vezes as palavras eram desnecessárias...

— Jaques, quero lhe apresentar meu novo amigo, Adrien. Pretende ficar por muito tempo?

— Sinto que minha presença é incômoda. Prometo não dar trabalho agora. Da última vez foi lastimável, mas não podemos prever quando ficaremos enfermos. Se não fosse Aimée, já estaria ao lado direito do Pai. Ela cuidou muito bem de mim. O tempo que irei permanecer aqui vai depender da hospitalidade de meu bom amigo — disse o frei, lembrando-se de sua última visita.

— Quanta pretensão... "Estar ao lado direito do Pai"! Não se envergonha de dizer uma blasfêmia dessas? Creio que o lugar para o qual irá será um pouco mais quente! — brincou Jules com o amigo.

— Ora, quem fala! Se não fosse meu esforço para salvar sua alma, não sei o que já teria lhe acontecido! — o padre parecia ofendido.

— Muito prazer, frei Jaques. Sou Adrien e venho de longe, onde a peste está assolando e matando. Perdi toda a minha família. Apenas eu sobrevivi, sabe-se lá o porquê...

— Os desígnios de Deus são perfeitos. Certamente Ele tem um propósito ao levar os seus familiares e poupá-lo. Aceite e dê continuidade à sua vida. Há muito o que fazer neste mundo de Deus.

— Lá vem você colocando Deus em tudo o que acontece! — Jules sabia como provocar o amigo.

— E Ele não está? Ora, Jules, quando irá se render a Ele? Você sabe que Deus está em tudo e em todas as coisas. Sua criação é perfeita e comanda a dinâmica da vida com sabedoria. Já discutimos isso diversas vezes e sabe quem vence todos os debates...

— Jaques, você está a cada dia mais pretensioso. Não estou com disposição para seus longos e exaustivos discursos. Vamos tomar um vinho e comemorar sua chegada. Já estava com saudades desse meu velho amigo rabugento — disse Jules, envolvendo-o num afetuoso abraço.

Enquanto isso, Aimée seguiu até o quarto de Elise e pediu-lhe que permanecesse lá. Contou-lhe sobre frei Jaques e sua visita inesperada e acentuou que, até descobrirem a razão da visita, seria conveniente que ele não soubesse de sua presença.

— Frei Jaques é grande amigo de papai e sei que nada faria para prejudicá-lo, mas, até meu pai conversar com ele, seria interessante que sua presença aqui permanecesse em segredo. Apenas por esta noite. Amanhã trarei notícias.

Elise ficou tensa. Sentia que algo estava prestes a acontecer e seu mundo íntimo estava em alerta.

Não iria fugir eternamente, pois não havia cometido nenhum crime. Por que deveria viver na obscuridade e no ostracismo? Tudo o que lhe estava acontecendo seria resposta às escolhas que havia feito na vida? Estava confusa e triste, sentindo que não tinha mais controle sobre suas decisões.

Alguns companheiros do Plano Espiritual acompanhavam a cena que se desenrolava naquele quarto, preocupados com as possíveis decisões de Elise. Uma senhora, em especial, sua mentora espiritual, olhava a cena compadecida. Sabia que nada poderia fazer para resolver questões que apenas a ela pertenciam. Aproximou-se, envolvendo-a numa luz muito clara e suave, cujos raios partiam direto ao seu coração, procurando deixá-la mais serena.

No entanto, Elise parecia pouco receptiva a essas energias, pois seu coração estava magoado e confuso.

— *Creio que ela ainda não esteja em condições de receber ajuda, que seria tão providencial nesse momento. Deixemos que o tempo possa agir em seu mundo íntimo, facilitando o acesso a essas vibrações de paz e amor. Por ora, continue com suas orações, pois é importante que ela se recorde das tarefas que necessita realizar. Assim o trabalho deve ser dela, que precisa reencontrar aquela luz interna, sua ligação com Deus, para que possa seguir seu caminho. Dê tempo ao tempo e confie que o Pai maior jamais a desampará, mesmo que seus caminhos estejam ainda confusos e em sombras. Vamos, poderá continuar suas preces em local mais propício. Sua tutelada precisa reencontrar seu foco nesta existência para não comprometer tudo o que já fez em existências passadas. Ela está em boas mãos. Aimée é uma grande colaboradora na obra da implantação do bem e do amor. Não permitirá que nada de mal lhe aconteça antes da hora. Acalma teu coração e vamos!*

A senhora compreendeu a mensagem de seu dileto amigo e colaborador. Ele tinha razão em tudo o que lhe falara. Continuaria suas preces e deixaria que o tempo fizesse a sua parte. Percebia que a culpa que sua tutelada sentia em nada a ajudaria. Era necessária uma ação produtiva. Nada mais podia fazer e aceitou a orientação, partindo para outras esferas.

Elise voltou a ficar só, pensando em suas reais opções no momento. Andava pelo quarto feito uma fera enjaulada, sentindo-se confusa e, ao mesmo tempo, perturbada com toda a situação. Porém não era mulher de permanecer passiva. Precisava fazer algo e, num ímpeto, tomou a decisão.

Em poucos momentos, ela estava diante de frei Jaques:

— Boa noite, frei Jaques. O senhor ainda não me conhece e aqui estou para me apresentar. Sou Elise de Bousquet e deve saber quem sou e por que estou aqui. Resta saber os motivos de sua presença neste castelo. Tem algo a ver comigo?

O padre estava atônito e, pego desprevenido, não teve tempo para pensar numa desculpa. Levantou-se e foi ao encontro de Elise, que apenas lhe estendeu a mão, sem esboçar sinais de que iria beijar as do religioso. Frei Jaques, ainda surpreso, estendeu a sua para cumprimentá-la.

Jules rapidamente rompeu o momento constrangedor.

— Bem, as apresentações já foram feitas, agora podemos prosseguir com nossa agradável conversa. Jaques, eu já ia lhe falar sobre minha hóspede antes de ela irromper à sala. Elise, este senhor é um grande amigo e jamais tive segredo algum com ele. Tenho certeza de que ele está aqui com um propósito e quero acreditar que seja tão nobre quanto meu respeito por ele.

— Se vocês permitirem que eu fale por mim — interrompeu o frei —, tenho certeza de que essa questão será esclarecida rapidamente. Antes não quero parecer deselegante com uma senhora um pouco petulante, devo afirmar, mas certamente uma mulher de classe e respeito.

— Ora, Jaques, apenas por ela não querer beijar sua mão você já a classifica como tal?

— Desculpe-me, frei Jaques, sinto não corresponder aos fiéis que o adulam a todo instante. Não costumo fazer aquilo que não aceito como conduta. O senhor deve saber quem sou e como penso.

— Devo confessar que já ouvi falar da senhora e de suas pupilas, de suas orientações pouco convencionais e um tanto contrárias ao que a Igreja apregoa. Pensava encontrar uma mulher mais velha e me surpreendi ao ver o quanto é jovem.

— Creio que isso seja um elogio, acompanhado de uma crítica velada à minha ideologia. Se tiver tempo, conversaremos sobre o que diz de práticas pouco convencionais, ou devo dizer incompatíveis com as que a Igreja deseja incutir nos crentes e submissos.

— Espero ter tempo suficiente para tal discussão, minha senhora. Tudo vai depender da hospitalidade de meu amigo.

— Já lhe disse que pode ficar o tempo que quiser, mas antes, como estamos sendo francos e diretos, gostaria de conhecer o motivo real de sua visita — disse Jules.

— Era sobre isso que estávamos conversando quando essa senhora entrou.

Frei Jaques então contou que estava em missão extraoficial, a mando de um superior seu, que conhecia Jules há muito tempo, e estava preocupado com as possíveis implicações de abrigar Elise de Bousquet em seu castelo. Já era de conhecimento de alguns poderosos que ele a salvara das mãos de empregados do pai de Adele, um nobre rico e muito influente que quer a todo custo a cabeça de Elise.

A mulher empalideceu, pois não imaginava que a situação havia caminhado para tal desfecho. Ela abaixou os olhos, e duas furtivas lágrimas rolaram.

Na realidade, frei Jaques estava lá mais como um amigo de Jules. Ele queria ficar a par dos acontecimentos, que poderiam ser desastrosos caso não se precavesse. O pai de Adele parecia ser um homem extremamente cruel e impiedoso contra aqueles que o enfrentavam. Ninguém queria ser seu inimigo, e Jules não deveria ignorar tal perigo. Jaques lá se encontrava para alertá-lo e cuidar para que tudo fosse resolvido de maneira rápida e efetiva.

— Não sabia que o pai de Adele estava à caça de Elise, que não teve nada a ver com a morte daquela doce jovem. Foi um trágico acidente, no qual Adele salvou a vida de Adrien. Fui testemunha ocular! A jovem tinha a intenção de fugir para não retornar à casa de seu pai, pois sabia qual seria seu destino. Foi uma fatalidade! Quando perceberam que Adele fora ferida mortalmente, um dos homens investiu sobre Elise, acusando-a e atribuindo injustamente a responsabilidade pelo que lá sucedera. Adrien colocou-se à frente dela, salvando-lhe a vida. Ele fora o verdadeiro herói. Tudo aconteceu muito rápido, nada foi intencional. Elise nada fez para que as coisas evoluíssem para um final tão triste. Não existem culpados nessa história. Se fosse apontar um responsável por essa dolorosa morte, diria que foi o próprio pai com suas condutas.

— Eu compreendo você, Jules, entretanto não posso ignorar que esse homem poderá colocar todos nesta casa em grave perigo. Não consigo conceber a ideia de que algum mal possa recair sobre minha Aimée. Estou muito preocupado com essa situação, motivo real de minha visita. Agora vocês já sabem.

Aimée acabara de entrar na sala e conseguiu ouvir a frase final de frei Jaques. Todos estavam calados.

O silêncio foi quebrado pela jovem, que, de olhos arregalados, ouviu do velho confessor que estava em perigo. Seus olhos se fixaram no amigo:

— Pode me contar tudo?

Frei Jaques olhou para Jules, num pedido silencioso. Jules assentiu ao pedido e permitiu que ele mesmo contasse toda a história. Ao final, Aimée, resoluta, disse:

— Bem, creio que tudo deva ser antecipado. Elise, para todos os efeitos, você partirá amanhã de volta a Bousquet acompanhada de alguns homens de meu pai, porém ficará escondida aqui até que possa partir para o solar. Que essa notícia se espalhe o mais rápido possível. Todos precisam saber de sua partida. Dê-me algumas roupas e deixe que eu faça o restante. Papai, quando o solar pode ficar habitável?

Jules olhava a filha com aquele ar de admiração e respeito sempre que ela agia de maneira tão resoluta. Aimée sempre o surpreendia! Era decidida e rápida em suas ações quando a situação assim exigia.

— Creio que amanhã mesmo será possível a mudança de Adrien para o chalé. É a informação que iremos repassar. Elise, ao anoitecer, partimos também.

— Tem certeza de que é isso que pretende fazer, Jules? — questionou Elise. Não será perigoso para todos vocês minha permanência por aqui?

— Já tomei minha decisão quando a trouxe para cá. Agora temos que agir rapidamente para que tudo seja providenciado e resolvido a contento. Você ficará no solar em companhia de Adrien, mas para todos os efeitos ele estará sozinho. É a alternativa mais viável por ora. Aimée a visitará todos os dias para lhe fazer companhia.

— É claro que irei, se você não se incomodar.

— Você jamais será um incômodo, Aimée. É uma nova e estimada amiga que tem muita coisa a me ensinar nesta vida. Tenho muitas dúvidas, incertezas e sei que você será capaz de saná-las. Será um raio de luz a iluminar as sombras que agora vivo.

— Não fale assim, Elise. Sua vida pode se transformar num sol radiante a iluminar muitos corações carentes de esclarecimento. Juntas, poderemos encontrar muitas respostas.

— Isso significa que você já decidiu abrigar essa mulher, mesmo consciente de tantos riscos? — perguntou frei Jaques preocupado.

— Sim, Jaques, essa é minha decisão. Espero que esse segredo seja guardado a sete chaves. Conto com sua discrição.

— Você está me ofendendo, Jules. Acredita que eu possa trair sua confiança? Se estou aqui é justamente para cuidar de seus interesses. Ficarei ainda alguns dias e darei a cobertura necessária, já que tomou sua decisão. Precisam de minha ajuda para arrumar aquele chalé? Sabia que em algum momento ele teria uma utilidade mais nobre. Pelo menos estará abrigando pessoas de bem, não aquelas... — o frei interrompeu o que ia dizer.

— Jaques, feche essa matraca, se tem um pouco de amor à vida! Veja lá como fala na frente de Aimée e Elise! Creio que você está equivocado em relação à utilização daquele solar. Quem foi que lhe falou tantas besteiras?

— Frei Jaques, o que o senhor sabe realmente desse lugar? — perguntou Aimée.

Jules lança um olhar acusador sobre o padre, que decidiu não estender a conversa para não gerar mais discussão.

— Minha jovem, esse assunto pode ser discutido em outra ocasião. Aprenda uma coisa nesta vida, minha menina: existem assuntos que não devem ser abordados e outros que devem ser ditos em momento adequado. Espero que a vida lhe ensine a diferença, caso contrário irá se meter constantemente em confusão. E não é isso que desejo; você merece a felicidade por tanta alegria que espalha a todos à sua volta.

— Concordo, frei Jaques. Deixemos isso para ocasião propícia. Temos muito o que fazer e não podemos desperdiçar energias valiosas em assuntos que não são merecedores.

Jules respirou fundo e relaxou. A situação da sua hóspede era mais delicada do que imaginava, sendo, talvez, necessário tomar medidas mais extremas. Rene concordava com o velho amigo e percebeu que complicações poderiam advir, caso não desse resultado a alternativa escolhida.

Adrien também estava preocupado com a busca por culpados empreendida pelo pai de Adele. Ela havia lhe contado o quanto o pai era persistente e jamais desistia de algo em sua vida.

Ainda mais agora que sua única herdeira estava morta. Alguém deveria ser responsável. Para ele, essa pessoa era Elise de Bousquet, a quem sua filha buscou freneticamente. O jovem sabia que o pai de Adele iria até o fim do mundo para encontrar a suposta responsável pela perda prematura de sua filha. Não descansaria até encontrá-la.

O jovem olhava aquelas mulheres, tão diferentes e ao mesmo tempo tão parecidas em seus múltiplos aspectos. Fortes e frágeis, profundas e suaves, tanta dualidade e tanta energia correndo em suas veias. A mais jovem tinha uma luz que encantava, tornando impossível desviar-se de seu olhar sedutor. A mais velha tinha uma luz misteriosa, que ofuscava suas reais intenções, mas também seduzia quem lhe fixasse o olhar. Sentia-se responsável por ambas e necessitava protegê-las de qualquer mal. Talvez fosse esse o significado de sua permanência no mundo dos vivos, contrariando todas as expectativas. Em tão pouco tempo já driblara a morte tantas vezes, que agora compreendia o significado de estar vivo: cuidar e zelar pela proteção das duas.

Era o que faria com todas as suas forças enquanto estivesse vivo.

Aimée captou os pensamentos de Adrien e o fitou com um olhar de agradecimento e simpatia. Sorrisos silenciosos e cúmplices foram trocados, ensejando momentos de mudanças e reajustamentos.

No restante da noite tudo transcorreu em harmonia, apesar dos sérios problemas com que iriam se defrontar nos próximos dias. Em seguida, todos se recolheram, com exceção de Jules, Rene e frei Jaques, que aguardavam ansiosamente o momento certo para conversarem com privacidade.

— Em que encrenca se meteu, meu bom amigo. Só não entendo por que agiu assim. Sempre preservou cuidadosamente a integridade física de sua filha, evitando confrontos, dilemas, jamais trazendo para esse local o olhar do clero. Sempre viveu em concordância com a lei, com os costumes, com seus empregados, que têm por você verdadeira adoração. Por que se meteu nessa confusão? — indagava o frei.

— Já lhe disse que apenas cuidei da segurança de Elise. Ela foi quase agredida e Adrien, sem pensar nas consequências, salvou-lhe a vida. Achei que sua bravura foi significativa e determinante naquela situação. Pensei em salvar aquele jovem que quase perdera a vida apenas por um ato nobre. Mas e aquela mulher? Como poderia permanecer naquele castelo depois de tudo o que aconteceu? O homem que quase tirou a vida dela me disse para sairmos de lá o mais rápido possível, pois a morte de Adele teria sérias consequências. Então não podia deixá-la sozinha e indefesa para enfrentar a fera. Decidi trazê-la para cá, esperando a poeira baixar. Jamais poderia imaginar que esse homem viria atrás dela. Como descobriram que ela está aqui? Estou curioso para saber, pois ninguém me conhece por aquelas bandas.

— Não sei, Jules. Apenas tomei conhecimento quando meu superior me chamou e questionou-me sobre suas ações em defesa de Elise. Ela é uma figura conhecida por todos. Manteve distância providencial de problemas, cuidando para não chamar atenção para si e suas pupilas. Assim tem sido desde que começou a cuidar das jovens em seu castelo. Lembro-me de quando você foi à sua procura, e ela lhe negou ajuda. Vi seu estado e me compadeci. Como você sempre encontra caminhos alternativos, acabou trazendo Francine para cuidar de Aimée, e tenho de admitir que ela fez um excelente trabalho. O que importa é Aimée estar bem, sem se perturbar com seus dons e lidar bem com eles. Então, fico preocupado com o que o pai de Adele é capaz de fazer contra vocês. Não irei embora até que tudo esteja resolvido. Ficarei aqui para dar a cobertura necessária.

— Faz-me rir, meu bom amigo. O que pensa fazer para defender meu castelo? Vai embainhar uma espada para nos defender?

— Se preciso for, certamente.

Rene estava calado e pensativo. Procurava organizar suas ideias. Um pensamento, porém, não deixava de persegui-lo e resolveu falar.

— Creio que estamos esquecendo um detalhe importante. E Justine? O que pensam em fazer a respeito? O pai de Adele sabe que ela ajudou a filha a fugir e talvez acredite que tenha sido ela quem colocou essas ideias na cabeça da menina. Já imaginaram o que ele será capaz de fazer ao encontrá-la?

Jules esquecera-se completamente desse significativo detalhe. Justine estava também em perigo.

— Como não pensamos nisso antes? Elas poderiam ficar com Adrien no solar. As duas seriam capazes de ficar juntas por um período? Essa é a única opção no momento.

— Falarei com Justine, afinal é uma mulher inteligente e dotada de lucidez suficiente para não atribuir a responsabilidade da morte de Adele à Elise — afirmou Adrien.

— Bem, elas terão de conviver e resolver suas pendências. Fale com ela sobre isso. Podemos espalhar que as duas viajaram juntas para Bousquet. Vamos providenciar tudo o mais rápido possível. Concorda com isso, Jaques?

— Já achei complicado você abrigar Elise, mas saber que a responsável pela fuga da jovem também está aqui é motivo de maior preocupação. Jules, quantos problemas!

— Minha vida estava muito monótona e precisava de novas emoções.

— Espero que Deus se compadeça de sua alma mais uma vez — falou com sinceridade o frei.

CAPÍTULO 15

A vida impõe seu ritmo

O dia seguinte foi repleto de atividades. Jules chamou empregados de sua extrema confiança e contou seu plano. Todos se comprometeram a ajudar no que fosse necessário.

Outros homens acompanharam Adrien e Rene ao solar e cuidaram para que tudo ficasse pronto. O jovem poderia mudar no dia seguinte.

Enquanto isso, Aimée conversara com Justine sobre o perigo que corria permanecendo no castelo. Sugeriu que ela acompanhasse Elise e Adrien para um local seguro.

— Terei que ficar ao lado dessa mulher? — perguntou Justine.

— Elise não é a responsável e você sabe disso. Ela pode ser culpada de outros pecados, mas não desse. Acredita que se estivesse ao lado de Adele tudo seria diferente?

Justine começou a chorar convulsivamente. A culpa a atormentava e não havia espaço para nada mais em seu coração. Deveria ter acompanhado sua menina até Bousquet, e por isso ela não conseguia se perdoar.

— Minha amiga, creio que onde ela estiver não aprova esse sentimento em seu mundo íntimo. Ela lhe ensinou tantas coisas, esperando que um dia você pudesse aplicá-las em sua vida. Este é um desses momentos. Não encare Elise como responsável pelo que aconteceu, assim como o pai dela acredita. Você não é igual a ele, pois conviveu intimamente com esse espírito valoroso e aprendeu que cada um dá aquilo que tem. Acredite, Adele ficará bem! E melhor ainda quando souber que sua vida não foi em vão, pois todos os que tocou com sua sensibilidade e sabedoria absorveram seus ensinamentos. Nosso coração deve se preencher com bondade, aceitação, compreensão e outros sentimentos superiores. Adele foi a prova viva de tudo isso! O mal é fruto da ignorância dos homens que ainda desconhecem a força do amor! Desculpe-me se ouso falar assim com você. A experiência que adquirimos não se limita à existência atual, mas é o conjunto de todas as nossas vivências. Tudo vai para um arquivo que não se perde jamais. Caso contrário, como explicar tudo que sei sem ninguém ter me ensinado?

— Sim, ela pensava exatamente como você, Aimée. Dizia que precisávamos nascer, viver, morrer, sucessivas vezes, pois o aprendizado é eterno e gradual. Jamais poderíamos aprender tudo em uma só oportunidade. Creio que ainda necessite de muitas existências para encarar a vida como vocês. Sinto-me como uma aluna em fase de aprendizagem, mas que reluta a aceitar as lições. Tem razão com relação à Elise. Porém ainda penso que se minha menina não insistisse em ir atrás dela nada disso teria acontecido.

— Não estava em suas mãos o poder de mudar o que aconteceu. Como meu pai disse, tudo aconteceu inesperadamente. Adele ofereceu sua vida para salvar Adrien. Ela agiu em defesa do amigo e, talvez, não esperasse que o desfecho fosse fatal. Elise nada teve a ver com o episódio trágico, procure aceitar esse fato!

— Gostaria que ela estivesse viva ao meu lado. Sei que pode parecer egoísmo de minha parte, mas ainda sinto isso em meu coração.

— Confie no tempo, que é mestre em nos ensinar a lidar com nossas dúvidas e anseios. Ele irá auxiliá-la a rever conceitos e a aceitar aquilo que não pode ser modificado por nosso simples desejo.

— Aimée, tem razão em tudo o que disse. Vou tentar modificar meus sentimentos em relação a Elise.

— Isso é o que eu esperava de você, uma alma generosa e sábia.

As duas encerraram a conversa com um afetuoso abraço, um pacto de paz, pondo fim às incertezas que Justine insistia em carregar no coração. O que Aimée dissera era a mais pura verdade. A vida de Adele não poderia ter sido em vão, e todos aqueles que com ela conviveram precisavam agora demonstrar o quanto haviam aprendido.

Adele era uma criatura única. Tudo parecia tão certo e fácil ao seu lado, mas com sua ausência tudo era tão complexo! Era o que Justine pensava. A razão e a coerência lhe diziam que Auguste, pai de Adele, não a perdoaria, afinal havia sido ela quem ajudara a arquitetar o plano de fuga no meio da noite. Justine sabia que precisava decidir seu destino, pois talvez sua vida corresse tanto perigo quanto a de Elise.

Os preparativos estavam quase terminados quando Jules recebeu um de seus empregados, que chegou apressado para contar algo com urgência.

— Patrão, tem forasteiro em suas terras! Ele está só! O que devo fazer?

Uma ruga de preocupação fincou-se no semblante de Jules.

— Traga esse homem aqui. E certifique-se de que veio só.

Alguns minutos depois o empregado retornou trazendo consigo o homem de quem falara, que parecia exausto, faminto e sedento. Jules o reconheceu. Era Pierre, o empregado de Auguste. O que estaria fazendo ali?

Jules empalideceu, imaginando que o perigo definitivamente se instalara em suas terras.

Teria que agir rápido, mas foi Pierre quem iniciou o perturbador diálogo.

— Vocês estão em perigo. Precisam entregar aquela mulher a meu senhor antes que mais tragédias aconteçam. Sua ira está devastando tudo o que encontra pelo caminho.

— Acalme-se primeiro e conte-nos o que aconteceu.

O homem ia começar seu relato quando desmaiou de cansaço, caindo pesadamente no chão. Ele deveria ter caminhado muitos dias sem descanso. Precisava de cuidados, e Jules não lhe negaria isso. Aimée foi a primeira a questionar.

— Papai, quem é esse homem?

— É Pierre, o homem enviado para levar Adele de volta à sua casa. Foi ele quem me alertou sobre o temperamento irascível do pai dela. Pouco conversamos na ocasião, pois ele estava consternado com a morte de Adele. Não poderia imaginar vê-lo novamente, muito menos por aqui. Vamos esperar que ele se recomponha e nos conte tudo.

Momentos depois, ele acordou. Todos estavam ansiosos aguardando seu relato.

— Eu precisava vir até aqui e pedir que tenham muita cautela. Sr. Auguste está implacável em sua vingança. Não aceita a morte da menina e quer punir a todos que julga responsáveis pelo ocorrido. Minha esposa e filha foram para bem longe, e eu seguirei o mesmo rumo, mas antes tenho uma incumbência. Não posso negar nenhum pedido dela.

— A quem você se refere? — perguntou Jules.

— À mãe de Adele, que Deus também a tenha. Foi a melhor patroa que alguém poderia ter. De quem vocês acham que Adele herdou tanta sabedoria e bondade? Pena que tenha partido tão jovem. Foi depois que ficou viúvo que o pai de Adele passou a ser amargo, inflexível e impiedoso. Ele nunca aceitou a morte da esposa e fechou seu coração para a vida. Mas agora está indo longe demais. Assim que chegamos com o corpo de Adele, o homem pareceu enlouquecer, gritando e chorando, maldizendo a todos. O responsável pela morte da jovem fugiu mundo afora e jamais voltará, mas, para o sr. Auguste, a verdadeira culpada é Elise. Na noite em que chegamos com o corpo de sua filha, ele não dormiu. No dia seguinte, chamou todos nós e disse que tínhamos uma nova incumbência: trazer os responsáveis pela morte dela. Nenhum de nós deveria retornar sem cumprir a tarefa. Quem retornasse sem o responsável já havia assinado sua sentença de morte. Incumbiu-me de reunir os homens e seguir viagem. Fingi aceitar o encargo. Pedi a uns amigos que levassem minha esposa e filha para bem longe, num lugar seguro, onde ele nunca irá nos encontrar. Não quero ser responsável por mais mortes, pois não devemos fazer justiça com as próprias mãos. Assim minha jovem amiga me ensinou. Quero viver em paz e com a consciência tranquila, e para isso preciso que meus atos sejam nobres e justos. Tinha que vir até aqui e pedir que cuidassem para que nenhum mal se abatesse neste local. Em meu sonho, sra. Anete me pedia que os avisasse sobre o sério perigo que correm, o qual será muito mais grave se confrontá-lo. Meu patrão não medirá as consequências de seus atos. Ela pediu que não se descuidassem da oração que eleva e acalma corações aflitos. Quando ele perceber que não estou mais sob suas ordens, se encarregará de ir atrás de Elise e de quem lhe der guarida. Eu me informei sobre quem era o senhor e cheguei até aqui. Ele fará

o mesmo e poderá chegar em breve. Sei que ela está aqui sob sua proteção, e quero que saiba que me arrependo de meus atos, que quase tiraram a vida daquele rapaz. Não tenho nada contra essa mulher, Elise. Não suportei ver o corpo sem vida de Adele, mas, assim que refleti sobre meus atos, percebi o quanto havia sido insensato. Peça a ela que me perdoe. Agradeço a Deus por nada de mais grave ter ocorrido. Era o que eu tinha a lhe dizer. Sei que é um homem de bem, justo e generoso. Cuidem-se! Gostaria de descansar esta noite e amanhã seguirei viagem.

— Fique o tempo que quiser. Descanse e depois siga viagem, pois deve estar preocupado com a segurança de sua família. Pelo que acabou de narrar, estamos numa situação delicada e temos de agir rápido. Porém isso não é seu problema.

Justine ouviu atentamente tudo que aquele bom homem estava a dizer. Quando ele falou que sonhara com a mãe de Adele, ela estremeceu. Também sonhara com Anete, sua grande amiga, que lhe alertara sobre sua segurança. Lembrou-se nitidamente do sonho assim que acordou. Ela estava numa casa simples, repleta de flores de todas as cores, em pé diante de uma janela. Seu semblante estava sério e preocupado. Ela dizia que os tempos sombrios ainda iriam durar algum tempo, e que tudo dependeria das ações que cada um empreendesse. Todo bem colocado em ação reverteria em benefício daquele que assim o ofertara ao universo. É a lei da vida! Orientou que todos deveriam exercitar a compreensão, acolhendo aqueles que possuíam ideias divergentes das suas. O tempo se encarregaria de colocar cada coisa em seu lugar e o que ainda estava oculto, e assim deveria permanecer até o momento de ficar às claras.

Justine se lembrou de que ficara ouvindo Anete falar e nada conseguia dizer, até que ela foi ao seu encontro e, pegando suas mãos, agradeceu tudo o que fizera por sua amada filha. Disse que Adele estava bem, ainda se recompondo, mas que logo estaria pronta para reiniciar sua caminhada espiritual. Pediu que continuasse sua jornada, jamais se esquecendo das lições que lhe foram passadas. Que ela ficasse em segurança e em paz! Após um afetuoso abraço de despedida, Justine despertou. Foi um sonho lindo!

Pierre também sonhara com Anete e com as mesmas recomendações. Justine decidiu aparecer na sala para surpresa de todos.

— Meu bom amigo Pierre!

— Justine, você está bem? — falou surpreso o novo visitante.

— Estou. Ambos tivemos sonhos esclarecedores com Anete, querendo nos alertar sobre possíveis problemas. Que Deus possa apiedar-se de todos nós!

— Temo que algo possa lhe acontecer se aqui permanecer. Venha comigo, e cuidarei de você! Minha menina aprovaria a ideia!

Justine, com os olhos repletos de lágrimas, lembrou-se de Adele e de tudo o que ela lhe ensinara em vida.

— Nossa menina desejaria que cada um pudesse viver num mundo de paz e harmonia, cada qual realizando suas tarefas e aprendendo com cada uma delas a oportunidade oferecida — disse Justine.

Olhou para Rene que lá estava, observando comovido a cena que se desenrolava:

— Ela desejaria a minha felicidade, e sei que ela aqui se encontra. Não posso passar a vida fugindo. Agradeço sua preocupação. Descanse, e assim que estiver em condições vá ao encontro de sua família.

O bom homem agradeceu com o olhar distante, lembrando-se da jovem com ternura, a quem devia parte de sua felicidade com Felícia.

Jules pediu que um de seus homens providenciasse alimentos e um lugar para que Pierre pudesse descansar. O tempo exigia ações imediatas. Teria de antecipar seu plano e providenciou que a mudança fosse naquele mesmo dia. Pediu a Aimée que auxiliasse uma das servas para se passar por Elise e seguir viagem. Enquanto isso, Adrien e Rene finalizaram a transferência para o local que os abrigaria. Para todos os efeitos, Jules cedera aquele local ao jovem Adrien para que recomeçasse a vida. Como todos conheciam a generosidade de Jules, ninguém iria suspeitar de algo diferente.

Tudo parecia caminhar como o previsto, cada um executando as tarefas que lhe foram designadas, porém ninguém poderia afirmar que estavam livres de que algum mal pudesse se abater sobre eles. Apenas o tempo tinha essa resposta.

Todos os acontecimentos eram observados por companheiros do mundo espiritual, que acompanhavam com preocupação cada cena. Não poderiam interferir, apenas velar por todos eles, sugerindo ações e inspirando bons pensamentos. Não se pode fugir dos compromissos assumidos, pois cada um é o artífice de sua felicidade ou sofrimento em função das ações que pratica. Todos os que lá estavam foram ligados por suas ações, pelas escolhas efetuadas, e teriam que arcar com as responsabilidades de seus atos. É imperioso saber que, independentemente das escolhas realizadas, jamais estaremos desamparados da misericórdia divina. Seja em que tempo for, seja em que grau evolutivo estejamos. Os participantes desta narrativa também não estavam sós nos momentos conturbados. O Pai estava atento a tudo e a todos!

Adele havia despertado de seu sono reparador e se inteirado de tudo o que estava acontecendo. Constrangida e sentindo-se culpada, pois seus atos deram início a uma perseguição sem fim por parte de seu pai, compreendia o quanto suas ações haviam sido danosas. Não sabia se poderia fazer algo que mudasse o destino dos envolvidos. Sua mãe acompanhava sua apreensão e fragilidade e decidiu interferir.

— Filha querida, acalme seu coração. Não será dessa maneira que poderá contribuir para que um mal maior não aconteça. Cada um é responsável por suas escolhas. Sua vida, como a de todos, deve ser preservada com o máximo empenho, e você assim não agiu, comprometendo o destino de muitos com sua atitude, inclusive o seu. Você aqui se encontra por misericórdia de companheiros devotados a ti, que interferiram junto aos Irmãos Maiores. Saiba ser merecedora da bondade desses irmãos e procure encontrar seu equilíbrio. Companheiros encarnados necessitam de você, Adele! Seus atos podem ter modificado algumas trajetórias, e precisamos estar atentos aos novos caminhos por eles escolhidos a trilhar. Minha filha, mesmo com tantos conhecimentos adquiridos, não soube administrar os acontecimentos. Aceite essa limitação, praticando a humildade como pregou tão intensamente. Somos imperfeitos e ainda cometemos atos falhos, pois estamos em aprendizado. O conhecimento nos outorga algumas concessões, como a de acordar mais facilmente para a verdade, procurando reajustar as ações indevidas e resolver as pendências criadas por nossa própria imperfeição. Sei que seu coração se encontra angustiado ao perceber que tantos que você ama se encontram em perigo iminente, mas lembre-se de que o Pai confiou a cada um de seus filhos recursos para serem utilizados em momentos como este. Cada um colocará em ação as potencialidades que trazem em si mesmos para administrarem da melhor forma a vida que lhes foi confiada. Confie que tudo poderá se ajeitar se cada um utilizar proveitosamente as virtudes que trazem em seu âmago. Poderão utilizar os recursos que acharem convenientes. Podem usar da paz ou da violência, e serão responsáveis por suas escolhas.

— Como posso fazer algo por eles? — falava Adele preocupada. *— Não posso mudar o passado. Eu os coloquei numa situação complexa, comprometendo suas vidas. Você viu como meu pai se encontra! Tomado pela ira e pelo desejo de fazer justiça com suas próprias mãos! E não há nada que eu possa fazer para modificar a dor que causei!*

Adele estava em pranto, sentindo o desespero tomar-lhe conta. Sua mãe, serena e controlada, foi ao seu encontro e a abraçou. Olhou para os companheiros que lá estavam, pedindo ajuda.

A mesma senhora que visitara Aimée em sonho aproximou-se de ambas e disse:

— *Minha menina, você ainda se encontra frágil e sensível. Descanse um pouco mais. Temos que esperar os acontecimentos, e não há nada que você poderá fazer por ora. Estaremos cuidando de tudo dentro de nossas reais possibilidades. Sua mãe estará ao seu lado, velando por você. Agora, cuide de seu restabelecimento. Cuide-se primeiro para que possa auxiliar seu próximo. Só podemos doar o que temos, Adele.*

Celina era um espírito valoroso e a responsável espiritual pelo grupo. Era a conselheira atenta e amorosa. Dedicava a seus tutelados o auxílio de que cada um necessitava. A jovem, mais serena, adormeceu.

— *Anete, querida, cuide de Adele, que ainda se encontra confusa com suas emoções. Faz pouco tempo que despertou e ainda está ligada à matéria que lhe serviu de morada. Necessita de mais tempo para reencontrar seu equilíbrio. Fique com ela e manteremos contato. A situação ainda está nebulosa e nos resta a oração sincera. A paz se inicia em cada um, mesmo que a paisagem externa se encontre em perturbações e conflitos. Nossos companheiros encarnados precisarão buscar a serenidade e a paz íntima. Nossa querida Aimée tem-se mostrado receptiva às nossas orientações. Contaremos com ela e possivelmente com Elise, se esta expurgar de seu coração a culpa que tanto a atormenta. Jules tem um bom coração, mas tem muitas vidas a zelar, e seu único pensamento é proteger todos os que estão sob sua guarda. Adrien e Rene são criaturas que defendem a paz, contrários à prática da violência em qualquer situação. Já vivenciaram situações em que foram obrigados a usar da violência em vidas anteriores, e hoje repudiam essas ações, comprovando que a lição foi devidamente aprendida. Confiemos que serão receptivos e preferirão não desembainhar a espada. Sua amiga Justine muito aprendeu com você, Anete, e tudo fará para que o conflito que paira naquele local não seja desencadeado. Confiemos e oremos!*

Anete abraçou Celina e tratou de seguir suas orientações. Celina e os demais deixaram o quarto silenciosamente e seguiram com suas tarefas. Um dos irmãos se prontificou a acompanhar mais de perto e pediu autorização para se deslocar até o castelo e verificar os ânimos dos encarnados.

Enquanto os preparativos eram feitos, frei Jaques estava silencioso, observando o desenrolar dos acontecimentos. Pressentia uma nuvem negra se abatendo naquele local, pensando se não seria conveniente sua partida. Não poderia dizer que era um covarde, mas abominava a violência e não gostaria de estar presente se algo acontecesse. Mas, por outro lado, amava demais Jules e Aimée, e, talvez, sua presença fosse de grande utilidade, demovendo Auguste de consumar sua vingança. Pensava nos motivos que levaram Jules a abrigar Elise, o que era um grande mistério para todo o clero. Alguns a queriam distante, evitando confrontá-la, temendo que ela possuísse poderes mágicos que poderiam causar-lhes algum tipo de mal. Outros a tinham enfrentado no passado, e alguns haviam adoecido subitamente. Aqueles que recusaram sua ajuda haviam morrido, causando um profundo temor entre os mais sugestionáveis. Seria ela capaz de causar a morte? Teria esse tipo de poder? Era uma grande incógnita, e a maioria preferia tê-la por perto de forma amigável, exigindo apenas uma contribuição para que seu isolamento fosse respeitado. Ele, particularmente, não apreciava seus métodos e preferia se manter distante.

Entretido em seus pensamentos, não percebeu a presença de Elise na sala, encarando-o com seu olhar profundo.

— Uma boa quantia por seus pensamentos.

Frei Jaques se assustou.

— Não vou entrar no seu jogo, minha senhora. Conheço suas aptidões e creio que estarei em desvantagem. Além do mais não seria difícil conhecer meus pensamentos.

— Sei que não aprecia minha presença nesta casa, mas não tinha para onde ir. Jules insistiu para que o acompanhasse, pensando apenas na minha integridade física. Quando aqui cheguei, conheci Aimée e senti que tenho de protegê-la.

— Mas no passado você a recusou em seu castelo.

— Isso foi no passado. Eu era uma pessoa que hoje deixou de existir.

— Quer que eu acredite nessa balela? Sei do que você é capaz e sempre será um perigo a todos neste lar — afirmou frei Jaques.

— É uma pena que o senhor não acredite em mim. Hoje posso lhe afirmar que serei capaz de dar minha vida por ela. Aimée é uma alma pura que jamais vi. Sua bondade e seu amor são algo que reflete em todos os locais em que se encontra. Seu conhecimento acerca da vida é algo inimaginável para os tempos sombrios em que vivemos. Nisso o senhor deve concordar comigo.

O semblante do padre suavizou ao falar de Aimée.

— Tenho de concordar com você. É por isso que estou tão preocupado com sua presença neste castelo. E se algo acontecer a esse anjo? Não sei como poderei viver sem seu sorriso e sua doçura! Ela encanta meus dias, que na maioria são tão sem cor. É por meio dela que eu ainda confio em Deus. Venho aqui ocasionalmente para readquirir minha confiança no mundo. Preciso de Aimée, assim como a semente procura a água para crescer e germinar.

Elise ouvia aquele homem da Igreja falando coisas que poderiam levá-lo a ser excomungado. Aimée era uma figura de extrema importância na vida dele, e ela entendia sua preocupação. Frei Jaques parecia tão frágil naquele instante, sem pompa e ironia, que deixou Elise sem saber o que dizer. Ficou calada alguns instantes, dando-lhe tempo de se recompor.

— Minha senhora, sua presença aqui é altamente danosa e pode comprometer a segurança de todos. Não pensou nisso?

Elise sabia que ele estava com razão, mas por outro lado queria muito permanecer naquele castelo. Respirou fundo e já ia responder ao frei quando Jules entrou e ouviu o diálogo entre eles.

— Jaques, já lhe pedi que não questione minhas decisões. Elise fica e ponto-final. Pare de encher minha hóspede de questionamentos sem respostas. Eu decidi que sua permanência ficará sob minha tutela e não vou permitir que você a importune mais. Por que atribuir a Elise uma responsabilidade que não é dela? Se preciso for, direi tudo isso ao pai tresloucado de Adele. Se você não quiser permanecer e vir o que acontecerá, peço-lhe que pegue suas coisas e inicie seu retorno. Mas antes converse com Aimée e você irá compreender seus argumentos. Não quero que me veja como alguém que está colocando em risco a vida de todos aqui, pois minhas ações são sempre de conformidade com a verdade, com o que é justo e certo. Não posso deixar Elise retornar ao castelo e você sabe por quê. Aqui ela estará em segurança, e ninguém ficará exposto ao perigo, fique tranquilo. Jamais faria algo que pudesse prejudicar minha filha. Você é testemunha de tudo o que tenho feito por ela.

— Eu sei de tudo isso, não precisa repetir. Sei que daria sua vida por ela, não tenho dúvidas a esse respeito, porém não estou gostando dos meus pressentimentos.

Agora foi a vez de Jules dar uma gargalhada.

— Desde quando é afeito a ter esse tipo de coisa? Pressentimentos? Veja só, meu amigo, anda conversando muito com minha filha.

— Pare de me amolar, nunca disse que não tinha pressentimentos. Aimée já me explicou sobre isso tempos atrás, e só depois entendi seu significado. Mesmo você quase me expulsando, vou ficar. Tenho meus motivos e não arredarei pé daqui até tudo se resolver. Sei que me quer longe, mas sei também que sua filha gosta da minha presença.

Jules sentiu que magoara o amigo e foi ao seu encontro. Colocou a mão sobre seus ombros e disse:

— Por favor, Jaques, não fique magoado comigo. Você é meu amigo muito querido e, de todos, o mais amado, nunca se esqueça disso. Minha casa é e sempre será sua casa, pode vir quando quiser e ficar o tempo que desejar. Sua presença me enche de alegria e à Aimée também. O que eu faria sem seus conselhos?

Elise já sorria diante da declaração de Jules, o que fez o padre derramar algumas lágrimas.

— Vamos virar a página desta discussão, que não teve vencedores. Só desta vez! Pois sei que venço você sempre. Bem, vou procurar Aimée, tenho muito a lhe falar. Até depois!

Quando já estavam a sós, Elise fez uma pergunta que não saía de seu pensamento:

— O que você quis dizer sobre eu não poder retornar ao meu castelo? Aconteceu algo que eu não saiba?

O semblante de Jules se modificou. E a encarou seriamente.

— Esta é uma longa história.

— Estou com todo o tempo do mundo — falou Elise firmemente. — Pode começar.

CAPÍTULO 16

Novas decisões, novos caminhos

Jules não sabia como contar o que descobrira em sua viagem, fatos confirmados por seus homens.

— Aconteceu algo em meu castelo? E minhas meninas? — inquiriu Elise.

— Nada aconteceu com elas, mas a última notícia de que tomei conhecimento é que ele foi fechado sob ordens superiores. Quando deixamos o castelo, pedi que alguns empregados de minha confiança lá permanecessem. Eles retornaram há alguns dias e me avisaram que o alto clero enviou homens que fizeram perguntas sobre você. A jovem que os atendeu disse que você estava em viagem para resolver problemas familiares. Então, ordenaram que todas saíssem e disseram que o local estava fechado por ordem do cardeal. Elas tiveram que deixar o castelo. Mas fique tranquila que estão todas em lugar seguro. Meus homens se incumbiram disso. Você não pode retornar, pelo menos por ora, até identificarmos o que estão pretendendo. Frei Jaques está cuidando disso e enviou um servo meu com essa finalidade. O que sabemos é que não chegaram com truculência, o que pode significar apenas que estejam receosos com o rumo dos acontecimentos.

Elise torcia as mãos, deixando transparecer toda a angústia que sentia.

Jules pegou suas mãos com carinho.

— Fique calma, tudo vai se resolver. Não há motivos para que o clero se volte contra você. Isso vai passar, tenha fé.

— E se eu não puder nunca mais retornar para lá? O que será de minha vida? Toda minha existência foi em prol dessas meninas, sem elas não sei que rumo tomar. Não sei nem se terei uma vida para cuidar!

Jules viu Elise fragilizada pela primeira vez desde que a conhecera e sentiu um carinho imenso invadir seu peito, o que o fez abraçá-la. Assim permaneceram até Elise cessar o choro. Ainda com as lágrimas escorrendo, ela se desvencilhou suavemente do abraço e olhou para Jules fixamente, que retribuiu com doçura e afeto, o que a fez sentir-se mais culpada ainda por colocar aquelas pessoas tão especiais em perigo.

— Não sei o que faria sem sua ajuda — falou Elise agradecida —, mas não posso permitir que algo ruim lhes aconteça. Nunca ninguém cuidou de mim assim, e sinto-me lisonjeada com tal gesto. Porém não sei se sou merecedora disso. Deixe-me partir, assim tudo voltará ao normal. Partirei esta noite, está decidido. Peço que se despeça de Aimée por mim.

Jules não se conteve e, mesmo temendo a reação que ela teria, prosseguiu:

— Não quero que vá embora. Fique, lhe peço.

Ele parecia desconcertado, receoso em exprimir o que seu coração sentia.

— Fique por mim — Jules disse claramente.

Elise custou a entender o que aquelas palavras significavam. Seu coração disparou, como há muito não acontecia. Sentiu seu rosto ficar rubro e não sabia o que dizer. Ele acabara de lhe fazer uma declaração, demonstrando todo o afeto de que seu coração era portador.

Ele se preocupava realmente. Queria que ela ficasse ao seu lado para protegê-la. Elise ficou emocionada, porém seria arriscado continuar ali. Agora mais do que nunca! Definitivamente não nascera para ser feliz! Não poderia se unir a Jules ou a homem algum, pois não havia espaço em sua vida para um romance. Não era merecedora da felicidade por todas as ações equivocadas que havia praticado ao longo de sua existência. Teria de arcar com seu passado de erros, pois só assim quitaria seus débitos, ou pelo menos parte deles.

Assim pensava! Jules era um bom homem e, certamente, seria um companheiro leal e amoroso, mas, por tudo o que sentia, precisava se afastar daquele local. Só assim a paz seria preservada.

— Meu bom amigo, agradeço todo o carinho por mim, mas não posso ficar — falou emocionada.

— Eu sei que a culpa a acompanha e sente necessidade de fazer algo para amenizar essa dor. Porém, sacrificando-se em prol de nossa segurança não irá modificar nosso destino.

Tentaremos dialogar com o pai de Adele. Falarei que você partiu, mas não disse o destino. O que poderá ele fazer contra nós? Atacar-nos dentro de nosso próprio território? Não pense que o pior poderá acontecer. Você pode afirmar o que o destino nos reserva? Acaso tem o poder de conhecer o que irá ou não acontecer?

Elise esboçou um leve sorriso.

— Não. Nada me foi revelado, apenas sinto que devo partir.

— Então não faça nada de que possa se arrepender. Fique aqui, por mim. Façamos o seguinte: arrume suas coisas e a levarei pessoalmente ao solar. Adrien e Rene estão arrumando tudo para que vocês se mudem hoje mesmo. Justine ficará com vocês. Aimée já lhe falou?

— Já conversamos sobre isso. Ainda tenho dúvidas se devo ir para lá.

— Não se precipite, Elise. Só se decida quando tiver certeza sobre seu destino.

Ela refletiu na proposta e decidiu aceitar. Na verdade, foi uma decisão do coração. A razão impelia para que fugisse.

— Ficarei até me decidir. Partirei hoje mesmo para o solar — disse Elise, convicta.

Jules respirou aliviado. Desta vez ela cedera, mas não sabia até quando resistiria aos seus apelos. Sabia que não poderia deixá-la ir embora. Sua presença enchia seus dias de esperança e isso era algo novo em sua vida. Desde sua grande paixão, a mãe de Aimée, nunca mais se sentira assim. Teve algumas aventuras, e o solar era seu refúgio secreto, mas nunca desejou se unir novamente a outra mulher. Quando trouxe Elise para seu castelo, seu mundo pareceu mais colorido e a cada dia sentia-se rejuvenescer. Era um sentimento que não conseguia impedir.

Em seus devaneios, nem percebeu que eram observados por Aimée, que chegou no meio da conversa e decidiu permanecer silenciosa, ouvindo o que falavam.

— Você continua ouvindo atrás da porta?

— Papai, não me trate como criança. Elise, desculpe meu pai por suas grosserias. Eu estava procurando por você. Justine já arrumou suas coisas e Rene se incumbiu de levá-las para o solar. Você quer que ele leve seus pertences também? Pelo que ouvi, ficará com eles, estou certa?

— Certamente que já sabe, você ouviu tudo atrás da porta — falou novamente o pai.

— Papai! Não estava espionando vocês. Estava apenas aguardando o momento propício para entrar. Não me faça sentir pior do que já estou!

Jules adorava brincar com a filha. Elise percebeu e foi em defesa da jovem.

— Você está constrangendo sua filha. Aimée não é mais uma criança e já deu provas disso. É uma mulher madura, consciente de seu papel. Você devia respeitá-la.

Aimée ostentava um ar de vitória, feliz com a defesa de sua mais nova aliada. Olhou para o pai, esperando que ele se posicionasse.

— Estou quase me arrependendo de insistir sobre sua permanência, Elise. Já não bastava uma mulher voluntariosa, agora são duas! Coloquem-se nos seus lugares!

— Pai, um dia o mundo será dominado por nós, mulheres, não se esqueça!

Jules levantou as mãos para o céu, como a pedir paciência:

— Espero não estar vivo quando isso acontecer! Agora vamos ao trabalho. Aimée, procure Jaques, que está precisando de seus mimos. Elise, arrume suas coisas e apronte-se. Partirá assim que escurecer.

Aimée encontrou frei Jaques sentado no jardim com o olhar perdido no horizonte. Sentou-se ao seu lado e pegou suas mãos para beijá-las.

— Já lhe disse que não precisa fazer isso, Aimée. Não mereço essa reverência. Sou eu quem devo reverenciá-la por sua grandeza de alma. Sou um pobre pecador, mesmo sendo um enviado de Deus. Não sei o que seria de minha vida sem sua presença. Temo que algo lhe aconteça, minha menina. Responda-me uma coisa: você tem conversado com seus amigos invisíveis sobre o que está acontecendo?

— Frei Jaques, eles não são invisíveis, pois eu os vejo assim como vejo o senhor. Compreendo que isso seja algo difícil de entender, nem eu mesma entendo como isso é possível. Respondendo à sua pergunta, não os tenho visto. Mas se quer saber o que sinto a respeito disso tudo, posso lhe dizer.

— Então diga algo que possa fazer meu coração se acalmar, pois parece que uma guerra vai acontecer e não sei como poderei ajudar. Estou tenso, nervoso, sem saber o que fazer. O que você pensa sobre tudo isso?

— O senhor se refere à Elise?

— Sim, e sobre tudo o que ela trouxe de perturbação à sua família.

— Não fale assim! O senhor não a conhece e talvez esteja fazendo uma avaliação equivocada. Ela não é diferente de mim. Sua sensibilidade é muito apurada e percebe coisas que muitos não conseguem. Ela pode ser diferente da maioria, mas tem muitas virtudes e uma grande tarefa nesta vida. Não permita que uma primeira impressão prevaleça e acabe fazendo um juízo que não condiz com a realidade. A vida de Elise não foi fácil. Sempre sozinha, tendo de lidar com os poderosos e não se abater, prosseguindo com sua tarefa. Só uma mulher de muita fibra seria capaz de conduzir sua vida com tanta pressão, sem ninguém em quem se apoiar. Não merece nosso respeito e admiração?

Frei Jaques abaixou o olhar sem nada dizer. A jovem continuou:

— Sei o que pensa, e não tenho direito de julgar quem quer que seja. Não tenho direito sequer a ter pensamentos divergentes das leis vigentes! Tenho de pensar como alguns querem que eu pense. Elise pensa como eu, mas teve que segurar sua língua para poder dar continuidade à sua escola.

— Como você pode chamar de escola o que lá se aprende? — repreendeu o frei.

— O senhor conhece o que ela faz para falar assim com tanta propriedade?

O velho padre não respondeu.

— O senhor sabe o que lhe contam, mas nunca foi verificar com seus próprios olhos e fazer seu julgamento sobre a questão. Frei querido, a Igreja não detém o poder de todo o conhecimento, e o senhor sabe disso. A intenção é de que todos permaneçam na ignorância, pois assim podem ser manipulados mais facilmente. Nem todos concordam com essa postura do clero, mesmo que permaneçam silenciosos. Chegará o tempo em que tudo irá se modificar e espero que esse tempo chegue logo. Aos olhos de muitos sou apenas uma jovem de bom coração, sempre feliz, vivendo uma vida simples e pacata. Conversei com Elise e podemos trocar experiências. Precisamos uma da outra para aprimorar nossos conhecimentos, e isso exige tempo, que parece não querer estar do nosso lado.

— Por que diz isso? Sente o perigo rondando assim como eu?

— Frei Jaques, não é preciso ser muito esperta para saber que a situação é delicada. Mas tenho esperança de que tudo irá se resolver a contento. Não quero que fique preocupado, pois sei o que é capaz de fazer. Tenho minhas recordações.

O frei descontraiu-se e deu uma risadinha ainda tímida.

— Minha menina, só você para me fazer relaxar um pouco. Quanto às suas recordações, que tal deixá-las no esquecimento?

A jovem o abraçou carinhosamente e fez uma promessa.

— Prometo não contar nada a ninguém. Fica sendo nosso segredo! Mas eu lhe peço algo em troca: seja condescendente com Elise. Tente compreendê-la e procure vê-la com olhos mais amorosos. Sei que é capaz desse gesto.

— Você acredita na redenção da humanidade e em mim, um pobre pecador. Você é um tesouro de inestimável valor e pretendo preservá-lo perto de mim, custe o que custar. Vamos dar um passeio e me mostre suas novas flores — e os dois saíram a caminhar.

Ao anoitecer, durante o jantar, Jules fez as últimas recomendações:

— Rene e Adrien, seria conveniente saírem após o jantar. Justine e Elise, se preferirem, eu as acompanho até o solar.

— Papai, seria conveniente ficar por aqui. Lembre-se de que tem um hóspede em seu castelo e precisa lhe dar atenção.

— Tem razão, Aimée. Passarei amanhã no solar para me certificar de que tudo está bem.

Tudo parecia acontecer conforme os planos de Jules, porém a noite fora longa para todos. A tensão estava no ar...

Jules estava tenso. Na manhã seguinte encontrou o amigo religioso já sentado à mesa, saboreando os quitutes com toda a tranquilidade.

— Jaques, o que será capaz de lhe tirar o apetite? Nem parece preocupado com o que está acontecendo!

— Ora, meu amigo, preciso recompor as energias. Como posso estar preparado para a batalha se minhas forças estiverem deficitárias?

— Pare com essas besteiras. Não haverá batalha alguma. Não fale assim perto de Aimée. Lembre-se de que estamos apenas nos precavendo de eventuais problemas.

Aimée adentrou a sala no momento em que o pai se referia a ela.

— Bom dia, queridos! Dormiram bem? Tive uma noite tensa e seguirei o exemplo de meu amigo. Nada como uma boa refeição para acalmar nossos ânimos e repor as energias. Papai, estou ciente das dificuldades momentâneas e não vou me abater. Precisamos estar confiantes, caso contrário seremos realmente alvos fáceis a esse insano ser. Não consigo me conformar que ele seja o pai daquela criatura tão formidável que era Adele. Terá ele seus motivos?

— Não existem motivos dignos para perseguir, acusar e punir quem quer que seja. Deus nos orienta a compreender e a respeitar aqueles que pensam diferente de nós — confirmou o frei.

— Olha quem fala! Um representante da Igreja! Que ninguém nos ouça ou sua cabeça estará a prêmio! Desde quando pensa assim, Jaques? — instigou o amigo.

— Aimée tem me mostrado coisas que até então desconhecia. Apresentou-me com outra roupagem um Deus piedoso, compreensivo e amoroso. Tenho de convir que esse é um ser muito mais fácil de amar do que aquele que eu conhecia.

A jovem sorria docemente para ele, sentindo uma paz infinita invadir seu coração.

Continuaram a conversa, agora mais descontraída. Mas não durou muito.

O tempo lá fora deu uma reviravolta em questão de instantes. Um vento cortante trouxe nuvens sombrias, anunciando uma tempestade. O sol se escondeu e a temperatura começou a cair, trazendo uma inexplicável sensação de fragilidade.

Jules franziu o cenho. Não gostava da sensação de impotência perante as forças da natureza. Algo não muito bom estava para acontecer!

Por volta do almoço, a tempestade já acometia toda a região implacavelmente. Há muito tempo não acontecia uma tormenta daquela dimensão. Os trabalhadores tiveram de retornar às suas casas até que ela amainasse.

Já estava anoitecendo quando Rene chegou ao castelo todo encharcado e nervoso.

Aimée estava na sala e percebeu o estado do rapaz. Pediu que trouxessem a ele roupas secas e mandou chamar seu pai.

— Que aconteceu para você vir aqui nestas condições? A chuva ainda é torrencial, Rene.

— Preciso falar com seu pai, onde ele está?

— Já mandei avisá-lo que está aqui. Mas me conte. Está me deixando nervosa com esse silêncio. Como estão os demais? Estão bem?

— Adrien e Justine estão bem, porém Elise sumiu.

— Como assim, sumiu?

— Logo pela manhã, antes da tempestade, ela estava conosco. Elise disse que iria tomar um chá e dormir em seguida. Pediu que não a incomodassem. E assim fizemos. No final da tarde ficamos apreensivos com sua ausência e fomos até o quarto, mas ela já não estava lá. Procuramos por todo os lugares, mas não há sinal dela.

Jules chegou impetuosamente, pressentindo que as notícias não eram das mais animadoras. Acontecera algo com Elise?

Rene contou tudo, e Jules ficou em pânico, preocupado com a segurança de Elise, andando sozinha naquela região.

— Por que ela fugiu? Havia prometido que ficaria até decidir sobre seu destino. Não poderia sair assim sozinha com essa tempestade!

Jules estava muito apreensivo com o ocorrido e não sabia por onde começar a busca.

— Procure se acalmar, papai, pois só assim conseguirá encontrar uma solução. Elise é uma mulher independente e toma as decisões que julga serem as mais acertadas. Sei que ela faria qualquer coisa para preservar nossa segurança. Talvez tenha tido algum pressentimento e decidiu se afastar de nosso convívio.

— Já tínhamos conversado sobre isso. Para onde ela irá se não conhece ninguém que possa auxiliá-la? — expressou Jules tristemente. — Não será possível procurar por ela nestas condições.

Precisamos esperar a tempestade amainar. Rene, você avisou que viria até aqui?

— Sim, deixei Adrien com a incumbência de proteger o local e não deixar Justine sozinha.

Não vimos nenhuma movimentação durante todo o dia. Poucos conhecem o local e não é rota frequentada por visitantes. Para onde terá ido? Ela deve ter pego chuva no caminho.

— Não se sinta assim, meu bom amigo. Fique aqui esta noite. Teremos amanhã um dia ensolarado e sem nuvens — disse Jules.

— Não será melhor eu retornar para o solar? Eles ficarão em segurança? — Rene estava preocupado.

— Adrien cuidará de tudo, fique tranquilo — disse Jules confiante.

Aimée permanecia calada, pensando no ocorrido. Deveria ter uma explicação! De repente, sentiu uma energia intensa aproximar-se dela e um calor se apoderou de seu corpo. Tentou manter-se serena, pois isso já havia acontecido outras vezes, e Francine a orientara a não se perturbar para poder entender o que acontecia. Normalmente se sentia assim perante um companheiro do mundo espiritual, que poderia ser uma entidade com motivações benéficas ou não. A serenidade a auxiliava a distinguir tais presenças e a compreender por que estariam junto dela.

Respirou fundo diversas vezes, tentando não demonstrar o que sentia. Mas seu pai, que a conhecia profundamente, percebeu que algo acontecia.

— Aimée, querida, o que está sentindo? Sente-se aqui, dê-me sua mão.

Percebeu que ela estava gelada, com os olhos distantes.

Ele já presenciara cenas desse tipo e sempre se sentia impotente para ajudá-la. Francine já lhe orientara como lidar com isso, mas para ele era sempre um grande mistério, capaz de tirar-lhe o fôlego e a serenidade. Continuou segurando as mãos da filha, esperando que Aimée falasse algo. E então ela começou a falar:

– *Boa noite, meus amigos! O momento é delicado e exige ações cautelosas. A obra do bem sempre irá se sobrepor aos arroubos do mal. Sabemos das disposições de vocês à manutenção da paz e da harmonia, evitando confrontos desnecessários e causadores da discórdia e do desequilíbrio. É isso que os mantêm receptivos ao auxílio de companheiros elevados e atentos a tudo que ora ocorre. Pedimos que continuem com condutas pacíficas, pois assim a ordem irá se manter. Toda ação em prol da paz recebe a anuência superior e, consequentemente, a proteção e o amparo, jamais desacreditem dessa verdade. Aqui estou para lhes solicitar um pedido extra, que impeçam nossa irmã Elise de cometer ações que poderão perturbar essa harmonia tão almejada. Quando somos acometidos pelo desespero, podemos comprometer a ordem das coisas, que desconhecemos como se processa. Acreditamos estar auxiliando, quando na verdade estamos apenas nos distanciando da paz e do amor. Elise necessita de auxílio e sabemos que podemos contar com o apoio de vocês. Encontrem-na e façam-na demover de seus propósitos, que irão causar muito mais mal do que bem. Enfrentar companheiros ainda endurecidos pela mágoa e rancor em nada irá acrescentar. Ela decidiu sair em busca desse amargurado ser e confrontá-lo. Sabemos que isso não será uma ação positiva e poderá gerar reações dolorosas para todos. Peço por essa irmã que ainda tem um longo caminho a percorrer, mas que pode comprometer sua jornada com ações impetuosas. Tudo está sob o olhar atento do Pai e de seus enviados. Acalmem seus corações, jamais realizando o que não vier ao encontro de propósitos maiores. Não esperem que o pior possa acontecer, mas continuem com ideais sempre ativos, fazendo e pensando o bem, em qualquer circunstância. Encontrem nossa irmã e peçam que ela detenha seu impulso de tentar resolver o que não é de sua alçada. Quanto a vocês, amigos queridos, continuem com seus nobres propósitos e serão amparados em suas jornadas. Agradecemos a todos pelo empenho e dedicação! Que Deus esteja com todos!*

Jules e Rene ouviam atentamente as orientações das quais Aimée era intermediária. Assim que finalizou, a jovem saiu do transe em que se encontrava.

— Você está bem, Aimée?

Jules segurava as mãos da filha, ainda preocupado com seu estado. Percebeu que aos poucos a cor voltava a seu rosto, suas mãos deixaram de estar frias e, quando o sorriso voltou aos seus lábios, sentiu que ela estava bem.

— Fique tranquilo, estou bem. Você sabe que sempre fico bem após o contato desses companheiros mais iluminados. Sinto muita paz em meu coração, só não sei se mereço essas visitas. Entenderam a orientação? Lembro vagamente das coisas que falei — disse Aimée com tranquilidade.

— Esse companheiro se referia a Elise. Temos de encontrá-la antes que ela cometa alguma ação imprevidente. O que será que pretendia ao desaparecer? Buscar o pai de Adele e se entregar a ele? Rene, o que sugere que façamos?

— Creio que seria conveniente dormirmos e sairmos pela manhã, Jules. Saímos bem cedo e tentaremos encontrar algum indício de onde ela possa ter ido.

— Tem razão. Será melhor descansarmos por ora e nos prepararmos para o longo dia que virá. Ela não pode estar longe, pois não conhece a região e seria cautelosa em sua viagem.

— Papai, vá dormir. Vou ficar um pouco por aqui e fazer minhas orações. Rene, faça o mesmo.

— Pelo visto já está bem, pois voltou a dar ordens — disse Jules, mais sereno.

Aimée ofereceu aquele sorriso encantador e abraçou o pai com carinho. Ela sabia que ele se preocupava demais com ela e, intimamente, adorava isso.

Ambos saíram, deixando Aimée sozinha, porém muito bem acompanhada. A jovem sentiu que a sala se encontrava repleta de seus amigos invisíveis, como dizia frei Jaques. Eles estavam lá com um propósito, e ela sentiu uma profunda paz invadir seu coração. Fechou os olhos e procurou concentrar-se no que eles diziam, pois, certamente, tinham a intenção de trazer-lhe alguma orientação segura.

O semblante de Aimée se iluminou ao ouvir as mensagens que lhe eram enviadas e lhe faziam sentir uma força maior que a encorajava perante as possíveis adversidades. Não estavam desamparados e isso a confortava. Não lhe disseram o que iria ou poderia ocorrer, mas garantiram que tudo aconteceria conforme as programações de cada ser envolvido na história, garantindo que tudo ficaria como devia ficar, pelos desígnios estipulados pelo Pai Celestial.

Os amigos espirituais permaneceram nesse intercâmbio por mais alguns instantes e, em seguida, se despediram da jovem envolvendo-a em energias renovadoras.

Ela abriu os olhos, como a retornar de um sonho bom, com a expressão suave e serena, sentindo-se confiante de que tudo ficaria bem. Gostaria que o pai sentisse o mesmo, para readquirir a confiança que parecia querer abandoná-lo diante dos últimos acontecimentos.

Ele estava muito preocupado com a segurança de todos, particularmente com Elise, e Aimée sabia que isso tinha um nome. Seu pai estava apaixonado e não queria admitir seus sentimentos. Deu um sorriso maroto e decidiu não fazer nenhuma referência a isso quando se encontrasse com seu pai. Tudo aconteceria no tempo certo.

O dia amanheceu e, conforme as previsões de Jules, a chuva cessara e dera lugar a uma manhã ensolarada, anunciando que seria um dia quente e sem nuvens. A tormenta havia se dissipado, deixando o ar límpido e suave.

Jules havia dormido pouco, mas já se encontrava de pé assim que os primeiros raios de sol inundaram o lugar. Rene também estava de pé, pronto para a viagem, quando Jules entrou na sala.

— Você não dormiu, meu jovem?

— O suficiente para repor minhas energias. Você me conhece e sabe que necessito de muito pouco para ficar em boas condições. Jules, estava pensando se não poderíamos pedir a Pierre que nos auxilie nessa busca. O que acha?

— Não sei, Rene. Creio que será melhor deixá-lo fora dessa história. Não quero vê-lo envolvido nisso, pois o pai de Adele não iria gostar nem um pouco. Será mais conveniente que ele parta o mais rápido daqui, indo ao encontro de sua família.

— Você tem razão. Será melhor que fique longe de tudo isso. Ele esteve aqui há alguns momentos avisando de sua partida logo mais.

— Que siga em paz e vire essa página de sua vida. Sua família merece, ele é um bom homem. Bem, vamos nos apressar. Temos um longo dia pela frente.

Já estavam de saída quando Aimée entrou correndo pela sala e disse:

— Papai, acho que sei onde Elise está. Ou pelo menos deve ter estado durante a tempestade. Talvez ainda a encontrem. Não me pergunte como tive acesso a essa informação, mas sei que ela é verdadeira. Procurem-na em casa de Francine.

— Você teve essa informação como? — perguntou o pai, curioso.

— Meus amigos invisíveis, como diz frei Jaques. Vocês precisam ser rápidos se querem encontrá-la. Ela apenas se abrigou lá por causa da chuva, mas seus planos são de encontrar o pai de Adele. Como é mesmo o nome dele?

— Auguste — disse o pai.

— Então se apressem. Aguardo notícias.

Jules deu um abraço em Aimée e saiu acompanhado de Rene.

Tinham de ser rápidos. O tempo estava se esgotando. Elise precisava ser encontrada antes que o pior ocorresse.

CAPÍTULO 17

Confrontando o inimigo

O trajeto até a casa de Francine não era longo, e rapidamente chegaram lá. Tudo parecia silencioso e calmo. Bateram à porta, e logo ela apareceu.

— Bom dia, Jules. O que faz por aqui?

— Procurando por uma fugitiva. Ela ainda está aqui?

— Elise já partiu. Ficou aqui para se abrigar da chuva, mas logo cedo foi embora, dizendo que precisava se afastar rapidamente daqui.

— Ela disse para onde pretendia ir? — perguntou Jules.

— Creio que o senhor já sabe a resposta. Tentei dissuadi-la de seu plano, mas estava irredutível. Não quer colocá-los em risco. Ela tem grande estima pelo senhor e Aimée e disse que faria qualquer coisa para protegê-los. Enganei-me sobre ela, pois tem princípios e objetivos nobres.

— Fico feliz que a tenha perdoado, Francine. Sei que é uma pessoa generosa e ao conhecê-la mudaria seu conceito. Ela tinha em mãos algum mapa da região?

— Se possuía, não deixou à mostra. Parecia que tinha destino certo e se preparou para a viagem munindo-se de água e alguns mantimentos. Ofereci-lhe ajuda, mas ela recusou. Perguntei se você sabia de seus planos e preferiu não responder. Seus olhos ficaram marejados, disse que tinha de ser assim. Abraçou-me e partiu há cerca de uma hora para o norte. Se vocês se apressarem, talvez consigam encontrá-la.

— Vamos seguir seus rastros. Qualquer novidade, mando alguém avisá-la. Se puder, visite Aimée. Ela gosta de sua companhia e se acalma.

— Irei ao seu encontro mais tarde, não se preocupe. Agora, vão.

Rene e Jules se despediram e seguiram para o norte. Era uma região acidentada, com muitos declives, o que dificultaria a viagem, principalmente para uma mulher sozinha. Jules se animou, sentindo-se mais confiante em encontrá-la. Os dois iriam a uma velocidade maior e com a vantagem de conhecer a região muito bem.

Jules entendeu os planos de Elise, quando decidiu seguir para o norte. Suas terras delimitavam com as de um conhecido mantenedor da Igreja, duque Lambert. Como estava sempre em contato com o clero, já deveria saber que Elise estava sendo procurada por Auguste. Faria, então, qualquer coisa para auxiliar e ficar em evidência.

O importante agora era encontrar Elise antes que ela atingisse seu objetivo: confrontar Auguste e encerrar de vez essa perseguição insana.

Conforme as horas passavam, a ansiedade aumentava. Rene percebeu que o ritmo estava muito acelerado e alertou o companheiro.

— Jules, precisamos descansar um pouco.

— Só vou descansar quando encontrar Elise. Não está suportando o ritmo?

— Estou preocupado por você, meu amigo. Não quero que se exceda.

— Pare de se preocupar comigo e poupe suas energias para a caminhada — Jules estava realmente determinado.

— Posso pelo menos parar para beber um pouco de água ou isso vai atrasá-lo?

— Pare de reclamar, parece frei Jaques e suas infindáveis murmurações.

Os dois se lembraram do frei e caíram na gargalhada. Um momento de descontração mais do que conveniente para esfriar os ânimos.

Por volta das três da tarde ainda não tinham sinal de Elise. O sol estava escaldante e Jules cada vez mais preocupado com a situação, pois em poucas horas a noite chegaria e ficaria mais difícil encontrá-la.

O caminho ficava mais sinuoso. Até que ouviram um gemido vindo de uma pequena clareira. Os dois se aproximaram e se depararam com Elise caída em meio às pedras. Ela chorava e parecia furiosa com alguma coisa.

Jules correu para ajudá-la, porém ela recusou seu auxílio.

— O que está fazendo aqui? Deixe-me e volte para seu castelo!

Dizia as palavras entrecortadas pelo choro, e ficava difícil entender o que queria dizer. Jules respirou aliviado, constatando que ela estava bem, e decidiu conversar:

— O que pretendia fugindo assim? Essa região é perigosa. Está querendo se matar?

— Eu só quero que tudo isso termine! Estou tão cansada! Preciso encontrar o pai dessa menina e conversar com ele. Tenho que fazer isso!

— Ele não quer falar com você, quer apenas que pague pelo que aconteceu à sua filha, pois é a única forma de ele encontrar algum conforto para seu coração atormentado. Você é uma mulher inteligente, será que não percebeu o que ele pretende?

— Se for isso, que seja feita a vontade de Deus.

— Quem lhe disse que Deus quer seu sacrifício? É esse o Deus que você idealiza? Um Deus vingativo e cruel, que quer o sofrimento desnecessário de um filho, apenas para provar o seu poder? É esse o Pai que você respeita e ama?

A mulher continuava chorando, sem saber o que responder àquele bondoso homem que lá estava para ajudá-la. E ainda questionava sobre Deus!

— Elise, já conversamos sobre Auguste. Ele é um homem amargurado, que sente a culpa corroer suas entranhas e acredita que encontrar um suposto culpado irá amainar sua dor. Nós sabemos que o único responsável é ele mesmo, com sua inflexibilidade e incompreensão em relação à própria filha, mas ele não percebe isso. Não sabemos do que ele será capaz quando encontrá-la.

— Não quero que nenhum mal lhes aconteça, por isso preferi enfrentá-lo diretamente. Que ele faça o que quiser comigo! Durante muito tempo pensei apenas em minha segurança, agora não quero mais viver assim. Nesses últimos dias percebi que não sou a pessoa que sempre idealizei. Sou imperfeita e já causei muito mal a tantos! Se o meu sacrifício servir de alguma utilidade, até mesmo para reduzir a culpa que ele carrega, minha vida já não terá sido em vão. Procure entender minhas razões.

— Pare de se sentir esse ser miserável! Não sei o que se passa em seu coração para se julgar assim tão insignificante. Você tem seu valor e já demonstrou isso. Errou, assim como eu e todos os que conheço neste mundo de Deus. Somos falíveis e erramos conosco e com nosso semelhante. Aceite isso e perdoe-se antes de qualquer coisa. É apenas o começo, mas já é alguma coisa. Agora me deixe ajudá-la...

Disse isso indo ao encontro de Elise, que parecia estar ferida, pois seu semblante era de dor. Ao tentar levantá-la, ela gemeu, sem conseguir firmar um dos pés no chão.

— Conte-me o que lhe aconteceu.

Ela então explicou que caminhava por um trecho tortuoso e não viu uma pedra encoberta por arbustos. Tropeçou e caiu bruscamente. Quando tentou se levantar, seu pé direito doía intensamente. Estava nessa posição pela última hora, chorando desesperadamente, sem saber o que fazer.

Jules olhou o pé da mulher e viu que era apenas uma torção. Olhando Elise naquele estado, não conteve o riso. A mulher ficou ainda mais furiosa, sentindo-se impotente.

— Viu no que deu tentar ser a heroína? Sei que você é uma mulher independente, mas precisa conhecer seus limites. Você foi imprevidente, tentando andar por um local que desconhece, sem se importar com o perigo. Pensou que conseguiria chegar onde?

A mulher ficou rubra, sabendo que ele estava com a razão. Mas tinha suas razões para tal deslize. Não estava com bons pressentimentos e não ficaria passiva, esperando que o pior acontecesse. Sentia que seu salvador era alguém especial e precisava preservá-lo de qualquer mal. Olhava seu jeito determinado e ao mesmo tempo tão afetuoso, que não podia deixar de pensar o quanto a vida era ingrata, não lhe dando oportunidade de ser feliz ao lado de um homem com tantas qualidades. Sentia que a amizade dera lugar a um sentimento mais profundo, mas que precisava ser contido ou quem sabe sepultado. Jules olhava para ela com carinho e uma profunda preocupação. Mais uma vez seu anjo salvador lhe retirara do perigo iminente.

Rene permanecia calado, até que ouviu sons vindo de longe e pediu que ficassem em silêncio.

Jules empalideceu, pensando que poderiam ser os homens de Auguste.

Rene pediu que se escondessem atrás de uns arbustos e permanecessem quietos.

Aproximou-se da trilha e pôde constatar que eram muitos. Um se destacava, por estar a cavalo. Pôde ver que as roupas desse homem eram luxuosas, denotando se tratar de uma pessoa de posses. Era um homem de meia-idade, com a cabeleira toda branca, ostentando luxo e poder. Poderia ser Auguste, o pai de Adele, mas não poderia afirmar. Jules pegou Elise no colo e a colocou em local seguro, permanecendo ao seu lado enquanto os homens passavam. Parecia que não conheciam a região muito bem, pois escolheram um caminho difícil e repleto de obstáculos. Quando se distanciaram, os três respiraram aliviados.

— Jules, você conhece aquele homem? Já viu alguns desses por essas bandas?

— Não. E pelo caminho que escolheram trilhar não devem conhecer bem estas terras. Temo que seja quem estou pensando. Que direção tomaram?

— Estão indo em direção ao seu castelo. Temos de voltar. Aimée e frei Jaques estão sozinhos.

A tensão se instalou entre eles, sentindo que corriam perigo.

— Aimée corre perigo, Jules. Você precisa retornar o mais rápido possível. Eu só irei atrasá-los. Deixe-me aqui. Quando estiver melhor, voltarei para a casa de Francine.

Jules estava com o semblante fechado, refletindo qual seria a melhor opção a escolher.

Não poderia deixá-la naquelas condições, mas sabia que ela iria atrasá-los. Rene se antecipou:

— Jules, volte para o castelo e fique por lá. Levarei Elise de volta ao solar e depois o encontro. Você é o dono destas terras e não pode permitir que algum mal aconteça. Cuidarei de Elise, pode ficar tranquilo.

Ninguém conseguia ficar tranquilo numa situação como aquela. Jules ficou calado alguns instantes e logo decidiu.

— Vou voltar para o castelo. Deixe Elise com Adrien e Justine e vá ao meu encontro depois. Preciso de você por perto, assim ficarei mais tranquilo.

A mulher sentiu um aperto no coração ao vê-lo partir e derramou algumas lágrimas. Não queria causar tantos problemas para Jules. Gostaria de ter lhe dito tanta coisa, mas não teve coragem.

O jovem tentou imobilizar o pé de Elise para que ela pudesse se locomover. Com o pé mais firme, ela conseguiu andar. Apoiada em Rene, ambos iniciaram o caminho de volta.

Jules, por sua vez, caminhava rapidamente e confiante. Conhecia cada espaço de suas terras e os melhores atalhos para chegar rapidamente ao seu castelo. Aimée precisava dele e jamais a desapontaria. Esqueceu o cansaço e seguiu a passos largos.

Enquanto isso, Francine cumpriu o que prometera e foi visitar Aimée, que já estava preocupada com a ausência de notícias.

— Francine, querida, que bom que veio. Não aguento a falta de notícias. Soube que Elise fugiu?

— Sim, minha querida. Ela esteve em minha casa se abrigando do temporal, mas logo pela manhã foi embora. Foi o que contei ao seu pai, quando ele lá esteve.

— E onde ele está?

— Foi atrás de Elise. Mas acalme-se, ele já está retornando e chegará em breve.

A jovem então sorriu com as palavras da amiga, que sempre sabia antecipadamente o que ia acontecer. Percebeu que o olhar de Francine estava mais sério que de costume, prenúncio de outras novidades menos desejadas.

— O que mais você sabe?

— Não consigo mais te enganar, Aimée. Teremos outras visitas muito em breve. Não sei quem são, porém não trazem a paz.

Aimée sentiu um arrepio percorrer seu corpo, deixando-a sob extrema tensão. Queria ter seu pai por perto, mas ele não estava, o que a fez sentir-se vulnerável e sozinha. Francine percebeu que a jovem ficara pálida e procurou acalmá-la.

— Minha menina, não fique assim. Lembre-se de que somos responsáveis por nossas escolhas e nada acontece que não esteja programado. Sei que é difícil compreender todo esse processo, mas muitas coisas independem de nós para que possam ocorrer. A nossa parte é estarmos receptivos às boas orientações que nossos Amigos Espirituais nos enviam, e jamais nos descuidar de nossas preces, pois são elas que nos trazem a paz e a esperança. Vocês sabiam que a presença de Elise causaria perturbações de toda ordem. Não que ela não merecesse a ajuda, mas porque os acontecimentos a colocaram na mira de irmãos que ainda não conhecem determinadas leis impostas pelo Pai Maior.

— E o que podemos fazer? — questionou Aimée.

— Não há nada que possamos fazer, a não ser orar, rogando ao Pai que não desampare a nenhum de nós. Você se lembra de quando seu pai custou a retornar de uma viagem e pensava que algo teria lhe acontecido? Lembra-se de seu sonho? Jamais me esqueci do que me contou.

O semblante da jovem se descontraiu e um sorriso discreto surgiu. Ela sonhara com aquele senhor adorável e ele a levara para um passeio, onde lhe mostrou um jardim repleto de flores coloridas e lhe perguntou o que ela estava vendo. Aimée disse que eram apenas flores e o senhor, sorrindo, disse:

— Você não vê mais nada junto delas?

Aimée, curiosa, passou a observar que por entre as flores raios luminosos saíam da terra, como se acarinhassem cada uma delas, fortalecendo-as e deixando-as mais belas e mais primorosas. A jovem continuava sem entender a mensagem. O senhor continuou:

– *Minha jovem, nem sempre nossos olhos podem divisar as coisas como realmente são.*

Vemos apenas o que conseguimos enxergar, fruto de nossa compreensão limitada. O que está presente, ou pelo menos parte do que está. O restante, o essencial, acaba permanecendo oculto aos nossos olhos. Os raios luminosos que você viu representam a fertilidade da terra, os nutrientes necessários para que ela brinde nossa visão com sua beleza. Sem eles, as flores nada seriam.

A jovem continuava sem entender aonde ele queria chegar com essa alegoria.

– *Em nossa vida, enxergamos muito pouco do que realmente existe. Percebemos a dor, mas não vemos que ela abre o nosso coração para o aprendizado da esperança. A dificuldade, mas não vemos que ela faz despertar potenciais que ainda desconhecemos possuir. A morte como fim de tudo, mas não vemos que ela representa o fim de um ciclo e início de outro, assim como acontece com a natureza, que sabiamente se transforma a todo instante, num constante nascer e renascer. Tudo assim se processa, minha menina, visando ao aprendizado necessário. Você precisa exercitar seus olhos para poder divisar o essencial que a vida quer lhe mostrar. Lembre-se de que tudo segue uma programação já prévia, em que cada situação vivida, cada ação planejada tem um propósito, mesmo que nossos olhos não consigam enxergar. De que adianta sofrermos por desconhecer os planos do Pai para cada um de nós? Podemos duvidar de sua sabedoria ou questionar seus desígnios? Sofremos por querer ter o controle de tudo que nos acontece, por querer que cada coisa aconteça conforme nossos desejos, por não conseguir entender o que a vida quer nos ensinar. O que obtemos quando voltamos nossas energias à preocupação? Apenas o sofrimento que deprime e perturba nossa paz. Por que ao invés da preocupação não nos dedicamos à oração, que conforta e acalma? Sua preocupação vai modificar a situação que está enfrentando? Então modifique sua maneira de pensar e procure o conforto que advém da prece sincera, que a deixará serena e receptiva ao auxílio do Alto. Entendeu?*

Aimée sorria recordando a lição inesquecível, que havia incorporado em sua vida desde esse dia. Foi necessário que Francine a lembrasse do sonho para que a confiança retornasse. Ele tinha razão...

— Obrigada, minha amiga, por ativar minha memória. Oremos juntas!

Francine permaneceu mais um tempo com a jovem e, assim que ela se acalmou, decidiu voltar à sua casa.

Momentos depois, frei Jaques adentrou a sala com o semblante preocupado.

— Aimée, temos visitas. Seu pai ainda não voltou?

— Ainda não. A visita é quem pensamos?

— Não precisa ser sensitiva para saber, afinal a visita já era esperada. Eu os avistei ao longe. Devem chegar em alguns minutos. O que fazemos?

— Vamos até lá recebê-lo.

— Seu pai não vai gostar nada disso, minha menina.

Aimée sorriu para o frei, procurando acalmá-lo.

— Frei querido, não devemos nada a esse senhor, então não nos preocupemos.

Passados alguns minutos, a visita chegou.

Aimée estava à porta e pôde ver aquele homem de cabelos brancos, sofrido, ostentando certa prepotência desafiadora. Era uma figura altiva, de olhar gélido, demonstrando toda a dor que um coração poderia suportar. Desceu do cavalo lentamente e caminhou até a entrada do castelo.

— Boa tarde, procuro o proprietário destas terras. Seu nome é Jules.

— Meu pai não se encontra, pode falar comigo. Sou sua filha, Aimée.

Auguste encarou a jovem à sua frente atentamente. Ela era muito jovem, de longos cabelos dourados e de uma beleza angelical. Seus olhos azuis o encaravam, porém com doçura e mansidão, bem diferente do que ele ostentava.

— Minha conversa é com ele, minha jovem. Creio que não poderá me ajudar.

— Não existem segredos entre meu pai e eu. Tenho certeza de que sei do que se trata. Sei que se chama Auguste e que veio em busca de explicações.

O semblante do homem se fechou e Aimée sentiu um arrepio a percorrer-lhe o corpo, mas manteve-se firme e inabalável.

— Quero que saiba que somos pessoas que cultivam a paz, a concórdia e o bem. Espero que aqui venha com esses mesmos sentimentos, caso contrário tenho de lhe pedir que saia das terras de meu pai.

Aimée se armou de toda a coragem e energia e enfrentou aquele homem à sua frente com valentia e determinação. Sentiu que, conforme as palavras eram proferidas, uma energia intensa a envolvia. Percebeu que não estava só, como se muitos a acompanhassem nessa tarefa, abraçando-a e dando-lhe força e sustentação no embate. A confiança se instalou definitivamente em todo o seu ser.

Auguste ficou confuso perante a jovem. Quem ela pensava ser para desafiá-lo daquela maneira? Ela sabia quem ele era? Como ousava falar de modo tão leviano com uma pessoa de tamanho poder?

Pensou em se aproximar da jovem e dar-lhe um corretivo, mas foi contido por mãos invisíveis. Ficou paralisado, como se seus pés estivessem presos ao chão. Tentou se mover, porém algo o impedia. Lançou um olhar cheio de ódio à jovem e o que viu ao lado dela o deixou aterrorizado. Piscou os olhos repetidas vezes, mas a visão não se desfazia. Pensou que era uma miragem, no entanto a imagem ia se tornando cada vez mais nítida e assustadora. Estaria enlouquecendo? Estaria sendo vítima de bruxaria? Seu amigo cardeal havia lhe alertado sobre essa possibilidade.

Ao lado de Aimée surgia uma figura radiante, com longos cabelos acobreados, emoldurando um rosto de menina com força de mulher. Ela o encarava com olhos tristes, repletos de compaixão. O homem estava cada vez mais pálido, sentindo suas pernas bambearem como se tivessem perdido a força. Continuava com os pés presos ao chão e não conseguia sair do torpor. Fechou os olhos com força e assim permaneceu, receoso de abri-los e de ver novamente aquela imagem.

Aimée estava confusa, vendo aquele homem petrificado, sem esboçar qualquer reação. Fechou seus olhos materiais e procurou sentir o que estava acontecendo. Sentiu uma paz a invadir o coração, como se uma brisa passasse por ela. Percebeu um deslocamento bem próximo ao seu corpo, como se alguém a atravessasse. Ouviu uma voz suave e serena a dizer:

— *Minha amiga querida, peço que cuide de meu pai. Ele está doente da alma, seu coração se encontra em pedaços e a amargura já lhe domina todo o seu ser. Ele está precisando de ajuda, mesmo que ainda não aceite sua condição de necessitado por se julgar uma criatura que se sobrepõe a tudo e a todos. Mas todo o seu poder não é capaz de me trazer de volta à vida, e você sabe disso. Diga que estou bem e peça que não faça acusações infundadas, pois ninguém foi responsável pelo que aconteceu, a não ser eu mesma. Diga a ele que não busque culpados que não existem. Quando for possível, virei visitá-la novamente. Que Deus abençoe todos vocês e, em especial, meu pai. Fiquem em paz!*

Aimée sentiu muita emoção. Em seu rosto lágrimas escorriam ao mesmo tempo em que Adele partia a caminho de seu novo lar. Ela ficou parada com o olhar distante, como se não estivesse lá.

Auguste viu a imagem se esvaindo à sua frente, sem saber como impedir que isso acontecesse, levando novamente sua filha para longe de seus braços. Começou a gritar seu nome, implorando que ficasse e não o abandonasse nunca mais. Conforme a imagem se desfazia, o desespero apoderou-se dele, passando a chorar copiosamente, balbuciando seu nome entre as lágrimas que escorriam.

Ficou de joelhos, bem próximo a Aimée, que passou a observar a triste cena, pensando numa forma de ajudar aquele homem. Tentou levantá-lo, mas num ímpeto ele a jogou ao chão gritando palavras sem nexo.

Nesse instante, Jules chegou e correu ao encontro de sua filha. Levantou-a e olhou furiosamente para Auguste, censurando sua atitude e preparando-se para o revide que parecia inevitável.

O homem parecia louco gritando sem parar, com os olhos febris, denunciando raiva e ressentimento. Para ele, todos eram responsáveis pela morte de sua filha.

— Fique calmo, papai, estou bem — disse a jovem. — Ele está desesperado e perdeu a razão momentaneamente. Depois lhe explico os detalhes. Vou pedir que lhe façam um chá para acalmá-lo.

— Nenhum chá será capaz de lhe trazer o equilíbrio. Esse homem parece louco.

Jules tentou se aproximar dele, mas foi recebido com os braços elevados, prontos ao combate. Seus olhos estavam em fúria. Jules se desviou do golpe, fazendo com que o homem se estatelasse no chão frio, onde permaneceu.

— Papai, o que fez?

— Nada. Quem tentou me atacar foi ele, eu apenas desviei. O que queria que eu fizesse?

Os dois foram ao encontro do homem caído e o levantaram. Apesar de cambaleante, ele conseguiu caminhar para dentro do castelo, onde o acomodaram numa cadeira confortável. Auguste parecia ter perdido os sentidos. Não aparentava nenhum ferimento visível, mas seus olhos permaneciam fechados.

Toda a confusão chamou atenção dos homens que acompanhavam Auguste. Eles tentaram entrar na sala, porém foram contidos por frei Jaques, que procurou acalmá-los, dizendo que ele estava bem. Permitiu apenas que um dos homens entrasse. Ele viu que seu patrão estava apenas desacordado e ficou muito agitado, sem saber o que fazer.

Frei Jaques mais uma vez interveio:

— Meu bom homem, pode ficar aqui se isso o deixa mais tranquilo, mas posso lhe assegurar que ele está bem. Teve apenas uma crise nervosa e você já deve saber que isso tem sido uma constante nos últimos dias. Senhor Auguste precisa descansar um pouco e, se você puder nos ajudar, peço que leve seu patrão a um quarto onde ficará mais confortável. Acompanhe-me.

Jules e Aimée olhavam o velho frei tomando decisões.

— Jules, vamos conversar com ele assim que despertar. Aimée, providencie algo para ele beber. Quero que você esteja presente quando acordar. Vocês dois me devem explicações. Ou pensaram que iam me deixar de lado? Não sei exatamente o que aconteceu e isso você irá me contar. Com todos os detalhes.

Jules não estava entendendo nada, mas decidiu não questioná-lo, pelo menos por ora.

O servo de Auguste acompanhou seu senhor até o quarto, e frei Jaques prometeu dar notícias. Ele sentiu que aquele homem era um enviado de Deus e uma figura confiável. Seu senhor, um homem muito severo, poderia não aprovar o que havia acontecido. Os empregados de Auguste estavam receosos com possíveis retaliações. Nos últimos dias, desconheciam seu antigo patrão, que passou a ter atitudes lamentáveis desde a morte da filha.

Jules respirou profundamente, tentando olhar a situação com olhos serenos, sentindo a tensão que se instalara em seu lar. Não podia deixar de pensar em Elise e como ela estaria naquele momento. Confiava em Rene, mas estava preocupado. Agora que conhecera Auguste, sabia o grande perigo que ela estava correndo.

Temia por sua segurança agora mais do que nunca. Precisava saber as intenções do pai de Adele com relação a Elise.

Enquanto esperavam o homem acordar, cada um pensava no futuro, pois sempre existe o dia seguinte, quando cada coisa volta ao seu lugar de origem.

Aimée e frei Jaques oravam. Jules se entregara à reflexão, procurando antever o discurso de Auguste e o que poderia fazer para dissuadi-lo de seus intentos menos dignos.

Precisavam aguardar. Cada coisa ao seu tempo.

CAPÍTULO 18

Cada coisa em seu lugar

Auguste ainda dormia, num sono agitado, balbuciando palavras ininteligíveis. Parecia febril.

Aimée passava panos molhados embebidos em ervas medicinais, mas ele ainda se encontrava em grande perturbação.

— Minha filha, e se esse homem morrer? Ele me parece muito doente — disse Jules, preocupado.

— E está, meu pai. Mas não sei se essa doença tem cura. A culpa o corrói e não consegue sair desse abismo em que se colocou. Seu estado é preocupante e não sei se poderemos ajudá-lo. Adele me pediu que o auxiliasse, oferecendo a compreensão de que ele tanto necessita. Cada um dá o que tem e temos muito a oferecer a esse senhor. Porém, precisamos que ele recupere o bom senso que há muito o abandonou. Frei Jaques, não me olhe assim. Por que o espanto? Por que vi Adele e conversei com ela?

O frei empalideceu e sentou-se. Jules já conhecia a filha e nada mais o surpreendia. Se ela dissera que falara com a menina morta, isso realmente acontecera.

— Jaques, você sabe que Aimée tem um pé aqui e outro nesse misterioso mundo espiritual. Eu não sei como e por que isso ocorre, mas confio em minha filha. Você até já foi testemunha, ou se esqueceu daquela senhora que queria lhe dar um recado?

O homem parecia lembrar-se do ocorrido e esboçou um sorriso amarelo.

— Não me faça recordar aquilo novamente. Foi o maior susto da minha vida. A mulher escondeu umas moedas e quis que eu as reencontrasse depois de sua morte. Tudo porque queria fazer uma doação à igreja. Precisou de Aimée para me dizer o local secreto no qual ela escondera seu pequeno tesouro. Os filhos ainda me olham como se eu fosse um feiticeiro. Mas eu acredito que cada coisa deve ficar em seu lugar. Se isso fosse algo que Deus aceitasse como natural, esse intercâmbio seria possível a todos e não apenas restrito a alguns, como é o caso de Aimée.

— Creio que tudo acontece porque Deus permite que assim seja. Espero que você continue sendo discreto e nada relate aos seus superiores.

— Assim você me ofende, Jules. Sabe o quanto amo Aimée e jamais faria nada que a prejudicasse. Já não dei provas suficientes de minha lealdade a vocês?

Aimée percebeu que o pai magoara seu bom e velho amigo e correu em sua defesa:

— Frei querido, sei o apreço que tem por nós e em especial por esta sua filha postiça. Saiba que a recíproca é verdadeira e nós o amamos muito. Dê-me um abraço!

O frei abriu um largo sorriso e foi ao encontro de Aimée. A jovem se desvencilhou do abraço ao perceber que Auguste abrira os olhos, ainda confuso com o que acontecera.

Olhou para as pessoas que lá se encontravam e pareceu se recordar do ocorrido. O olhar inquisidor, porém, não o abandonara e encarou fixamente a todos.

— Eu quero sair daqui agora ou vocês estão me mantendo prisioneiro?

— Deixe de falar bobagem, afinal você aqui chegou e tentou agredir minha filha. Não sei o que pretende, mas quero que saiba que sou um homem honrado, temente a Deus, e nada faria que maculasse essa imagem. Qual é a razão de sua visita intempestiva?

— Nada tenho contra vocês. Peço que me perdoem. No entanto sei que abrigam uma pessoa que cometeu muitas atrocidades e gostaria que a entregassem a mim.

— Não sei de quem está falando e gostaria que fosse mais claro.

— Quero que me entregue Elise de Bousquet, uma criminosa que merece ser presa.

— Creio que o senhor não sabe o que realmente aconteceu nas terras de Elise. Eu estava presente e sou testemunha ocular de que ela não fez absolutamente nada contra sua filha Adele. Abriguei sua filha em meu castelo quando ela fugiu de seu convívio, auxiliando-a a encontrar Elise. Ninguém a obrigou. Ela quis isso, e a responsabilidade foi apenas dela.

— Como uma menina é capaz de decidir o que é melhor para si? — retrucou Auguste.

— Pelo pouco contato que tive com Adele posso lhe garantir que era mais madura que a maioria das jovens de sua idade — Jules respondeu tranquilamente.

— Era apenas uma criança! Não sei quem colocou ideias em sua cabeça, apenas sei que ela se foi, e alguém deve ser responsabilizado por isso. Essa mulher é uma bruxa. Sei que o destino dela foi estas terras. Onde ela está?

Frei Jaques tentou acalmar os ânimos, mas sabia que a tarefa era complexa demais mesmo para ele, um enviado de Deus. Precisava ganhar tempo pelo bem de todos.

— Peço que o senhor se acalme, em primeiro lugar. Precisa descansar. Podemos conversar mais tarde. Prometo-lhe que terá as informações que deseja.

— Quem é o senhor? Parece-me um clérigo... Não estaria aqui para defender essa mulher.

— Frei Jaques, às suas ordens. Sei que podemos nos entender. Mas antes é necessário que o senhor conheça a história que vou lhe contar.

Jules e Aimée se entreolharam preocupados, não entendendo onde ele pretendia chegar.

Antes que Jules pudesse intervir, o frei lançou um olhar matreiro que todos já conheciam, pedindo que ficassem em silêncio.

— O senhor deve ser Auguste, pai da jovem que morreu. Meu bom amigo Jules, que está aqui presente, contou-me como tudo ocorreu e gostaria...

Antes que ele pudesse concluir seu raciocínio, Auguste o interrompeu:

— Já conheço a história toda, não será necessário. Desejo apenas que me digam o paradeiro de Elise e vou-me embora.

Frei Jaques não gostou do tom da voz do homem e demonstrou sua insatisfação.

— Creio que o senhor não esteja entendendo onde pretendo chegar. Essas terras não lhe pertencem, e meu amigo Jules não lhe deve satisfações, a não ser que ele assim deseje, pelo homem digno que é. Gostaria que aceitasse a hospitalidade que lhe está sendo oferecida e mantivesse o diálogo respeitosamente com todos os presentes. Caso contrário, farei com que todo o clero saiba quem o senhor é e o que pretende fazer por suas próprias mãos, o que certamente será abominado, mesmo com os recursos que pretende liberar. Espero ter sido claro o suficiente.

Auguste estava atônito com a petulância daquele senhor da Igreja, porém sabia que ele estava certo e precisava ser razoável, caso contrário não obteria seus intentos.

— Peço que perdoem minha arrogância e meu destempero, mas coloquem-se em meu lugar. Entendam o quanto estou sofrendo. Jules, perdoe a maneira como entrei em seu castelo. Peço desculpas à sua filha, pois não tive a intenção de ser rude com ela.

Os olhos do homem se fecharam por um momento, como se ele relembrasse a figura doce e suave de Adele, agora tão distante. Lembrou-se da cena momentos antes, como se ela estivesse à sua frente e lhe sorrisse com aquele ar jovial que encantava a todos. "Quantas saudades! Por que Deus a levara tão jovem? Por que essa mulher Elise se colocou em meu caminho? Era ela a responsável por tudo e não ficaria impune." Ele quase perdera a esposa anos atrás também por causa de Elise, e agora era sua filha, ainda tão criança, tão inexperiente! Não! Ela teria de pagar, pensava consigo! Sentiu a emoção dominá-lo, mas não deixaria que vissem sua fragilidade. Segurou as lágrimas. Seria melhor acolher a orientação do frei e se conter, pelo menos por ora. Não estava se sentindo bem após tantas emoções vividas e precisava descansar. Aquele padre poderia ser um problema e não queria se indispor com o clero.

— O que o senhor estava a contar quando o interrompi? — perguntou Auguste.

— O senhor conhece apenas os fatos que foram relatados por seus homens, e por sinal um deles foi o responsável pelo desfecho trágico. Meu amigo Jules apenas auxiliou sua filha a chegar até Bousquet. O que lá aconteceu não foi sua responsabilidade, nem tampouco poderia ter sido evitado. Foi um acidente! Elise tentou salvá-la, mas o ferimento foi fatal! E tudo fez para não retornar à sua casa.

— O que a fez pensar que fugir seria melhor que retornar à casa de seu pai? — perguntou Auguste friamente.

— O senhor é que deve responder a essa pergunta — disse frei Jaques em tom sério.

O homem empalideceu e ficou sem palavras.

— Não estou aqui para julgá-lo, pois apenas Deus detém esse poder. Mas gostaria que o senhor refletisse em seus propósitos de fazer justiça com as próprias mãos, pois esse poder não lhe compete. Sua filha se foi e nada que o senhor possa fazer a trará de volta. Creio que isso o distanciará cada vez mais dela quando do juízo final. Elise é responsável pela vida que escolheu viver, mas não pelas atitudes que sua filha decidiu empreender. Acredita que sua vingança irá compensar a tristeza de não ter mais Adele ao seu lado? O senhor sabe que não. Peço que reflita sobre nossa conversa e tome as decisões acertadas. E que suas ações sejam pautadas na razão e no bem comum, não perturbando ou punindo pessoas que nada fizeram para que as coisas tomassem o rumo que tomaram.

O homem abaixou a cabeça pensando nas palavras do frei, porém nada parecia amenizar a ira que sentia corroer suas entranhas.

— E Elise, onde ela está? Permaneceu aqui ou se foi? — perguntou Auguste.

— Isto mudará alguma coisa em sua vida? — retrucou frei Jaques.

— Gostaria apenas de conhecer seu paradeiro, se é que ela foi embora de suas terras.

— Ela veio na companhia de Jules, permaneceu alguns dias e foi embora, sem dizer seu destino. Estou visitando meu amigo desde a semana passada e cruzei com essa mulher assim que cheguei, apenas a tempo de vê-la partir em companhia de alguns homens que se ofereceram para acompanhá-la.

Jules estava se divertindo com a farsa do velho amigo, mesmo não aprovando as mentiras que ele contava.

Auguste encarou Jules, pedindo que assentisse com relação ao que acabara de ouvir.

— Ele falou a verdade. Elise se hospedou aqui por alguns dias e foi embora.

Não quis nos contar se iria voltar para suas terras ou se teria outro destino.

Auguste não parecia convencido acerca do que ouvira, mas não tinha como afirmar se eles estavam dizendo a verdade. Iria averiguar depois.

Aimée observava a cena sem nada dizer. Assim como o pai, repudiava a mentira, mas sabia que era necessária para preservar a segurança de Elise e de todos naquele lugar. No entanto, sua sensibilidade apurada lhe dizia que o homem não se convencera e que teriam problemas futuros. Adele lhe pedira que auxiliasse seu pai a demover seu intento de fazer justiça com as próprias mãos, mas não sabia se conseguiria. Ele era um homem inflexível, prepotente, impiedoso, um grande empecilho às boas energias que poderiam amenizar a situação.

Aimée pensou que tudo poderia ser diferente se Auguste tivesse encarado a filha com outro olhar, se respeitasse os dons de que era portadora, se a amasse como Jules a amava! Por que as pessoas escolhem os caminhos tortuosos e pedregosos em detrimento de caminhos mais iluminados?

Pensou em Adele e em seu destino trágico! Era inevitável não pensar em tudo o que ela viveu e o que ela poderia ter vivido! E tudo tomara um rumo ainda mais complexo, pois seu pai, movido pela vingança, daria continuidade a ações intempestivas e cruéis, comprometendo a harmonia e o equilíbrio dos envolvidos. Pensou onde estaria Elise e o que faria se soubesse das intenções de Auguste.

Perdida em seus devaneios, foi interrompida com a pergunta do pai.

— Aimée, você pode providenciar uma refeição ao nosso hóspede?

— Vou providenciar, papai.

Assim que a jovem saiu, Auguste retomou o assunto que o incomodava.

— Jules, poderia me responder uma pergunta apenas? Afinal esteve presente ao lado de minha filha em seus últimos momentos. Ela sofreu?

A pergunta do homem era mais que um lamento, e Jules sabia o quanto aquele pai estava sofrendo. Era uma situação que ele esperava jamais ter de enfrentar e não podia deixar de auxiliar o pobre homem.

— Não pense sobre isso. Seu semblante estava sereno, se isso o conforta. Tudo foi muito rápido e indolor. Não continue se torturando e procure seguir com sua vida.

— Como acha possível? Perdi tudo, não tenho mais motivação para continuar a viver.

— Nada nos pertence, Auguste. Deus nos concede tudo por empréstimo e um dia teremos de prestar contas do que fizemos, devolvendo-Lhe assim que Ele requerer. Sua filha conviveu com você o tempo que lhe foi permitido. Sei que está sendo difícil, mas tem de ser forte e seguir em frente.

Auguste insistia em se manter no controle da situação, no entanto, ao lembrar-se de sua menina, as lágrimas não puderam mais ser contidas, para desespero de Jules, que não sabia o que fazer para acalmar o homem.

Frei Jaques observava o diálogo com apreensão. Auguste estava descontrolado e uma pessoa nessas condições é capaz de tudo. Decidiu entrar em prece, pedindo pela manutenção da paz naquele lugar. Não tivera tempo de conversar com Jules e saber do paradeiro de Elise, que devia estar nas redondezas. Implorou a Deus que se compadecesse de todos os infiéis, e nesse rol incluía Auguste e Elise. Algo lhe dizia que aquela situação ainda iria perdurar até que o confronto acontecesse. Isso seria inevitável!

Momentos depois, Aimée retornou ao quarto trazendo uma bandeja com um caldo saboroso e a entregou gentilmente ao seu hóspede.

Auguste não pôde deixar de notar a beleza da jovem assim que ela entrou. Os traços eram delicados, ostentando pureza e força ao mesmo tempo. Os cabelos eram dourados e a pele muito alva, mas o que mais o impressionara era o sorriso. Encarou tão fixamente Aimée, que ela decidiu desviar o olhar, entregando a bandeja e retirando-se em seguida.

Aimée não gostou do olhar a ela direcionado, sentindo-se analisada em todos os ângulos. Não estava acostumada a isso e sentiu-se constrangida. Os homens ficaram no quarto enquanto Auguste comia a refeição. Jules estava cansado, afinal o dia havia sido intenso, e pediu licença para se retirar. Apenas frei Jaques permaneceu com Auguste, pois não seria boa ideia deixá-lo sozinho.

Jules encontrou a filha andando nervosa de um lado a outro.

— Papai, conte-me tudo. Onde esteve, se encontrou Elise e onde ela está!

— Venha comigo.

Os dois saíram e foram até a estufa, distante de todos.

— Acalme-se, minha filha. Tudo está sob controle. Encontramos Elise a léguas daqui.

Jules contou toda a história para a jovem.

— Papai, esse homem está louco e você sabe do que ele é capaz. Elise corre grande perigo, assim como todos nós. Frei Jaques tentou convencê-lo de que ela está longe daqui, mas creio que ele não acreditou. O que faremos?

— Não sei, minha filha...

Jules viu a preocupação da filha e sentiu-se culpado por colocá-la em perigo quando decidiu ajudar Elise. E agora tudo se complicara. Não sabia que rumo tomar para impedir que mais uma tragédia acontecesse. Deixara que as coisas saíssem do controle. Isso jamais acontecera. Já havia enfrentado situações muito delicadas com sua filha, protegendo-a de tudo e de todos! Agora permitiu que seu coração falasse por si, e as coisas se complicaram! Por que se deixara apaixonar depois de tantos anos de isolamento afetivo? Não se perdoaria se algo acontecesse a Aimée! Rogou intimamente a Deus que lhe inspirasse um caminho a seguir.

Aimée olhava o nervosismo do pai e ficou penalizada. Gostaria de lhe dizer que tudo daria certo, mas sentia-se confusa. Queria adormecer e despertar com tudo resolvido e cada coisa novamente em seu lugar. Não poderia se iludir, acreditando que a vida era um lindo conto de fadas, pois não era assim que acontecia no mundo real. Gostaria de viver numa época diferente, em que existisse mais paz entre as pessoas. Quem sabe um dia isso seria possível!

A jovem abraçou o pai e, sorrindo, disse:

— Papai, tudo vai se acertar, pode confiar! Estamos em meio a uma tempestade. Podemos visualizar apenas as sombras, mas sabemos que ela é temporária e dura o tempo suficiente para equilibrar as energias da natureza. Depois dela vem um lindo dia, uma nova oportunidade de continuarmos nossa caminhada.

— Sábias palavras, minha filha. Gostaria de acreditar em tudo isso, e me esforçarei para que a fé acompanhe nossos passos. Enquanto nada se define, fiquemos atentos a esse homem e ao que

pretende fazer. Jaques está com ele tentando acalmar seus ânimos. Confiemos nele, afinal já demonstrou ser um excelente mediador.

Os dois se descontraíram, lembrando as peripécias do amigo...

Decidiram que o melhor a fazer era descansar! Uma boa noite de sono faz com que as energias sejam repostas, e tudo parece mais claro e menos nebuloso no dia seguinte. Quantas decisões acertadas acontecem após um magnífico descanso!

E foi isso o que aconteceu! Cada um despertou com uma sensação nova, mas algo parecia comum a todos: estavam cheios de esperança que aquele impasse seria resolvido. Todos foram inspirados durante o sono por seus amigos espirituais, cada um recebendo uma ideia, um sopro de alento de que necessitavam para prosseguir com suas caminhadas.

Jules e Aimée já estavam sentados degustando o farto café da manhã, assim como frei Jaques. Auguste chegou em seguida e sentou-se à mesa.

A conversação iniciou-se timidamente, com Jules falando sobre sua próspera região e como era a vida dos camponeses que lá trabalhavam. Falou sobre as plantações, as belezas naturais, o clima privilegiado e sobre a paz que lá reinava de forma absoluta.

Auguste ouvia atentamente seu anfitrião. Todavia não podia concordar com a forma como ele tratava seus empregados, afinal eles não poderiam ser considerados do mesmo nível social. Como ele podia agir assim com seres tão inferiores? Jamais trataria seus empregados da mesma forma que Jules, mas não era seu problema. Tinha outros a resolver no momento. Elise era seu maior problema e não abriria mão dele por nada neste mundo. Adele seria vingada! Desde que ela se fora, perdera toda a motivação para prosseguir com sua vida. Encontrar Elise era o que o movia. Porém, ao conhecer Jules e sua filha, algo se modificara em seu íntimo. Aimée era uma criatura fascinante e não conseguia parar de pensar na jovem. Jamais sentira isso anteriormente e pela primeira vez, em anos, se interessara por outra mulher. Não sabia a idade dela, que parecia não ter mais do que vinte anos. Ele já passara dos sessenta, mas perto dela sentia-se um jovem. Isso parecia ridículo aos seus olhos. Não via a hora de resolver suas pendências e ir embora de lá. Seria a jovem uma feiticeira que lhe lançara algum feitiço? Queria encontrar Elise e acabar com aquela angústia.

— Sua filha é uma linda mulher, se é que me permite o elogio — falou Auguste.

— É também uma jovem de muitos predicados e uma filha exemplar. Eu só tenho Aimée na vida. Sua mãe a abandonou assim que ela nasceu e somos, desde essa data, companheiros inseparáveis. Não sei o que faria se ela me deixasse.

Ao falar isso, ele se arrependeu, pois Auguste se lembrara da própria filha.

— Perdoe-me. Sei que deve ser duro saber que não a encontrará novamente, pelo menos nesta vida. Porém tudo acontece com um propósito, tudo obedece a uma lei. Deus, soberanamente justo e sábio, conhece cada filho e sabe do que ele precisa — falou Jules.

— Infelizmente, não é um consolo para mim. Isso não modifica a dor que eu sinto. Nada disso deveria ter acontecido e, se assim foi, alguém é culpado. Esse alguém é Elise.

— Sinto discordar, mas somos nós os responsáveis por tudo o que nos acontece. Elise deveria ser o menor de seus problemas, e você está colocando em seus ombros a responsabilidade que pertence a outros, menos a ela.

— Adele era apenas uma criança! Mas insistiu em conhecer Elise. Se ela não a procurasse, nada teria acontecido!

— Se quer encontrar um culpado, encontre aquele que desfechou o golpe fatal. Deixe Elise em paz! Você precisa revisar seus conceitos sobre essa mulher e pensar com a razão. Me perdoe a franqueza, mas você estará cometendo uma insensatez se fizer algum mal a essa mulher. Ela é inocente. Sei que investigou a vida de Elise e sabe tudo sobre ela. Se o que ela faz é certo ou errado, não nos cabe avaliar. Se cometeu equívocos ao longo de sua existência, cabe a ela fazer as devidas correções, mas não nos cabe julgá-la ou puni-la. Posso lhe dizer que a conheci superficialmente, porém o suficiente para fazer uma ideia de quem é e o que pensa.

O homem ouvia o que Jules falava, mas não queria considerar nenhuma das hipóteses sugeridas. Não queria pensar em nada a não ser em puni-la. Precisava amainar a ira que estava destruindo-o por dentro. Nada mais faria sentido enquanto não finalizasse seus planos. Elise tinha que morrer! Assim como sua filha!

— Você acredita que se vingando de Elise, tirando-lhe a vida, sentirá paz em seu coração? Pensa que isso lhe trará de volta a vontade de viver?

Auguste não sabia o que responder, pois jamais pensara nisso. E não queria pensar. Só uma coisa o motivava a continuar sua existência: concluir sua vingança. Era só isso o que lhe importava! Por que ninguém se colocava em seu lugar e não experimentava o seu sofrimento?

Jules decidiu continuar, já que tinha iniciado o tema.

— Você está sofrendo muito. E deve ser um sentimento atroz. É uma dor que deve incomodar intensamente e ninguém pode dizer como ela é, a não ser você mesmo. Entretanto, a vingança não vai alterar o nível da dor que está sentindo. Você pensa que ela amenizará quando confrontar Elise, mas independentemente do que ela fale em sua defesa, você já a condenou e decidiu que não pode continuar vivendo. Não importa o que tenha a lhe dizer ou o que pensa. Você já decidiu seu destino, e é nesse ponto que eu quero lhe falar. Você não é Deus, Auguste, por mais poder que tenha na Terra. Você pode ter o poder entre os homens, mas não tem o poder de dirigir o destino de ninguém, Os homens podem servi-lo, porém não lhe pertencem! Cabe a Deus exercer seu poder sobre os homens! É Ele que poderá julgar e punir Elise se ela for responsável por modificar os destinos traçados. Meu bom amigo, não se torture tanto. Deixe Adele descansar e faça o mesmo. Siga sua vida e esqueça a vingança!

Jules falava emocionado, procurando tocar as fibras do coração de Auguste, tentando demovê-lo de sua vingança. Jules sabia que a vingança seria motivo de maior perturbação se aquele plano abominável fosse concretizado.

Auguste sentia que o ar lhe faltava. Uma angústia o acometera de forma tão intensa, que não conseguia respirar. Não queria ouvir Jules, mas seus ouvidos acompanhavam atentamente cada palavra que ele proferia. Pela primeira vez, sentiu a dúvida assomar e começou a questionar se sua vingança lhe traria a paz de volta. Não queria pensar agora, pois estava muito confuso, e pediu a Jules que caminhassem.

— Eu preciso de ar. Vamos caminhar um pouco e você me mostra a região.

— Será um prazer. Vamos!

Jules achou por bem acompanhá-lo, pois não seria conveniente que o homem andasse pela região sozinho.

Sentiu que conseguira falar ao seu coração. Era um começo...

Quando saíram, os homens de Auguste estavam bem à porta e foram ao encontro do patrão para saber sobre seu estado de saúde. Ele os acalmou e pediu que permanecessem por lá, pois iria apenas dar uma volta e respirar um pouco. Assim foi feito!

Os dois homens saíram conversando. Poderia parecer que eram apenas amigos compartilhando momentos de paz e harmonia.

Entretanto ambos carregavam sentimentos contraditórios em seus corações. A paz não fazia parte de suas vidas, pelo menos não naquele momento.

Só que tudo pode se modificar. A qualquer tempo e hora. Depende apenas de nossas decisões. Que possamos estar cientes dessa verdade o quanto antes...

CAPÍTULO 19

Enquanto isso...

Tudo era observado cuidadosamente por companheiros espirituais que temiam o rumo dos acontecimentos.

Muitos costumam pensar que estão sozinhos, conduzindo suas vidas pelas próprias decisões, movidos por seus ideais. E assim deveria ser, mas a realidade é um pouco mais complexa! Somos constantemente observados por companheiros que habitam o mundo espiritual, uma realidade paralela, que podem influenciar, perturbando ações, cujas intenções não são as melhores, e ajudar, enviando sugestões e caminhos alternativos aos irmãos com ideais nobres.

É importante lembrar que essas duas realidades, material e espiritual, interagem constantemente. Nossa história se situa na Idade Média, um período sombrio da história da humanidade, mas nem por isso foi deixada órfã do auxílio divino. A ajuda sempre esteve presente, impedindo que mais mal fosse disseminado.

Nossos companheiros espirituais estavam temerosos quanto ao destino dos companheiros encarnados. Auguste estava decidido e convicto de que a vingança era a única forma de reencontrar a paz.

Jules experimentava um grande conflito que o distanciava cada vez mais da paz íntima, tão necessária para a tomada de decisões, o que poderia comprometer a segurança da pessoa que mais amava na vida.

Aimée sabia que a situação era complexa demais para ser resolvida de forma rápida e num ímpeto. Muito estava em jogo e, infelizmente, o poder e a glória são essenciais aos detentores do orgulho exacerbado.

Os destinos já estariam traçados previamente, sem a possibilidade de serem alterados, expostos ao sabor dos fatos inevitáveis da vida? Existiria um determinismo capaz de impedir que novas ações pudessem ser executadas para modificar os caminhos já concebidos?

Adele e seus amigos espirituais observavam cada acontecimento com cautela e sensatez. Sabiam que não poderiam intervir e modificar decisões já tomadas por aqueles que aqui conduziam suas existências. Cada um age como sabe e como pode! Sabiam que cada atitude contrária ao bem e ao amor acarretaria uma reação de igual teor, comprometendo suas existências futuras.

Alguns acreditam que seja conveniente conhecer as ações praticadas em outras existências, pois assim facilitaria a correção. Mas de que adiantaria conhecer o que foi feito em outros tempos se nada poderia ser alterado? O presente é a oportunidade de redenção, se assim se disporem a realizar em seu próprio benefício.

O passado não pode ser alterado. Conhecê-lo apenas traria maior sofrimento. A culpa, essa companheira fiel e cobradora, estaria a lembrar-nos de todos equívocos, o que poderia comprometer a capacidade de superar imperfeições e corrigir erros, gastando energias preciosas em lamentos injustificados e inúteis.

Adele tentava argumentar com seus amigos espirituais sobre a possibilidade de aparecer novamente ao pai e, assim, tentar que ele abdicasse de sua vingança.

— *Deixe-me falar com ele, eu lhes peço. Sei que não mereço a confiança e o crédito de vocês pelas minhas ações insensatas. Posso ao menos tentar falar com ele?*

Os amigos da jovem acreditavam que uma nova aparição poderia provocar mais perturbações. Auguste era um homem cético e não acreditava em nada que não pudesse ser provado pela sua razão.

Tudo poderia se complicar ainda mais, pois Auguste poderia responsabilizar Aimée pelo contato com Adele, atribuindo isso a uma obra do demônio ou feitiçaria, comprometendo a jovem e seu pai. Anete, mãe de Adele, estava preocupada com a filha e suas possíveis ações. A jovem queria trazer novamente a paz entre os envolvidos, mas não sabia o que fazer.

O silêncio foi quebrado pelas palavras doces e sensatas de Estevão, mentor espiritual do grupo, companheiro de Celina na obra de implantação do bem e da paz junto àqueles irmãos encarnados.

— *Amigos queridos, tenham muita calma, pois a situação assim exige. Nada se pode fazer que não esteja na programação de nossos companheiros encarnados. Não podemos interferir nas escolhas deles, apenas acompanhar seus passos, oferecendo as ideias iluminadas que podem auxiliá-los na caminhada. Nada mais que isso! Sabemos de sua aflição, Adele, pois se sente responsável por esses acontecimentos. Mas nada vai modificar o que já foi feito. Sabia que seria difícil a programação escolhida e que poderia falhar. Teve a instrução necessária, assim como o suporte materno que foi de extrema importância, mas seu pai seria um grande empecilho à concretização de seus projetos. E foi nessa provação que infelizmente você falhou. Não desejamos julgar sua atitude, mas apenas lembrá-la de que eram de seu conhecimento as dificuldades que*

teria de enfrentar. Sua atitude a fez retornar a seu verdadeiro lar. Tudo tem seu tempo! Não podemos antecipar a resolução de algo que ainda não se encontra pronto. Seu pai ainda insiste em manter seu coração em rancor, não aceitando a realidade. Tem ainda muito a aprender, principalmente no que se refere à aceitação dos desígnios infalíveis de Deus. Nada que você faça vai fazer com que ele aceite o que ainda não compreende, portanto é mais cauteloso deixar que nossos amigos encarnados possam resolver essas pendências conforme sabem. Aimée é jovem portadora de muitas virtudes, e ela serão fundamentais na solução deste impasse. Jules a respeita da forma que é, o que Auguste jamais fez com a filha. Você escolheu Auguste como pai sabendo de sua rigidez e inflexibilidade, acreditando poder ser o diferencial em sua existência. Volto a dizer: cada um aprende no seu tempo, e não no tempo que julgamos ser conveniente. Ele tem um longo caminho a percorrer para que o aprendizado aconteça. Você terá que aprender a esperar, minha jovem.

— Mas não há nada que eu possa fazer? — Adele perguntou, aflita.

— Certamente que há. Mantenha seu coração em prece, assim a paz voltará a fazer morada nele. Estamos juntos e permaneceremos pelo tempo que for necessário. Você já teve conhecimento da ligação entre todos e das correções para que possam seguir sua evolução. Outras oportunidades surgirão, novas escolhas serão realizadas, favorecendo novos encontros, e novas histórias serão escritas no livro dinâmico da vida. Para o novo chegar, é imprescindível que o passado seja compreendido e resolvido, pois só assim a história vai continuar em seu ritmo incessante! Tenha a calma necessária para que tudo se acerte! Nossa irmã Celina se encontra em tarefa na crosta, auxiliando-os. Confie que tudo ficará bem!

A jovem suspirou profundamente, acatando a orientação do sensato amigo, porém as lágrimas insistiam em rolar, demonstrando toda a sua aflição. Não queria que a culpa habitasse seu mundo íntimo, porém era inevitável experimentar essa emoção, acompanhada de sua impotência em resolver as questões que se delineavam. Estevão tinha razão, nada havia que ser feito sem que pudesse comprometer as decisões pessoais dos amigos encarnados. Cada um teria de lidar conforme suas potencialidades. Decidiu permanecer em prece acompanhada por sua mãe.

Enquanto isso, no plano terreno, Rene e Elise conseguiram um local para descansar da exaustiva viagem. Haviam feito algumas paradas, mas sequer conseguiram dormir, pelo receio de serem surpreendidos por algum dos homens de Auguste. Antes que pudessem bater à porta, Francine a abriu, pedindo que entrassem.

— Vocês demoraram! — falou ela com ar de preocupação.

— Elise está com a perna machucada. Foi um longo caminho.

— Entrem e fiquem tranquilos, estão em segurança aqui. As coisas podem se complicar, mas por enquanto descansem. O tempo está a nosso favor. Vou preparar algo para comer. Rene, veja como está a perna de Elise. Vocês passaram no solar? — Francine não parava de falar enquanto arrumava as coisas para os dois.

— Não, estava difícil o acesso e julguei conveniente retornar à sua casa.

— Tomou a decisão mais acertada, pois não seria um local seguro.

Elise estava calada, sentindo muita dor. Confusa, não sabia que caminho seguir.

Qualquer atitude poderia comprometer seus amigos, e isso não estava em seus planos.

Olhou Francine com carinho, agradecendo a ajuda.

— Fique tranquila, vocês estão seguros por enquanto.

— Você está sempre conectada a seus amigos espirituais? Gostaria de ter essa fluidez nos pensamentos e nas ligações com eles.

Francine sorriu mediante o comentário de Elise.

— Estabelecer essa ligação é algo em que me empenho diariamente. Tenho o conhecimento do que é permitido e aprendi que sou mera observadora dos fatos, assim procuro não interferir em vidas alheias. Gostaria de fazer mais, porém isso não é possível, pois estaria adentrando caminhos aos quais não fui convidada. Muitas vezes não aprecio o que vejo, mas pouco posso fazer, a não ser aceitar e vibrar positivamente para que as coisas voltem ao seu caminho original. Não podemos controlar a vida dos outros. O fato de me ser possível visualizar o que ainda não aconteceu deve ser encarado como uma oportunidade de treinar minhas aptidões e aprender a virtude da aceitação dos desígnios de Deus. Já falhei em outras oportunidades, abusando dos conhecimentos que me foram oferecidos. Hoje preciso aprender a aceitar que não posso controlar tudo, apenas o Pai pode. Admito que sofro ainda com tudo isso, mas tenho aprendido a compreender e aceitar que sou mera aprendiz, com um longo caminho a percorrer na estrada da evolução. Algumas vezes, se for permitido, oriento aqueles que estão passando por provações, jamais indicando o que fazer. Posso lhe dizer que a cada dia tenho conquistado um bem de inestimável valor: a paz.

— É o que tenho buscado há tanto tempo, mas parece que não está em meu destino obter a paz...

— A paz é um bem possível a todos nós, mas precisamos estar receptivos a ela.

— E o que é ser receptivo? — questionou Elise.

— Minha amiga, significa estar consciente do quanto a paz é fundamental em nossas vidas. Quando assim pensamos, direcionamos nossas ações para essa conquista. Estar consciente de sua importância representa que temos de abrir mão de nossas opiniões em prol de um bem maior. Significa olhar a vida com olhos da mansuetude, compreendendo que é nossa tarefa semear a paz nos corações dos que nos acompanham na jornada. E para isso temos que primeiramente cultivá-la em nosso mundo íntimo, tentando domar nossos impulsos inferiores. Sei que esse trabalho é incessante, e não posso deixar um dia sequer o esforço para me tornar uma pessoa mais consciente das tarefas que preciso desempenhar. Só assim terei a certeza de que minha vida está valendo a pena.

Elise ouvia com admiração as palavras de Francine. Tinha muito a aprender.

— Gostaria de ter lhe conhecido antes, pois agora já não sei se terei tempo suficiente para isso. Tenho tanto a aprender com você.

— Não pense assim, pois estará dando uma mensagem negativa à vida. Creia que o tempo estará sempre a seu favor e ele lhe responderá positivamente. Seja mais otimista, e a vida lhe brindará com os recursos que necessita para que o aprendizado se efetive. Colabore com a vida!

— Falando assim faz parecer tudo tão fácil...

— A vida está sempre a colaborar conosco. Nós a desrespeitamos quando solicitamos dela o que não pode nos conceder. Chega de tanto falar. Comam alguma coisa, descansem. Vou até o solar saber notícias do castelo.

Providenciou o que precisavam e partiu, cuidando para não ser vista pelos moradores da região. Quando chegou ao solar, Adrien a recepcionou com um preocupado semblante e com muitas perguntas. Ele parecia não se conter de tanta aflição. Queria estar com Aimée, pois ela o acalmaria com suas doces e sábias palavras.

— Adrien, sei de seu interesse em Aimée e de suas pretensões. Se deseja que isso se concretize, deve saber de algo muito grave que, possivelmente, pode atrapalhar seus planos. Amo Aimée como uma filha e só desejo sua felicidade. Portanto, me escute com atenção...

O jovem passou a ouvir o que Francine lhe falava. Em alguns momentos seu semblante se endurecia e rugas se fincaram em sua testa. Fechou os punhos em atitude de combate e assumiu uma atitude firme, sentindo uma força que jamais experimentara. Se o que Francine lhe dizia tinha fundamento, não poderia ficar passivo perante o que poderia acontecer. Sempre fora contrário a qualquer tipo de violência, por isso se sensibilizara tanto com a história de Adele, a maior vítima. Quisera ter podido fazer algo que a auxiliasse, ou mesmo ter trocado de lugar com ela, cedendo-lhe seu maior tesouro, a sua vida! Infelizmente nada pôde fazer para alterar o destino da amiga! Deveria haver um propósito e iria descobrir!

No momento, Adrien sentia que precisava tomar uma decisão importante. Seu desejo era passar o resto de seus dias ao lado de Aimée e tudo faria para que isso se concretizasse.

Precisava apenas que ela consentisse com seus planos. Iria ao encontro da jovem o mais rápido possível, sentindo-se encorajado a proteger sua amada de qualquer perigo. Francine sorriu e finalizou:

— Quando nossas ações são realizadas com nobres propósitos, somos acompanhados de êxito, mas é preciso que jamais nos esqueçamos de que não sabemos tudo sobre todas as coisas e, se algo contrário aos nossos planos acontecer, confiemos em Deus e em sua sabedoria infinita. Se Ele decidiu modificar os caminhos, certamente existe um propósito que desconhecemos, mas que deve ser justo, pois o Pai é sempre justo. Confia que o melhor acontecerá e mantenha uma atitude firme, conduzindo sua vida e a daqueles que dependem de você com serenidade e lucidez. Agora vá!

O jovem muniu-se de coragem e partiu rumo ao castelo, onde o perigo rondava e forças do mal tudo fariam para garantir que a paz jamais voltasse a reinar!

Celina acompanhava os novos acontecimentos. Ela havia alertado Francine sobre Auguste e suas possíveis intenções, que poderiam mudar radicalmente o rumo dos caminhos de todos os envolvidos.

Assim que o jovem partiu, Francine conversou com Justine sobre o perigo que ela também corria por ser cúmplice de Adele em sua fuga. Francine entregou à jovem um medalhão, gravado em uma língua desconhecida.

— Minha senhora possuía um desses. Eu o vi poucas vezes, pois ela o mantinha escondido de seu marido. Perguntei-lhe a procedência e Anete apenas sorriu, dizendo que um dia talvez me contasse. Mas ela morreu antes de contar-me sobre seu segredo. Pretendia perguntar a Adele, só que não o fiz.

— A menina o mantinha com ela, você jamais percebeu. Quando ela aqui esteve, me entregou pedindo que fosse portadora desse presente a você. Tome, é seu! Receba este presente que Adele quis que permanecesse em suas mãos. Apenas fui a portadora, Justine. Agora estou cumprindo o que a ela prometi. Guarde-o!

Os olhos de Justine se encheram de lágrimas num misto de saudade, tristeza e muitas recordações de sua doce menina. As duas mulheres se abraçaram e assim permaneceram por alguns instantes, até que Francine finalizou:

— Cuide-se, Justine. Voltarei assim que puder. A situação está se complicando e preciso estar em minha casa nas próximas horas.

— Obrigada pelo presente. Guardarei com todo o carinho — falou Justine, emocionada.

Francine estava preocupada com os futuros acontecimentos e precisava ficar em prece, a única forma de manter comunicação com seus companheiros espirituais e deles receber as orientações necessárias. Rumou para sua casa com o pensamento firme em tudo o que sua intuição lhe falava, procurando a melhor forma de ajudar Aimée, a filha postiça que a vida havia colocado em seu caminho. Confiava que tudo iria se ajeitar, mesmo que outras vidas tivessem que pagar um preço alto, porém inevitável.

Tentou desviar o pensamento de que o pior pudesse acontecer para que o pessimismo não se apoderasse de seu coração e a impedisse de ajudar de forma mais efetiva.

Enquanto isso no castelo...

Jules e Auguste já haviam retornado e Aimée e frei Jaques também. Os dois últimos mantinham uma conversa amena, tentando manter a calma que a situação exigia.

Os dois estavam dando algumas risadas, o que atraiu a atenção de Auguste.

— Sua filha é deslumbrante. Seu sorriso encanta a todos e ilumina o lugar onde ela se encontra. Será uma excelente esposa por todos os predicados que possui.

Jules não gostou do tom e tentou mudar o rumo da conversa.

— Ela é apenas uma menina e não tem planos de se casar tão cedo. Frei Jaques é seu conselheiro, e os dois nutrem uma grande amizade, que às vezes é motivo de ciúmes de minha parte. Dividimos sua atenção e não peço que faça uma escolha, perguntando quem ela mais respeita e ama. Tenho receio de estar competindo com alguém de peso...

Tentou dar uma risada, mas sentiu o olhar frio que Auguste lhe lançara. Decidiu mudar de assunto e o rumo da conversa.

— Quando se sentir em condições físicas mais adequadas, peço que retorne à sua casa.

Talvez tenha melhores e mais proveitosas notícias acerca do paradeiro de Elise.

— Está pedindo para eu ir embora?

— De forma alguma, Auguste, mas sinto que está perdendo tempo precioso mantendo-se aqui, quando Elise pode estar muito distante. Como lhe disse, ela partiu há alguns dias e pode já estar muito longe. Pode ficar aqui o tempo que quiser como meu hóspede e aproveitar a beleza da região, que talvez você não encontre em outras paragens.

— Com certeza não encontrarei beleza assim em outro lugar!

Jules percebeu o olhar malicioso que o homem enviava à sua filha, referindo-se à sua beleza, e não a da região. Como era um jogo de palavras e Jules não tinha a intenção de afrontar seu hóspede, decidiu não demonstrar nenhuma animosidade em relação ao seu comentário. Era de bom tom que ele mantivesse a serenidade nessa hora para não comprometer ainda mais a delicada situação. Porém uma coisa era certa: o homem era muito inconveniente e não respeitava a hospitalidade que lhe era oferecida. Era deselegante e sórdido. Já estava começando a se preocupar com seu comportamento leviano. Falaria com frei Jaques sobre isso mais tarde. E foi ele quem decidiu entabular conversa com Auguste.

— Conheceu a região? Muito bonita e agradável. O clima é único em toda a França. Aqui venho me reabastecer de boas energias e assim tenho feito nos últimos anos. Mais de vinte, não, Jules?

— Sim, Jaques, muito mais de vinte. Aimée ainda não era nascida quando nos tornamos amigos, lembra-se? E desde esse dia tenho te aturado.

— Papai, não fale assim, pois está magoando meu amigo. É mentira dele, frei. Ele sente sua falta quando demora a nos visitar. O senhor é seu melhor amigo, acredite.

O frei fazia cara de ofendido, mas após o comentário da jovem se derreteu em sorrisos.

— Eu sei, minha filha, ele gosta de me maltratar. Eu já não me importo com suas grosserias, pois venho aqui por saudades de você, e não dele.

Aimée colocou seu braço sobre o dele e começaram a caminhar quando Auguste os interrompeu.

— Você poderia me mostrar o magnífico jardim de que seu pai tanto me falou. Tenho certeza de que frei Jaques não vai se importar em me ceder sua companhia.

Jules franziu as sobrancelhas e não gostou da atitude do homem. Decidiu intervir.

— Aimée, você está sendo chamada na cozinha. Por favor, veja o que as empregadas desejam. Eu e frei Jaques o acompanharemos na visita ao seu jardim. Você se opõe?

A jovem percebeu a manobra do pai e sentiu-se protegida.

— Papai, faça isso por mim. Senhor Auguste, tenho certeza de que vai apreciar meu jardim, mesmo na companhia desses dois velhos rabugentos. Depois me conte o que achou.

Não deu nem tempo para respostas, pois saiu em direção ao castelo a passos rápidos.

Auguste fechou a cara, sem poder responder à jovem, que já se encontrava distante. O trio foi em direção ao lindo jardim de que Aimée cuidava com todo o carinho e competência.

O almoço foi digno de elogios, principalmente de frei Jaques. Jules tentava ser simpático com Auguste, mas o homem dificultava uma conversa tranquila e leve. Durante o almoço, não tirou os olhos de Aimée, que procurava parecer natural, mas estava começando a se incomodar com o olhar lascivo que ele lhe lançava. Pensou em falar com Auguste, mas talvez ignorar suas pretensões fosse a atitude mais correta. Tentava sorrir e parecer espontânea como sempre fora.

No final do almoço, um dos homens de Auguste pediu para lhe falar. Os dois saíram e conversaram por alguns minutos. Quando Auguste retornou, seu olhar estava mais frio que o de costume. Pediu para falar a sós com Jules, que sentiu um frio a percorrer-lhe a espinha. Seu coração bateu acelerado, pressentindo que algo sério estava para acontecer. Foram até outra sala e fecharam a porta.

— O que aconteceu? — perguntou Jules.

— Meus homens estavam conhecendo a região e fizeram algumas perguntas aos seus trabalhadores. Ficaram sabendo sobre um solar próximo ao castelo que parece ter recebido alguns hóspedes esses dias. Posso saber se esses são quem eu procuro?

— Não lhe devo explicação alguma. Você é meu hóspede e como tal deveria se comportar. Se eu recebo visitas em minhas terras, não lhe diz respeito. Mas, como não tenho nada a esconder, vou dizer quem está lá. É um jovem pelo qual tenho maior estima, quase morreu há bem pouco tempo, ferido por um dos seus homens, e aqui veio se restabelecer. Era meu dever cuidar dele e lhe ofereci abrigo. Ele se recuperou e, como não pretendia ir embora daqui, ofereci o solar para ele morar.

— Esse era o rapaz que ajudou minha filha?

— Sim. Seu nome é Adrien. Ele é um excelente rapaz. Foi um grande amigo de sua filha, por quem nutria muita afeição. Gostaria de conhecê-lo? Ou também vai jogar toda a sua raiva sobre seus ombros? Vai querer tirar-lhe a vida por ajudar sua filha?

Auguste não tinha palavras para retrucar e decidiu permanecer em silêncio. Porém não estava satisfeito:

— Tinha mais alguém com ele? Disseram que havia uma mulher com ele.

— Sim, tem uma mulher com ele. É Justine. E você nada tem contra ela e não vai jogar sua ira sobre essa pobre mulher, que já está sofrendo demasiadamente a perda de Adele. Ela ficou sem rumo e vai permanecer aqui até decidir sobre sua vida. O que mais você deseja saber?

Auguste sentiu a raiva corroer suas entranhas, sentindo-se impotente perante aquele homem à sua frente. Havia decidido que a única responsável pela morte de sua filha era Elise de Bousquet e assim dissera a todos. Mas não poderia deixar esses dois impunes, pois também tiveram sua parcela de responsabilidade sobre o fatal acontecimento. No entanto, percebeu que Jules estava decidido a manter os dois sob sua proteção e não iria permitir que qualquer ato insano fosse praticado em suas terras. Auguste estava confuso e sentia a ira aumentando a cada instante.

— Nada, por enquanto. Preciso pensar sobre tudo isso — falou o hóspede muito contrariado.

Jules respirou aliviado. Sentiu o homem à sua frente como um vulcão prestes a entrar em erupção. O que mais viria pela frente?

Foi Auguste quem finalizou a conversa, dizendo que iria para seu quarto descansar.

Assim que o homem se retirou, Jules suspirou profundamente, refletindo sobre a situação: "Quando isso irá terminar?".

CAPÍTULO 20

Uma importante decisão

Jules sabia que não poderia permanecer passivo perante a situação que se apresentava. Foi ao encontro de frei Jaques, contando-lhe sobre sua preocupação.

Ao fim do relato ambos perceberam que precisavam fazer algo para que Aimée não caísse nas garras de Auguste. Frei Jaques estava revoltado com a falta de sensibilidade do homem, que mesmo sofrendo a perda de Adele conseguia ter pensamentos pecaminosos por uma jovem que poderia ser sua filha.

— Jules, não podemos permitir que esse crápula se aproxime de Aimée de forma alguma. Suas intenções são revoltantes. O que podemos fazer?

Jules estava entretido em seus pensamentos quando Adrien entrou no recinto.

— Onde está Aimée? — perguntou o jovem com a preocupação estampada no olhar.

— Está em seu quarto. Posso saber o motivo de tamanha aflição? — respondeu Jules.

O jovem relatou a conversa que tivera com Francine. As preocupações de Jules, portanto, não eram infundadas e algo precisava ser feito.

— Estávamos falando sobre isso neste exato momento. Acalme-se, pois nada aconteceu.

Mas, perante o que ela alertou, é momento de agirmos — disse Jules.

O coração de Adrien estava em descompasso só de imaginar o que Auguste pretendia, no entanto precisava recuperar o equilíbrio de suas emoções.

Frei Jaques olhava o jovem com admiração e respeito. Apesar de tudo o que ele já havia enfrentado na vida, ainda tinha bom ânimo para lutar pelos seus interesses.

Podia ver a sinceridade em seus olhos, uma determinação construída à base de muitas provações vividas, de uma força inabalável. Sabia que seu tesouro encontrara alguém confiável.

Jules perguntou ao jovem amigo se ele estaria disposto a levar sua filha para um lugar de extrema confiança, onde ela estaria segura das garras de Auguste. Era em terras distantes, ninguém de seu conhecimento sabia sobre esse lugar, sempre mantido em segredo.

Nem mesmo Aimée o conhecia. Apenas Francine, pois ela mesma sugeriu certa vez a Jules que o mantivesse para alguma emergência. Jules fora lá apenas para preparar o lugar e deixá-lo habitável para acolher sua filha, caso a Igreja algum dia resolvesse abrir mão da trégua que com ele estabelecera anos atrás. Uma família de sua confiança mantinha o lugar seguro e distante do conhecimento dos forasteiros e dos curiosos. Francine ia frequentemente ao lugar, alegando visitar os poucos familiares que lhe restavam. Não contara sequer a frei Jaques, pois queria que fosse um segredo. O velho frade, ao ouvir, fechou o semblante, sentindo-se traído.

— Você nunca falou sobre esse lugar? Pensou que eu não era confiável?

— Pare com esse lamento, meu amigo. Você sabe que é o único em quem confio nesta vida. Apenas quis que ficasse em segredo. Não fique triste com esse seu amigo infiel, que ainda tem muito a aprender. Foi apenas precaução excessiva.

Foi ao encontro do frei e deu-lhe um forte abraço, selando a fiel amizade que os unia.

O velho se desvencilhou rapidamente e quis saber os detalhes sobre o que pretendia.

Jules contou aos dois o plano pretendido. Adrien levaria Aimée durante aquela mesma noite. Iriam até a casa de Francine e de lá ela os acompanharia ao refúgio secreto.

— Creio que nos esquecemos de um pequeno detalhe: Aimée irá concordar com o plano?

No mesmo momento ela irrompeu à sala, com o olhar furioso e as mãos na cintura.

— Como você decide minha vida sem me consultar?

— Fale baixo, Aimée — falou o pai. — Fique calma e me escute. Depois você pode brigar comigo quanto quiser. Quero que apenas escute o que estamos planejando. Você não cumprimenta mais seu amigo? Ele veio aqui especialmente para vê-la.

A jovem corou e sequer teve coragem de encarar Adrien, que estava sorrindo.

— Estou feliz em revê-la. Estava com saudades! — disse o jovem.

Ela então sorriu, voltando a atenção para o pai e as resoluções que ele pretendia.

— Papai, que lugar é esse? Tem mais algum segredo que eu ainda não saiba?

Jules sorria para a filha, sentindo o quanto a amava e tudo faria para preservar sua segurança. Mesmo que, para isso, precisasse mantê-la distante de seu convívio.

— Minha filha, espero que possa compreender os motivos que me levaram a ocultar esse fato. Foi pensando em sua segurança. Você precisa sair daqui o mais rápido possível. Escute o que tenho a dizer...

O pai contou seu plano à jovem. Enquanto falava, percebia a apreensão que ela ostentava, o que fez seu coração ficar mais apertado ainda.

Aimée o ouvia atentamente, desviando seguidamente o olhar para Adrien, que lá estava com o intuito de levá-la para bem longe das garras de Auguste.

— Mas, papai, como poderei ficar longe de você? Eu não quero deixá-lo! Deve haver outra forma de resolvermos isso!

Seus olhos ficaram marejados, assim como os do pai, porém não havia alternativa. Era isso ou a terrível possibilidade que se espreitava cada vez que Auguste colocava os olhos em Aimée. Jules só pensava na felicidade de sua amada filha.

— Sinto tanto quanto você, mas não quero ter surpresas desagradáveis, nem pretendo enfrentar a ira desse louco inescrupuloso e prepotente. Não vou me submeter a seus caprichos, portanto minha decisão já está tomada. Arrume suas coisas, leve apenas o suficiente. Francine cuidará de tudo. Quanto a você, Adrien, não será uma boa ideia confrontar esse senhor. Não quero que ele o veja aqui. Espere anoitecer e leve minha filha. Aimée, peço que fique em seus aposentos e lá permaneça até o momento de partir. Não quero ver esse olhar triste, tudo isso é provisório. Combinado?

Todos assentiram, e Adrien foi para o quarto, lá permanecendo até o fim do jantar.

Auguste não percebeu a movimentação, apenas a ausência da jovem no jantar, o que o deixou profundamente contrariado. Aquela jovem o enfeitiçara, não conseguia ficar longe dela.

— Onde está sua filha? Não vai jantar esta noite? — perguntou Auguste.

— Aimée não está se sentindo bem e pediu um chá em seu quarto. Mas o jantar estará a seu contento, posso garantir.

A conversa foi tensa e os temas foram o possível paradeiro de Elise e como encontrá-la.

Auguste ainda não acreditara que ninguém sabia o local onde ela estava e não tinha como confrontar seu anfitrião.

— O jantar foi a contento e devo lhe dizer que tem excelentes cozinheiras, mas poderia ser melhor se sua filha estivesse em nossa companhia, devo convir.

— Concordo com você, porém ela estava indisposta. Devo respeitar sua vontade. Frei Jaques, tenho um vinho que gostaria que degustasse. Vamos?

Ficaram bebericando até tarde e só foram para seus quartos quando Jules avisou que teriam um passeio especial pela manhã. Ele acompanhou Auguste até seu aposento, certificando-se de que adormecera prontamente em função do vinho. Foi ao quarto da filha e disse que já poderiam ir.

Jules olhou a filha com carinho e deu-lhe um rápido abraço, com a promessa de que a separação seria breve. Fez algumas recomendações a Adrien, pedindo que evitasse o local onde os homens de Auguste estavam acampados. Despediu-se do jovem com um abraço e pediu que defendesse seu maior tesouro com sua própria vida se necessário.

O jovem sorriu.

— Pode ficar tranquilo. Eu morreria por ela, se preciso fosse. Pode confiar em mim!

— Sei que posso, meu jovem. Agora devem partir em silêncio e com toda a discrição.

— Papai, te amo! Venha me ver assim que possível. Dê um beijo em meu frei predileto.

Abraçou novamente o pai e dessa vez sentiu uma pontada no coração. Não era um bom pressentimento e quase desistiu da viagem. Não falou nada, apenas lhe enviou todo o seu amor, rogando a Deus que cuidasse dele em sua ausência.

Saíram silenciosamente, seguindo o caminho que Jules orientara até a casa de Francine, que os aguardava ansiosa. Rene e Elise ainda se encontravam lá.

— Vocês demoraram! Temos que nos apressar, pois a caminhada será longa.

Todos estavam despertos, e Elise foi a primeira a falar:

— Francine falou sobre as funestas possibilidades se você lá permanecesse, Aimée. Auguste está aqui à minha procura e não descansará enquanto não me encontrar. Sinto que estou colocando todos em risco e não poderei arcar com o ônus se algo de mal acontecer a vocês. Vá rápido, minha querida, e fique bem!

Rene perguntou sobre Justine.

— Rene, Jules pediu que você fosse até o solar e ficasse com ela. Ele irá visitá-los amanhã. Pediu que Elise não saísse daqui por nada desse mundo. Disse que irá ao seu encontro assim que possível. Agora nos apressemos — disse Adrien.

Todos se despediram e apenas Elise lá permaneceu. Francine preparou-lhe um chá que amenizaria a inflamação e as dores. Ainda se sentia impotente perante a situação.

Pensava em sua vida, em tudo o que realizara até então e percebera que tudo parecia ter sido em vão. O que lhe restara? Sentia-se vazia, sem sonhos que a acalantassem, sem perspectivas de ter sua vida de volta, tendo de fugir indefinidamente! Até quando teria que arcar com a responsabilidade de seus atos do passado? Nem de viver um grande amor ela teria chance!

O tempo passara muito rápido e agora não tinha mais perspectivas de um futuro feliz. Seria melhor que acabasse com esse tormento, entregando-se ao seu algoz e permitindo que ele aliviasse sua pérfida consciência. Talvez dessa forma deixasse os demais fora de toda essa sujeira. Quem sabe, assim, Deus se compadeceria de sua alma e lhe ofereceria uma nova oportunidade, em outra vida, de realizar a programação que deixou de cumprir nesta encarnação?

Esses pensamentos não saíam de sua cabeça, atormentando--a e impedindo que a paz e a serenidade voltassem a habitar seu mundo íntimo. Como conseguir se conectar a espíritos mais iluminados se permanecia com pensamentos inferiores?

Celina observava o estado de ânimo de Elise, esperando que ela conseguisse acalmar seu coração, pois só assim conseguiria a paz tão necessária.

Assim que todos saíram, decidiu descansar um pouco e afastar as dúvidas que não lhe abandonavam. Exausta, Elise adormeceu.

Durante a viagem, Francine contou a Aimée que havia sido ideia dela ter um local seguro no caso de uma necessidade. Disse que conhecia esse lugar desde sua infância, um local especial, onde sua mãe a ocultava dos familiares mais inflexíveis. Ninguém o conhecia, além de sua mãe. Numa conversa com Jules, falara sobre o local e decidiram que seria apropriado para ocultar Aimée se assim fosse necessário. Jules foi com alguns homens para lá e cuidou de comprá-lo em nome de Francine.

— Por que nunca me contaram? — questionou Aimée.

— Seu pai acreditava que nunca iria precisar dele. Decidiu não contar para que essa possibilidade não visitasse seus sonhos, o que representaria se distanciar de você. Mas como não podemos decidir conforme nossa vontade, aqui estamos. Lá ficaremos até o momento em que seu pai nos chamar de volta. Aí saberemos que tudo voltou à normalidade. Não julgue seu pai, Aimée.

— Não estou julgando ninguém, apenas gostaria de não ser tão poupada. Vocês sempre me colocaram numa redoma, impedindo que algo pudesse me perturbar ou ferir. Na vida real isso não ocorre. Já tenho vinte e dois anos e sou muito mais forte do que pensam. Sou capaz de tomar decisões que vocês sequer imaginariam. Desejo que minha vida seja plena de oportunidades de aprendizado, que só será possível se permitirem que eu assuma as rédeas de minha existência. Sei que me amam e só querem a minha felicidade, mas peço que me deixem fazer as escolhas que julgar convenientes.

Francine olhava aquela mulher à sua frente que até bem pouco tempo ainda era uma menina. Porém ela amadurecera e precisava ser tratada como a adulta que era. Aimée estava certa, precisava ser consultada e não apenas orientada a fazer ou não o que julgavam conveniente.

— Você tem razão, Aimée. Peço que me perdoe, pois nem percebo o quanto estou invadindo sua vida. E seu pai só tem a você! Pense nisso e nos perdoe! Você não foi questionada sobre isso e, talvez, tivesse uma alternativa em que sequer pensamos.

— Não tenho que perdoar nenhum dos dois. Amo vocês mais do que tudo nesta vida e o que me tornei hoje foi fruto dos cuidados intensivos e do afeto que me dedicaram. Apenas gostaria que se lembrassem de que não sou mais aquela menina insegura do passado. Vocês me deram a sustentação necessária para que todas as minhas dúvidas fossem sanadas, me mostrando que sou apenas uma pessoa com uma sensibilidade mais aflorada, que me permite conhecer e entender coisas que alguns ainda não conseguem. Jamais me permitiria criticar ou julgar qualquer um dos dois. Porém meu coração ficou apertado quando me despedi de meu pai, e sinto que ele corre perigo. Estou confusa quanto à alternativa escolhida. Não creio que fugir seja a melhor solução. Como você garante que esta é a melhor saída para a situação?

— Não posso garantir nada. Estamos apenas tentando defender sua integridade física e emocional. Estamos errados agindo assim?

— Não sei, e essa dúvida está me consumindo. Não sei se deveria deixar meu pai correndo perigo enquanto estou em segurança. Não me sinto confortável com isso.

— Não fique assim! A dúvida é nosso inimigo mais aterrador, pois ele tolhe nossas possibilidades de visualizar saídas possíveis e determinantes na resolução de um problema. Mas fale com toda a franqueza: o que seu coração está tentando lhe falar?

Adrien observava as duas mulheres conversando e decidiu fazer uma pausa na caminhada para que pudessem decidir que atitude tomar.

— Vamos descansar um pouco e vocês resolvem o que vamos fazer. Estamos caminhando há apenas duas horas. Se decidirem retornar, que seja agora.

As duas se entreolharam e ficaram caladas. Foi Aimée quem quebrou o silêncio:

— Como ter certeza do que meu coração quer me dizer?

Francine sorriu e respondeu:

— Você sabe ouvir a voz de sua consciência, e essa foi uma de suas primeiras lições. Confie naquela voz interior que quer lhe falar, lembra-se?

— Sim. Essa voz é minha melhor conselheira, mas como garantir que tudo ficará bem?

— Essa é a questão: não podemos ter essa certeza. Mas de uma coisa sabemos: quando nossas intenções são as mais louváveis, quando nosso coração está em paz com nossa consciência, quando confiamos em um poder supremo que a tudo e a todos comanda, nossas dúvidas são infundadas. Deus está do nosso lado quando pensamos o bem e procuramos fazer o bem. As chances de estarmos caminhando para um final favorável são muito maiores. Não é isso que estamos buscando nesta vida? Ser e fazer o nosso melhor? Então posso garantir que Deus estará sempre do nosso lado. Você sempre respeitou a Deus e a seus princípios, os quais procurou seguir dando seus próprios exemplos. Você tem alguma dúvida de que Ele a ama e que cuidará de você?

— Não. Mas aprendi que devo ser obediente às suas leis e não questioná-las a meu bel-prazer. Você está entendendo onde pretendo chegar?

— Sim, Aimée. Você é admirável conseguindo manter a serenidade e a racionalidade num momento como este. O que pensa fazer?

— Ainda não sei. Mas de uma coisa estou certa: não quero viver minha vida fugindo do que pode me fazer sofrer. Sei que meu pai corre perigo e devo cuidar dele neste momento. Quanto a Auguste, essa alma infeliz, a vida se encarregará dele. Não tenho medo e não vou fugir por causa dele. Adrien, o que pensa disso?

— Está parecendo Adele falando. Se voltarmos agora, o que nos garante que ele vai te deixar em paz?

— Uma pergunta sem resposta. Porém, ele não é meu pai e não pode me dar ordens, como tentou fazer com sua filha. Ele deseja Elise, e é ela quem precisa de ajuda agora. Temo por ela e sei que meu pai tudo fará para que nenhum mal a atinja, colocando sua própria vida em risco. Não poderei viver em paz se não puder auxiliar meu pai a resolver essa questão. Proponho que retornemos.

— Seu pai irá ficar furioso com você — falou Adrien, temeroso.

— Com ele eu me entendo depois. O que acha, Francine?

A amiga estava pensativa, procurando se conectar a seus amigos espirituais, mas estava tão tensa que mal conseguia se concentrar. Procurou, com todas as forças, sintonizar-se com eles, pelo menos no intuito de entender o que seria mais conveniente fazer no momento. Sentiu seu coração bater acelerado, o que sempre era prenúncio da aproximação de seu companheiro espiritual com quem mantinha uma estreita ligação. Fechou os olhos por instantes e o que viu naquele momento foi suficiente para tomar sua decisão.

— Devemos voltar. Mudança de planos. Adrien, concorda?

— Se assim decidirem, não há nada que possa fazer a não ser acompanhá-las. Acho que Jules não vai gostar nem um pouco disso, mas a decisão já foi tomada, não?

As duas sorriram e assentiram. Estavam preocupadas, porém decididas a retornar. Francine resolveu não falar a eles sobre sua visão. Aimée, por sua vez, ouvira uma voz e decidiu que seria precipitado contar aos dois sobre suas suspeitas e preferiu o silêncio.

Estava já amanhecendo quando tomaram o caminho de volta. Era uma manhã fria, mas com prenúncio de um dia ensolarado. Estariam de volta até a metade da manhã. Tempo suficiente para impedir que seu prenúncio virasse realidade, pensou Aimée.

Enquanto isso, nossos amigos espirituais permaneciam em prece, cuidando para que nada fugisse ao controle. No entanto, como cada um possui o poder de efetuar suas próprias escolhas, nada era definitivo. Tudo poderia mudar conforme novas decisões fossem tomadas pelos personagens. Ações indignas geram reações de igual teor, e o inverso também.

Aimée e Francine receberam informações pelo canal da inspiração, cada uma à sua maneira, que colaboraram para que nenhum mal maior ocorresse em função da insanidade de Auguste. O fato de decidirem retornar foi um alerta para que ambas se certificassem de que fugir seria muito pior. A presença delas seria importante para o desenrolar dos acontecimentos. O tempo diria...

Aimée falou a Adrien que se apressassem. Sua amiga espiritual lhe pediu que retornasse em tempo breve, antes que Elise se entregasse ao seu algoz e as coisas se comprometessem mais ainda, pois Auguste saberia que Jules o enganara.

No entanto, Francine viu que Justine e Rene corriam grande perigo no solar e precisaria ajudá-los com a máxima urgência. Suas vidas estavam em risco!

Adrien apressou a caminhada, fazendo com que ambas se esforçassem para acompanhá-lo. O jovem não parara de pensar em Adele desde que saíram da casa de Francine, e não sabia se era prenúncio de uma nova tragédia pairando no ar. Sentiu um arrepio percorrer todo o seu corpo, pensando no quanto aquele homem era abominável e no quanto sua querida Aimée corria sério perigo ao retornar. Era o que ele e Jules queriam evitar, mas a jovem era voluntariosa e havia decidido o contrário! Pediu, em prece, a Adele que o auxiliasse a proteger sua amada.

Adele ouviu os apelos do querido amigo, e seu coração se encheu de tristeza, pois não poderia ajudá-lo na condição em que se encontrava. Seu pai estava ensandecido e perdera a razão por completo. Ninguém conseguia acessar seu coração, e seriam necessárias muitas encarnações para que ele despertasse para as lições que a vida lhe traria. Tinha um longo caminho a percorrer para o ressarcimento de seus atos, para abolir o orgulho que o dominava, para por um fim à prepotência que o fazia julgar-se superior a todos! Sentia comiseração por aquele ser que naquela vida havia sido seu pai e não soubera honrar seus compromissos assumidos na espiritualidade. Ele só pensava no poder, na nobreza a que dizia pertencer, no luxo e na riqueza! Tentara lhe falar, mas suas palavras ecoavam no vazio, sem ressonância alguma. Sentia muito por ele, um espírito ainda imperfeito que teve a chance de se redimir, mas negou-se a isso, preferindo manter as mesmas atitudes que o desqualificaram no passado, assumindo débitos que, um dia, fatalmente a vida iria lhe cobrar.

Estevão havia lhe solicitado que se mantivesse em oração, única ação possível naquele momento, que conforta e traz serenidade ao coração. Nada mais poderia ser feito a não ser esperar os futuros acontecimentos que, em breve, se materializariam.

Sua mãe não a deixava sozinha um minuto sequer, oferecendo a mansuetude e o amor que tanto eram necessários naquele instante.

No castelo, Jules tivera uma noite insone, não conseguindo pregar os olhos, preocupado com a situação a enfrentar. Auguste seria um problema que precisaria de toda a sua atenção nas próximas horas. A visita pretendida seria ao solar, onde estavam Justine e Rene. Não saberia a reação que Auguste teria ao se defrontar com ela, e não poderia mais prorrogar esse encontro. Esperava que a calma estivesse com ele, assim nenhuma ação impensada ocorreria! Levantou-se assim que o sol raiou. Encontrou frei Jaques já à mesa.

— Já de pé, Jaques? A fome já se faz presente?

— Ora, ora, para que falar assim com alguém que não pregou os olhos durante toda a noite? Não consegui ficar no quarto, estou com um péssimo pressentimento. Aimée já partiu?

— Assim que todos adormeceram. Deve estar bem distante a esta hora.

— Bem, isso já é um sopro de esperança nestes momentos tortuosos que enfrentamos. Pelo menos nossa menina ficará em segurança.

— Feche essa matraca e não deixe que ninguém perceba sua ausência. Falaremos que ela continua indisposta. Amanhã diremos que está com Francine e ninguém vai questionar sua ausência.

— Falará o mesmo a Auguste?

— Preferia mesmo é que amanhã ele já estivesse longe daqui. Vou levá-lo ao solar pela manhã. Esse encontro é inevitável e não sei qual será a reação dele, mas preciso resolver essa pendência. Elise deve estar em casa de Francine sozinha, talvez precise de ajuda. Você poderia ter com ela, o que acha?

O frei fez cara de indignação.

— Por que justo eu? Como poderei fazer algo por ela? Nem nos falamos quando aqui esteve. Não irá aceitar minha ajuda.

— Ora, pare de reclamar. Onde está seu lado caridoso que tanto ostenta? Vá com alguém de minha confiança. Ele o acompanhará até lá. Mas fique tranquilo, não precisará ir andando, pois o dia ficará quente demais. Vá de carroça.

— Era o mínimo que podia fazer por mim, depois de tanto sacrifício que irei fazer por você. Acha que eu não sei de seu interesse por aquela mulher? Eu vejo tudo!

— Você é muito sagaz! Por isso sou seu amigo há tanto tempo! Não sei o que faria sem você por perto! Pare de falar tanto e coma um pouco. Acho que ficará melhor depois de parar com tanta besteira. Sou um homem de respeito, Jaques!

— E o que tem a ver com se apaixonar? Homens de respeito não se apaixonam?

— Eu não sou mais um jovem para me apaixonar...

— Mas não está morto, meu amigo — falou o frei, tentando descontraí-lo. — Você não tem por que esconder que está interessado nela. Vocês são adultos e devem saber o que fazem. Agora vou comer. Depois conversamos sobre a visita.

Auguste irrompeu à sala naquele momento.

— A que visita se referia?

— A que faremos assim que estiver pronto. Tome seu café e depois lhe conto onde será a visita.

Auguste não entendeu nada. Sentou-se à mesa para a refeição.

Jules respirou fundo, agradecendo a Deus que o homem não percebera nada. Porém, até quando ele conseguiria esconder sua paixão por Elise, assim como seu paradeiro?

Decidiu recuperar as energias se alimentando bem. É o que podia fazer por ora.

CAPÍTULO 21

O que se pode conhecer...

Jules finalizou a refeição matinal e convidou Auguste para um passeio. Frei Jaques disse que preferia permanecer no castelo, pois estava preocupado com Aimée, que ainda se sentia indisposta.

— Creio que seja necessário chamarmos um médico para sua filha — disse Auguste.

— Não será necessário, pois já mandei chamar Francine. Aimée ficará bem.

— Gostaria de vê-la mais tarde, se assim permitir — disse Auguste.

— Deixemos essa visita para depois — finalizou Jules.

Os dois saíram, sem antes Auguste chamar um de seus homens para acompanhá-los.

— Não será necessário. O percurso não é longo e muito menos oferece perigo.

Auguste sorriu e respondeu.

— Ele apenas nos acompanhará por precaução. Vamos?

O trajeto até o solar não foi longo e em menos de uma hora chegaram. O local estava bastante silencioso.

Jules achou estranho e entrou chamando por Rene. Já começara a se preocupar quando o jovem chegou, acompanhado de Justine. Ela se apavorou quando viu o pai de Adele, que a encarava friamente. A vontade dela era sumir daquele local, mas Rene segurou firmemente sua mão, tentando acalmá-la.

— Bom dia, Rene. Justine. Trouxe uma visita — falou Jules com serenidade.

A jovem empalideceu e sentiu as pernas bambas.

Auguste, por sua vez, trincava os dentes de raiva perante aquela que julgava a grande traidora por ter auxiliado a filha em sua fuga. Tudo tivera aquele trágico desfecho por ela ter traído sua confiança e sendo conivente com tudo o que Adele tramara. Auguste se aproximou de Justine e desfechou um violento tapa em seu rosto. Ela se desequilibrou e foi ao chão. Rene colocou-se à frente de Justine no afã de defender sua amada da ira daquele homem. Auguste tinha a intenção de continuar com a violência, porém foi impedido por Jules, que segurou seu braço e o conteve.

— Isso não vai trazer Adele de volta. Acalme-se!

— Sua traidora! Você é responsável pelo que aconteceu com Adele! Você e aquela mulher não têm perdão! Não merecem minha clemência! Você vem comigo para acertar contas com a justiça!

— O que a justiça irá fazer? Não seja tolo, não há nenhum crime do qual você possa acusá-la. Ela apenas acompanhou sua filha em sua fuga. Deixe-a em paz! Pensei que ao vê-la você pudesse conversar e entender os motivos que levaram Adele a fugir — disse Jules, preocupado com a situação que se desenrolava à sua frente.

Auguste estava vermelho, ofegante, olhando Justine com desprezo. Queria destroçar com as próprias mãos aquela traidora, mas Rene se colocou em defesa, o que o deixou mais furioso ainda. O rapaz não iria permitir que nenhum mal a atingisse.

Jules tentava conter os ânimos, mas a gritaria chamou atenção do homem de Auguste, que irrompeu na sala em defesa do patrão. O caos se instalara e não se poderiam prever as consequências!

O brutamontes tentou atacar Jules, mas Rene foi mais rápido e empurrou o homem, que foi ao chão. Os dois continuaram brigando.

Auguste ficou radiante com a intromissão de seu empregado, que não largava Rene. Enquanto Jules foi em defesa de seu jovem amigo, Auguste avançou sobre Justine, apertando seu pescoço sem piedade. Ela já estava ficando sem ar quando um misterioso fato aconteceu, paralisando a todos naquela sala.

Pratos foram atirados ao chão, janelas foram abertas sem que ninguém tivesse tocado nelas, e um vento frio se fez presente, deixando todos atônitos. O mais surpreendente foi o que aconteceu com o próprio Auguste.

O homem estancou, largou o pescoço de Justine e recolheu as mãos em profundo pânico. As feições de Justine estavam transfiguradas e o que ele viu, numa fração de segundos, foi o rosto de Adele, que lhe suplicava para aplacar sua ira. O homem empalideceu e cobriu o rosto com suas mãos. Perante aquela bagunça que se instalara, com janelas e portas batendo, todos ficaram estáticos, procurando saber quem estava causando tudo aquilo.

O homem de Auguste saiu correndo em profundo pânico. Os outros ficaram silenciosos, aguardando aquele fenômeno cessar. Justine recobrara a cor e sua respiração se acalmara, sentindo quem lá estava. Seus olhos se cobriram de lágrimas e em pensamento suplicou a Adele que auxiliasse a todos, acalmando seu pai, que estava enlouquecido. Sentiu como se uma delicada mão acariciasse seu rosto, como a dizer que tudo ficaria bem. Deixou o pranto rolar, enviando à sua querida criança seus mais doces sentimentos. Foi a despedida que não pôde acontecer quando ela partiu.

Jules observava tudo, percebendo que aquele local era palco de uma presença sobrenatural. Sentiu um arrepio a percorrer sua espinha, procurando se acalmar.

Tudo ainda era confuso, os barulhos não haviam cessado, apenas o vento dera lugar a uma brisa suave e reconfortante. De repente um silêncio profundo deixou todos perplexos. Parecia que um furacão tinha estado lá e deixado em seu rastro um saldo de emoções conturbadas e desconexas.

Auguste tirou as mãos do rosto e olhou a todos com perplexidade. Justine chorava copiosamente, confortada por Rene, que a abraçava com ternura. Jules pensara em Adele, pressentindo que havia sido ela a causadora de toda a perturbação, no intuito de proteger sua grande amiga. Só não entendia como ela conseguira realizar tudo aquilo.

Todos permaneceram silenciosos...

Adele, por sua vez, já havia sido repreendida pelos companheiros espirituais, pois não recebera a permissão para atuar no mundo material. Porém, quando sentiu que sua fiel amiga corria perigo, não se conteve e foi em sua defesa. Não poderia atuar diretamente, apenas conturbar o ambiente. Sentia, novamente, os efeitos de sua impulsividade e sentia-se prostrada. No entanto, adiara as ações imprevidentes de seu pai, que a todo custo tentara causar mais danos do que já causara a todos que com ele conviveram, incluindo ela e sua mãe. A verdade era que seu pai ainda não estava maduro para compreender a vida em sua mais pura essência, não respeitando Deus e suas leis, acreditando ser mais poderoso que o próprio Criador. Sua mãe estava ao seu lado, procurando alertá-la para essa verdade:

— Filha querida, procura manter seu coração sereno, respeitando esse Pai Maior que tudo sabe e a todos provê. Não acredita que Deus é sábio e justo? Ensinou a tantas pessoas essa verdade, da qual ainda não compartilha plenamente. Duvida que Deus escreva de forma correta e suas prerrogativas independem da vontade dos homens? Seu pai retornará em outra oportunidade e receberá mais uma chance de refazer seu caminho equivocado. Não adianta apressar o que ainda não se encontra em condições. Lembra-se da lição da árvore e seus frutos? Então aceite essa verdade, de que cada coisa acontecerá no tempo certo. Nem antes, nem depois! Confie e mantenha seu coração sereno, pronto para colaborar se necessário. Mas não seja tão prepotente, pois não somos capazes de interferir no destino de nossos companheiros, a não ser no nosso próprio. E, mesmo assim, ainda falhamos tanto conosco! Tire esse peso de seu coração e cuide para que seu caminho seja iluminado, pois só assim poderá ser luz a guiar os que seguem seus passos. Cuide da própria iluminação e estará fazendo a parte que lhe cabe! Lembre-se de que cada um responde por seus atos, e seu pai não fugirá a seu destino, tendo que arcar com a responsabilidade de todas as ações praticadas. Acalme seu coração e deixe que a vida siga seu curso, colocando cada coisa em seu lugar de origem!

A menina, com lágrimas nos olhos, assentiu, adormecendo nos amorosos braços da mãe. Anete sabia que tudo iria ficar bem. Porém o que significava ficar bem? Significava que tudo ficaria como deveria para que o aprendizado ocorresse! É essa a finalidade da encarnação: propiciar a evolução de cada ser, mediante tarefas que devam ser realizadas conforme as programações estabelecidas. No final da jornada devemos ter a convicção de que fizemos o nosso melhor!

Anete sabia que cada um dos envolvidos havia feito sua programação e teriam de resolver em tempo hábil o que planejaram. Portanto, o que se poderia fazer era acompanhar os fatos, esperando que cada um realizasse o que lhe competia!

A cada um as suas obras! E cada um será responsável pelas escolhas realizadas! Essa é a verdade que temos de assumir para que nossas vidas possam ser plenas de aprendizado!

Auguste ainda estava sem palavras. Jules a tudo observava, tentando compreender o que lá se passara. Rene e Justine continuavam abraçados...

O primeiro a quebrar o silêncio foi Jules, que foi ao encontro de Auguste e o inquiriu:

— O que pretendia? Fazer justiça com suas próprias mãos?

O homem estava profundamente perturbado com a visão que tivera. Não era a primeira vez que isso acontecia e começava a acreditar que estava ficando louco. Talvez os demônios quisessem tomar seu corpo. Sabia que isso era possível, pois já presenciara um exorcismo no convento. Sempre teve medo de que a filha pudesse ser a próxima vítima das forças do mal que um dia iriam submeter todos os homens. Não permitia que isso acontecesse, por isso concordava com a caça implacável aos hereges que partilhavam de seitas macabras. Não diria a ninguém o que vira, pois pareceria que estava mancomunado com esses feiticeiros.

Olhou Jules com desprezo, já recuperando a soberba, e respondeu:

— Esta casa está dominada pelas forças do mal! Essa mulher deve ter feito um pacto com as sombras e merece o castigo que a Igreja lhe impuser.

— Pare com essas bobagens! Não existe força maligna alguma! Não tente me enganar, sua raposa esperta, pois sei exatamente o que você presenciou aqui. Você foi o responsável por tudo o que aconteceu, pois se existe uma força maligna ela está com você! O que pretendia tirando a vida de Justine? Você sabe que não temos

o direito de tirar a vida de ninguém! O que ela fez? Ajudou sua filha a fugir de suas garras? Isso foi algum crime? Adele não conseguia mais permanecer ao seu lado, dada sua inflexibilidade com relação aos seus talentos, nada sobrenaturais, nada demoníacos, pois ela era uma jovem que só praticava o bem, auxiliando todos os que a procuravam. E o que você tentou fazer? Impedir que ela tivesse uma vida, internando-a naquele lugar abominável, que por meio de todo tipo de tortura se pretende impedir um ser de exprimir sua essência mais pura e verdadeira! Adele me contou seus planos, por isso fugiu, no intuito de preservar sua vida. E o que você fez? Mandou homens em seu encalço para trazê-la de volta à prisão, que a faria morrer gradativamente. Sabe quem é o maior responsável por toda essa tragédia? Você! Uma criatura insensível, prepotente, orgulhosa! Adele era superior a você e isso não era tolerável! Não acredita que exista vida após a morte? Pois se existir vida após o término desta, o que irá aguardar quando daqui partir? Adele certamente encontrará a paz. E você?

O homem espumava de tanto ódio! Não aceitava essas críticas absurdas a seu respeito. Mais um para sua lista negra! Como ele ousava falar-lhe dessa forma? Sentiu profundo desprezo por aquele homem à sua frente, percebendo que não conseguiria efetivar seu plano de vingança. Mas não iria desistir de seu intento! Por ora, seria melhor recolher as armas e planejar outra investida. Pegaria a todos de surpresa e colocaria um fim nessa história. Não desistiria de seu objetivo maior, que era fazer sofrer todos os que colaboraram com sua filha. Adele havia sido uma ingrata, não compreendendo que o que ele pretendia era apenas salvá-la das garras do mal. Deviam ter colocado caraminholas em sua cabeça, ainda tão desprovida da razão. Todos pagariam um elevado preço pelo que fizeram! Saberia esperar o momento adequado. Fingiria que tinha aceitado o que aquele homem lhe falara. Respirou fundo e vestiu-se de uma pretensa humildade, que a ninguém enganaria. Ele também não conhecia Jules! Tentou enganar o anfitrião com palavras aparentemente suaves.

— Peço que perdoem minha insolência! Justine, perdoe-me. Sei o quanto minha esposa e filha confiavam em você. Acho que perdi a cabeça! Estou assim desde que Adele se foi. Sinto tantas saudades dela! Poderíamos ter resolvido isso de forma diferente. Se tudo o que ela lhe disse for verdade, eu estaria cometendo um grande erro enviando-a para aquele lugar. Eu confiei naqueles padres, que insistiam que minha filha poderia ser curada. Se soubesse desses fatos, jamais a deixaria ir.

Foi até Justine e ofereceu-lhe a mão, em sinal de concórdia. A mulher, ainda confusa, estendeu a mão no mesmo gesto conciliador. Parecia que tudo ficaria bem, mas Jules não estava gostando nada daquilo. Frei Jaques lhe alertara quanto a Auguste. Precisaria ficar esperto. Nada poderia fazer a não ser vigiar e ser cauteloso. Pediria que partisse tão logo retornassem ao castelo.

Auguste tentou conversar com Justine, que, apavorada, apenas balbuciava frases curtas. Queria que ele fosse embora o mais rápido possível, pois sua presença lhe causava profundo mal-estar. Conversou com ele apenas alguns minutos, e logo o homem decidiu ir embora.

— Creio que nada mais tenho a fazer aqui. Espero que continue com sua vida e seja feliz! Vou voltar ao meu castelo e à minha vida de antes. Nada trará de volta a minha menina. Irei embora. Adeus!

Jules respirou aliviado, pois não precisaria mandá-lo embora como pretendia. E quanto à Elise? Ele também desistiria de sua vingança contra ela? Decidiu que não era hora de perguntar. Despediu-se de Rene e Justine e partiram.

O empregado ainda estava apavorado com o que acontecera no solar e conversou com Auguste em particular alguns minutos, em seguida tomaram o rumo do castelo. A viagem foi silenciosa e tensa. Algo estava estranho e não se encaixava. Ele não desistiria assim tão fácil.

Ao chegarem, Auguste comunicou que partiria pela manhã. Silenciosamente, entrou no castelo, deixando Jules preocupado. Não fazia sentido! Nenhuma palavra sobre Elise, o objetivo maior de sua presença naquela região tão distante. Comeu algo e dirigiu-se à sua oficina, pensando em distrair-se na confecção de uma espada. Isso o acalmava.

Frei Jaques chegou à casa de Francine e tudo estava silencioso. Chamou por Elise e nenhum som se ouviu. Decidiu entrar na pequena casa, para onde tantas vezes acompanhara Aimée. Achou estranho não ver ninguém e começou a se preocupar. Chamou novamente por Elise e desta vez ouviu um som abafado, vindo do interior do quarto. Encontrou Elise caída e um fio de sangue escorria de sua testa. O frei procurou um pano limpo e uma bacia de água para cuidar da mulher. Limpou cuidadosamente o ferimento e percebeu que fora superficial, porém o suficiente para deixá-la desacordada. Tentou colocá-la na cama, mas não conseguiu e ficou sentado ao lado dela, velando-lhe.

O frei olhava-a. Parecia tão frágil naquele estado. Viu o quanto ainda era bela e entendeu os motivos pelos quais seu amigo se apaixonara. Parecia um anjo adormecido!

Que perigo essa mulher poderia oferecer? Parecia tão desprotegida que sentiu um impulso de acariciar seu rosto. Ficou ao lado da mulher refletindo sobre a vida até que ela abriu os olhos e se assustou com a imprevisível presença.

— O que faz aqui? Não é perigoso? — perguntou Elise ainda sonolenta.

— O que aconteceu? Encontrei-a caída com a cabeça sangrando.

— Tentei me levantar e minha perna não respondeu. Só me recordo que caí. Acho que bati a cabeça e desmaiei. De qualquer forma, agradeço sua ajuda. Não querendo abusar de sua inestimável presença, pode me ajudar?

Levantou-se com o auxílio do frei, que cuidadosamente a levou até a cama.

— Agradeço a ajuda. O que faz aqui?

— Jules pediu que a visitasse para saber notícias. Você é muito especial para Jules, e ele se preocupa com sua segurança. Auguste ainda está no castelo, e você é o objetivo maior de sua presença por aqui. Ele quer sua cabeça, se é que me entende, e não irá sossegar enquanto não colocar as mãos em você. Infelizmente ele a julga responsável por tudo o que aconteceu.

— O que acha que devo fazer? Entregar-me? Você acredita que ele irá embora depois disso? Estive pensando e creio que essa seja a melhor solução para todos os problemas.

O frei ficou pensativo, sem nada responder, pois nem ele sabia o que fazer! Era um grave problema para o qual talvez não existisse uma solução conciliadora. Decidiu manter-se em silêncio.

— Eu sei que sou um perigo, por isso decidi fugir para bem longe. Mas o destino quis que eu retornasse e nas condições físicas em que me encontro não tenho outra saída a não ser permanecer aqui. Preciso me recuperar, só espero ter tempo para isso!

Enquanto conversavam ouviram passos vindos do exterior da casa. Frei Jaques empalideceu. Elise fechou os olhos e pediu ajuda a seus amigos espirituais. Entrou em prece enquanto os passos se aproximavam do quarto em que se encontravam.

Francine foi a primeira a aparecer, seguida de Aimée e Adrien.

— O que fazem aqui? — falou surpreso o frei. Era para estarem muitas léguas distantes. Seu pai vai ficar furioso!

— Eu decidi voltar. Meu pai corre perigo e não poderia deixá-lo sozinho. Tenho certeza de que ele compreenderá meus motivos.

— Foi uma decisão difícil, porém Aimée nos convenceu a retornar. Estar aqui é a melhor opção — disse Francine com segurança.

— Minha querida Aimée, quando tudo isso irá terminar? E qual será o saldo de tudo isso? Eu morrerei se algo lhe acontecer. Esse velho frei não tem mais idade para viver tantas emoções!

A jovem foi ao encontro do frei e o abraçou carinhosamente. Assim permaneceram por alguns instantes. Quando se separaram, ambos estavam com lágrimas nos olhos.

— Meu amigo querido, nada irá me acontecer que não esteja nos planos divinos. Confio que tudo é como deve ser! E o senhor deveria pensar assim também, como religioso que é. Fique calmo e não procure respostas que ainda não se encontram à nossa disposição. Tranquilize seu coração e esperemos que tudo volte à normalidade, como sempre acontece aos que confiam na soberania de Deus e se submetem aos seus desígnios. É o que podemos fazer!

O frei olhava com admiração a jovem à sua frente, que sempre lhe oferecia belas lições de como se comportar frente à vida.

— O que pretende fazer, minha menina?

— Meu coração diz que devo retornar.

— E a sua razão? O que ela está tentando lhe dizer? — Francine perguntou.

— Não dificulte as coisas, você sabe que ainda sou conduzida pelo meu coração, que sempre fala mais alto. O que não quer dizer que eu não saiba o que objetivamente poderá acontecer. Confio em Deus e em sua justiça! Se assim não fosse não estaria aqui. Não posso pedir que me acompanhem, pois não quero colocar mais vidas em perigo.

— Não sou um covarde. Sou um enviado da Igreja e espero ser respeitado como tal. Jamais a deixaria sozinha, Aimée. Se necessário for, darei minha vida por você.

A jovem ficou com os olhos marejados com a declaração do frei. Sabia que era importante em sua vida, mas não sabia a dimensão exata daquele amor. Foi até ele e novamente o abraçou carinhosamente, permitindo que todas as energias amorosas fossem a ele transferidas. Assim permaneceram até que Francine os trouxe à realidade. Seus amigos espirituais lhe haviam alertado, inspirando-a a não permitir que Elise aparecesse diante de Auguste a fim de não despertar ainda mais a ira do cruel senhor. Apenas isso foi possível conhecer, mas era o suficiente para tentar impedir que Elise saísse de lá. A inspiração recebida foi essencial na decisão que Francine anunciou:

— Aimée, vá até seu pai e peça-lhe que não tome nenhuma decisão precipitada. Diga a ele que Elise desaparecerá propositalmente e assim permanecerá até Auguste partir. Não posso lhe contar mais nada por enquanto. Você ficará em segurança se fizer o que vou dizer...

Francine conversou com a jovem por instantes, em particular, orientando-a sobre suas ações. Adrien apenas observava.

Finalizaram a conversa com um afetuoso abraço e mais recomendações:

— Preste muita atenção, Aimée, e faça tudo como combinamos. Agora vá!

Os três seguiram a viagem de volta ao castelo com a convicção de que o clima iria ficar tenso. Assim que chegou, a jovem procurou o pai, que a recebeu furioso pela desobediência de suas ordens.

— O que faz aqui, minha filha? Era para estar bem longe. Você corre perigo!

— Todos nós corremos perigo, meu pai. Então, a melhor alternativa é ficarmos juntos, somando recursos e procurando a solução desse impasse.

— Auguste está tomado pela ira, está tentando mostrar benevolência, dizendo que irá embora pela manhã. Eu não acredito em suas palavras. Não sei do que ele é capaz!

— Você disse a ele que eu não estava bem, pois é isso mesmo que irá acontecer.

Contou ao pai sobre o ardiloso plano de Francine. Jules ouvia tudo com a preocupação estampada no rosto.

— Não será perigoso? — perguntou.

— Confie em mim. Sei exatamente o que fazer. Francine me instruiu. Acho que ficarei muito doente, meu pai. E talvez precise ficar isolada de todos os que não queiram ser contagiados. Adrien e frei Jaques, vou precisar de vocês.

Os três foram até à estufa, lugar repleto de plantas de todas as espécies. Colheu algumas e mostrou-as aos dois para que soubessem o que fazer.

— Adrien, as ervas são muito parecidas, porém cada uma tem uma função.

A jovem pegou algumas e macerou numa tigela, colocando um pouco de água. Em seguida sorveu o líquido amargo.

— Está feito! Vocês já sabem o que fazer. Não se esqueçam.

Em seguida, Aimée encaminhou-se para seu quarto e deitou-se na cama, já sentindo os calafrios lhe tomarem o corpo. Frei Jaques e Adrien ficaram ao seu lado e, em poucos minutos, a febre já a acometera. Os dois não estavam confiantes de que aquela era uma boa ideia, pois a jovem parecia realmente doente.

Chamaram Jules, que correu para o quarto da filha, participando também da farsa.

Nessa agitação, Auguste também saiu do quarto e encontrou Jules aparentemente nervoso.

Questionado pelo homem, o pai zeloso demonstrou sua preocupação:

— Aimée está pior. Está com muita febre e não sabemos o motivo.

— Deixe-me acompanhá-lo. Já vi quase de tudo nesta vida — falou o hóspede.

Quando entrou no quarto, deparou-se com Adrien e frei Jaques cuidando da jovem, que já delirava pela elevada febre.

— Você deve ser o rapaz que acompanhou minha filha? — perguntou Auguste.

— Sou Adrien e acompanhei sua filha até Bousquet. Sinto muito por tudo o que aconteceu. Adele era muito especial para mim. Ela salvou minha vida de várias maneiras.

O homem desviou o olhar para a jovem, que parecia realmente doente. Tentou se aproximar, mas logo se afastou ao perceber certas manchas em seu pescoço e colo.

Parecia com o que vira certa vez em uma jovem noviça de um convento. Ela morrera dias depois de uma doença desconhecida, que mais tarde tomara conta de parte da Europa.

Tinha sintomas semelhantes aos da peste e, na dúvida, seria melhor não ter contato algum.

— Você deveria chamar um médico, Jules. Pode ser algo grave, se é que me entende. Vou arrumar minhas coisas e partirei assim que puder. Espero que me compreenda.

Jules estava radiante, mas não poderia demonstrar, pois o plano ainda não fora concluído.

Só ficaria tranquilo quando de fato o visitante estivesse bem longe de lá.

— O que acha que pode ser? Minha filha não pode estar tão doente assim! Como isso pôde acontecer? Frei Jaques, diga-me com quem ela esteve nos últimos dias!

Sua apreensão era real. Tentou falar com a jovem, que parecia estar dormindo um sono agitado. Adrien limpava o suor da testa de Aimée com um pano úmido, tentando amenizar o mal-estar que a jovem apresentava.

Auguste direcionou para Adrien um olhar acusador, mas nada fez, afinal o jovem poderia também estar contaminado com aquela doença. Precisava sair de lá e era o que faria com urgência. Chamou seus homens e pediu rapidez nos preparativos. Uma hora depois, já estava pronto e se despediu de Jules, agradecendo sua hospitalidade.

— Espero que sua filha fique bem. Volto a dizer, seria conveniente chamar um médico, que irá orientá-lo melhor.

— Já pedi a alguns homens que façam isso e agradeço sua preocupação.

Com um simples aperto de mãos, os dois homens se despediram. O que Jules não captou foi o pensamento daquele incômodo visitante, denunciando pérfidas intenções. Respirou aliviado, supondo que estavam livres do perigo.

Auguste, no entanto, estava decidido a fazer justiça com suas próprias mãos e nada iria detê-lo. Talvez, se Aimée não estivesse doente, tudo poderia ser diferente. Mas agora nada o impediria. Assim que partiram, chamou três de seus homens e sentenciou:

— Queimem tudo! Não deixem nada em pé. E vocês, façam o mesmo no solar. Certifiquem-se de que nenhuma saída esteja à disposição. Não quero que nada saia errado, pois aquele que falhar morrerá lentamente. E pelas minhas próprias mãos!

O destino daquela família estaria selado? Estaria isso nos planos de Deus?

O tempo poderia dizer...

CAPÍTULO 22

Fatalidade anunciada

Quando Jules se certificou de que Auguste e seus homens estavam distantes, rumou para o quarto da filha e contou a todos.

— Já partiram. Será que podemos respirar aliviados?

Frei Jaques e Adrien se desdobravam nos cuidados com Aimée, preocupados, pois a febre não cedia. A jovem disse que os sintomas seriam passageiros, porém isso não acontecera. Jules olhou para os dois e perguntou:

— O que está acontecendo? Não era para ela já estar melhor?

— Era, mas a febre, além de não ceder, parece aumentar — disse frei Jaques.

— O que deu errado? — inquiriu Jules.

Adrien estava pensativo, lembrando que Adele lhe dissera que cada planta deve ser usada em sua dose certa, pois os excessos poderiam ser prejudiciais. Quando ele esteve doente, ela lhe dera um chá muito amargo, o que o tirou da prostração em que se encontrava. Aimée lhe mostrou certas ervas, dizendo que, se

algo desse errado, que ele as colhesse e fizesse uma infusão. Será que se lembraria de qual erva seria?

— Se me permitirem, vou até a estufa e trarei outras ervas que Aimée me apresentou certa vez. Posso tentar? — pediu o jovem.

Jules tentava conversar com a filha, mas ela se encontrava em profundo sono, ardendo em febre. E se ela custasse a recobrar a consciência? E se a febre custasse a ceder? Que outros males poderiam advir? Ficou em silêncio por alguns instantes e depois perguntou:

— Você sabe o que buscar?

— Creio que sim. Ela me mostrou quais poderiam ser utilizadas se algo desse errado.

Frei Jaques tomou a decisão por Jules.

— Vá, meu filho, e volte logo com essas benditas plantas.

Jules assentiu e Adrien correu em direção à estufa. Já anoitecera e uma linda lua iluminava todo o lugar. Entendia agora a predileção de Aimée. Aquele era um lugar de rara beleza, principalmente sob a luz do luar. Parecia um local mágico e os aromas eram os mais diversos. Algumas flores exalavam um perfume único, deixando o ambiente saturado de aromas florais e adocicados. Era um lugar especial!

Estava escuro e apenas a luz da lua iluminava o local. Pediu a Deus que o auxiliasse a encontrar a planta certa, que deixaria sua amada novamente saudável. Foi nesse instante que sentiu que alguém o acompanhava, direcionando seus passos até o local certo. Deixou-se conduzir por essa mão invisível que o levou até uma bancada. Algo o impulsionou a coletar determinada planta, e ele aceitou cegamente a orientação, pegando um punhado e agradecendo mentalmente o auxílio. Sentiu tanta paz que só poderia ser proveniente de um espírito amigo e benfeitor.

Ficou mais alguns instantes admirando a paisagem à sua frente. Parecia que tentavam dizer-lhe alguma coisa, mas não captava o que era. Olhou a região ao redor do castelo e algo estava estranho. Tudo parecia silencioso e normal, porém algo não se encaixava na paisagem. A escuridão era intensa, todavia pôde divisar bem ao longe uma luz proveniente de tochas, sem saber se aquilo era comum na região. Decidiu que iria contar suas suspeitas a Jules. Precisava correr e não poderia perder tempo, pois Aimée precisava de seu auxílio.

A febre não cessara ainda e o estado da jovem era desalentador. Frei Jaques continuava tentando amenizar a febre com panos molhados em sua testa. Adrien fez a infusão e a ofereceu à jovem, que relutou em tomar a bebida amarga que lhe era oferecida. Tudo sob o olhar atento e preocupado de Jules.

Os três permaneceram ao lado da jovem, aguardando que o chá fizesse o efeito esperado. Uma hora depois a febre começou a ceder para alívio de todos os presentes. Foi nessa hora que Adrien se lembrou de falar sobre suas suspeitas. Contou a Jules o que havia presenciado na estufa, o lugar que tinha uma visão ampla da região ao redor.

Jules decidiu averiguar o que o jovem lhe relatara e quando lá chegou constatou o que nem em seus piores pesadelos poderia imaginar. As tochas a que Adrien se referira estavam já próximas da entrada, e as intenções de quem as empunhava não eram as mais cordiais. Preocupados que estavam com Aimée, nenhum deles percebeu a movimentação próxima ao castelo.

As portas pesadas haviam sido fechadas pelo lado de fora, quase que lacradas. Os empregados haviam se retirado antes, a pedido de Jules, que jamais supôs que havia salvado suas vidas com tal atitude. O que o deixou em pânico foi constatar que as tochas eram para ser atiradas sobre o castelo, pondo fogo em tudo. Só podia ser obra de Auguste, aquele miserável! As duas entradas estavam fechadas, impossibilitando a fuga. Jules viu as labaredas tomando conta da entrada, assim como das janelas, e lágrimas rolaram. Tudo o que havia construído durante sua vida estava sendo destruído pelas mãos de um crápula covarde. Uma raiva incontida passou a dominar seu ser, desejando que Auguste encontrasse em breve seu caminho, arcando com seus erros e atrocidades cometidos.

Pensou em Aimée, ainda desacordada naquele quarto que em breve seria uma fornalha, e decidiu agir. Correu ao quarto e viu frei Jaques já em pânico.

— Não quero morrer queimado! — gritava o frei.

— Você não vai morrer queimado, meu amigo! Adrien, pegue Aimée nos braços e me acompanhe.

Adrien carregou a jovem e seguiu Jules pelo castelo, sem saber onde iria chegar.

O que Auguste não previra é que Jules construíra aquele castelo visando sempre à segurança da jovem e uma eventual fuga de seus opositores. Havia na sala uma passagem secreta que os conduziria a um longo túnel, cuja saída se encontrava numa pequena clareira, distante do castelo. Ninguém conhecia essa passagem, apenas ele e quem a construíra. Era uma passagem estreita, de pequenas dimensões, o que deixou frei Jaques receoso de ficar entalado.

— Não lhe disse que precisava emagrecer! E agora?

— Pare com isso e me ajude! Não vou morrer queimado. Vamos!

Jules acionou a pequena porta que se abriu e permitiu que pudessem escapar em segurança. Pediu que Adrien seguisse primeiramente com sua filha, seguido de frei Jaques e dele próprio, que cerrou a porta por dentro da pequena passagem.

— Será uma longa caminhada no escuro. Jaques, não se apavore e ponha tudo a perder.

Caminharam por mais de quinze minutos. O ar era pesado, porém melhor do que permanecer no castelo, sendo queimados vivos. De repente, Adrien estanca e avisa.

— Tem outra porta, mas ela parece emperrada.

Colocou a jovem delicadamente no chão e com todas as suas forças conseguiu abri-la. A primeira coisa que sentiram foi a brisa fresca e úmida da noite. Saíram cuidadosamente e sentaram-se no chão da pequena clareira, respirando pausadamente.

Ficaram em silêncio por alguns instantes, cada qual refletindo sobre o que acabara de ocorrer.

Jules olhou seu castelo em chamas e fechou os olhos, apertando-os com força, esperando que tudo aquilo tivesse sido um pesadelo. No entanto, tudo havia sido real. Tudo estava destruído! Até quando continuariam fugindo? E Aimée ficaria bem?

Restava Francine, mas será que também não seria alvo daquele insano? Fechou os punhos com força, desejando que aquele homem estivesse à sua frente para que pudesse destroçá-lo com suas próprias mãos. Ele não era um homem violento, porém os últimos acontecimentos haviam despertado um sentimento que jamais sentira.

— Jaques, você está bem? — perguntou Jules, preocupado com o amigo.

— Como poderia estar bem depois de tudo o que passei? Farei uma reclamação contra esse senhor perante o clero. Ele não pode continuar agindo assim, como se fosse Deus.

— Você não vai fazer nada, pelo menos por enquanto, pois para todos os efeitos você está morto. Precisamos descansar um pouco e procurar refúgio. Talvez com Francine. Precisamos que Aimée acorde. Adrien, como ela está?

— A febre cessou. Em breve ela acordará. Precisamos de água.

Jules cuidou de buscar num pequeno riacho água fresca para que todos pudessem recuperar as energias perdidas.

Passados alguns minutos, Aimée despertou e olhou ao seu redor, sem nada compreender.

— O que aconteceu? Estava em meu quarto e em minha cama, agora estou aqui ao relento! Decidiram fazer um passeio a essa hora?

A jovem despertara com bom humor, sinal de que estava bem novamente.

— É uma longa história...

Jules contou tudo o que acontecera e, principalmente, sobre a fuga. Ao fim do relato, Aimée sorriu, dizendo:

— Agradeço a Deus por tudo o que aconteceu. Poderia ter sido muito pior! Sabe por que eu decidi voltar, papai?

Contou sobre as dúvidas que a atormentavam e sobre o dilema de persistir na fuga ou retornar. Pediu ajuda ao seu "anjo da guarda", que nunca a abandonara.

— Ele me mandou uma imagem, que eu não soube compreender. Era esse lugar e vocês comigo! Uma força maior me estimulou a retornar, pois sentia que você estava correndo perigo. Na realidade, todos estávamos, então nada mais justo que enfrentarmos juntos. Porém, como não podemos saber o que irá nos acontecer, jamais poderia supor que o perigo era mais iminente do que eu julgava. Segui meu coração, que sempre me direciona às melhores escolhas. Corremos perigo, mas estou aqui com as pessoas que mais amo nesta vida. Você, meu pai querido e amado. Frei Jaques, meu amigo mais dileto. Adrien, o amor que eu sempre sonhei um dia encontrar. Posso dizer que, depois de tudo o que nos aconteceu, ainda sou a pessoa mais feliz deste mundo!

Adrien sorriu com os olhos marejados, ouvindo tudo o que desejou ouvir de Aimée. Foi até ela e a envolveu num terno abraço.

Depois, seus olhos se cruzaram e o que se viu neles foi o que sempre desejaram. O jovem selou o momento com um suave beijo nos lábios de Aimée.

Jules e frei Jaques se entreolharam e sorriram. Aimée conseguia tirar de momentos difíceis algo belo e alentador! Essa era sua filha tão especial! O mesmo sentia o frei, permitindo que lágrimas furtivas escorressem por seu rosto! Momentos difíceis, mas com muito aprendizado! O que jamais se pode perder é a esperança de dias melhores, desde, é claro, que façamos a nossa parte.

Os dois enamorados permaneceram abraçados e Jules percorreu o local, tentando decidir qual seria o próximo passo. Foi Adrien quem quebrou o silêncio:

— Será que Rene e Justine também não correm perigo? Estamos longe do solar?

As feições de Rene se endureceram só de pensar que algo poderia acontecer a eles.

— Vou até lá e você fica com os dois aqui. Cuide deles! — Jules falou categórico.

Levou cerca de uma hora, numa caminhada rápida e sem interrupções. Estava já se aproximando e seus instintos diziam que chegara tarde demais. Não queria que suas previsões estivessem certas, mas infelizmente estavam!

Sentiu o cheiro de queimado em todo o lugar e o que viu pela frente o deixou estático! Todo o solar estava destruído, assim como seu castelo. Os incendiários já estavam distantes e um silêncio profundo, que fazia doer, era o que restava.

A pequena e graciosa casa estava em escombros! Tudo ainda estava quente, mas Jules precisava saber se haviam conseguido escapar. Quando seus olhos se depararam com a triste cena à sua frente, percebeu que não havia mais esperança alguma. Viu dois corpos abraçados e já sem vida. Rene e Justine morreram abraçados, como desejariam viver o resto de suas vidas. Aquela visão despertou nele uma intensa ira.

À sua frente estava o filho que a vida colocou em seu caminho pelos laços do afeto, do respeito e do amor! Sem vida! Sem perspectivas de ter seus planos colocados em ação! Sem poder envelhecer ao lado da pessoa amada! Sem poder ver um filho nascer, crescer! E Justine, que apenas fizera o que seu coração ditara, cuidando com todo o amor de um bem precioso que uma grande amiga lhe confiara? Que mal haviam cometido para terem um fim tão cruel e doloroso?

Mais uma vez sentiu que se aquele ser desprezível estivesse à sua frente seria capaz de fazer justiça com as próprias mãos! Deixou que as lágrimas rolassem sem fazer qualquer esforço para contê-las. Precisava lavar sua alma, seus sentimentos, jogando fora toda a sua raiva contida! Fez uma oração aos dois que jaziam naquele chão cheio de escombros, mas que certamente já estariam sendo cuidados por mãos amorosas, que zelam por todos os que daqui partem, seja de que forma for. Assim dizia Aimée, e ele acreditava cegamente em sua filha. Pediu a Deus que cuidasse com todo o carinho dos dois amigos tão queridos e que jamais os desamparasse. Sentiu seu coração se abrandar após a prece sincera que fizera mentalmente. Cuidaria dos corpos depois, pois não havia tempo agora. Precisava retornar e resolver o que fazer. Esperava que Auguste se satisfizesse em seu desejo de vingança, ceifando tantas vidas como fizera. E Elise? Estaria em segurança? Seu coração batia descompassadamente, sentindo que seu tempo era escasso e precisaria fazer algo para evitar que mais mortes ocorressem em suas terras.

Decidiu deixar tudo como estava e seguir de volta. O caminho foi infinitamente longo, e as lembranças de Rene, desde a primeira vez que visitou suas terras, não o abandonavam.

Sentiu que um imenso vazio se faria em seu coração, pois aquele rapaz não mais voltaria, com seu sorriso fácil, com aquela juventude cheia de esperanças. Em menos de uma hora, Jules estava de volta, sob o olhar atento de todos.

— E então? Estão bem? — inquiriu Adrien.

Jules abaixou os olhos e todos compreenderam. Não havia necessidade de palavras! Ficaram todos paralisados! Aimée já recuperara grande parte de sua vitalidade e de sua serenidade, e foi a primeira a sair do torpor que os invadira.

— Papai, não podemos ficar aqui parados. Façamos algo!

— O que sugere? Não temos mais uma casa para voltar, nem um lugar para nos acolher, não posso colocar ninguém mais em perigo. Muito menos Francine, a quem devo tanto.

— Fique tranquilo, papai. Ela disse que Elise ficaria em total segurança. Ainda é noite e é o melhor momento para caminharmos sem que ninguém nos veja. É conveniente que Auguste acredite que todos estamos mortos — disse Aimée.

Jules concordou e pediu apenas alguns instantes para descansar as pernas cansadas.

Frei Jaques foi o único que ficou junto do velho amigo e o questionou.

— Chegou tarde para evitar uma carnificina?

— Sim, Jaques. Entregue as almas deles a Deus, pois sabe fazer isso muito bem. Mais tarde falaremos sobre isso. Fico feliz por você estar bem. Sabe que eu tudo faria para que nenhum mal lhe ocorresse.

— Tenho certeza de que faria tudo a seu alcance para esse amigo rabugento. Vai me suportar ainda por longo tempo, pois não tenho intenção de deixar esta vida de regalias que você me oferece.

— Creio que agora irá repensar, afinal não tenho mais nem um teto — falou Jules com tristeza. — Tudo foi queimado, totalmente destruído. Levarei muito tempo para colocar aquilo de pé.

— Vou te ajudar, não deixarei vocês sozinhos nessa hora tão difícil.

Pela primeira vez em tantas horas de agonia, Jules relaxou e sorriu:

— De que forma? Com essas mãos que nunca pegaram numa enxada ou trabalho árduo?

— Darei sustentação. Não será suficiente?

— Será, sim. Agora feche essa matraca e me deixe descansar um pouco.

Adrien pensou em acender uma pequena fogueira, mas não seria conveniente. Aimée estava com frio e abrigou-se nos braços do amado.

— Posso ficar com você? — perguntou a jovem.

— Só se for para toda a eternidade — respondeu-lhe Adrien.

Os dois ficaram abraçados, sem palavras que pudessem comprometer aquele momento mágico e especial. Adrien apenas fez um comentário:

— Entendi por que a estufa era seu local preferido. Sozinho lá, procurando as plantas certas, me senti tão em paz! Pena que tudo tenha sido destruído.

— Tudo pode ser reconstruído se assim decidirmos. Farei uma estufa mais completa, você verá. E aprenderá comigo tudo sobre as propriedades das ervas medicinais. Pensei em escrever sobre elas, o que acha?

— Será um bom legado, com certeza. Mas como saberão diferenciá-las umas das outras?

— Não sou boa desenhista. Se encontrar alguém com essa habilidade, podemos unir esforços e, juntos, concretizar um velho sonho.

Adrien lembrou-se de sua mãe, que o ensinou a ler e a escrever. Ela dizia que a ignorância prendia os homens a patamares inferiores indefinidamente e que a instrução libertava. Sua mãe incentivava os filhos na leitura dos poucos livros que tinham à disposição. Seu irmão caçula gostava de desenhar, porém nunca se aprofundou na arte. Ele mesmo tinha pouca aptidão para o desenho, mas poderia tentar auxiliar na concretização do livro. Isso se ainda tivessem tempo hábil para tanto...

— Posso tentar desenhar as plantas e você as descreve.

A jovem sorriu e o puxou para bem perto de seus lábios, dando um beijo em Adrien.

Os dois sorriram felizes... Em meio à desgraça, sempre existe um fato positivo para ser o alento que nos faz prosseguir em nossa jornada de aprendizado.

Assim que Jules sentiu-se mais descansado partiram para a casa de Francine.

Enquanto isso, Auguste e seus homens se distanciavam cada vez mais. O velho e cruel senhor acreditava que sua vingança se concluíra, sentindo grande prazer em suas sórdidas ações. Sentia-se quite com Deus, que lhe permitira colocar sua vingança em ação.

Pensava que, se Deus permitira, é porque ele estava certo! Sua consciência não lhe pesava, apenas lhe alertava que a principal causadora de tanta tragédia ainda permanecia viva e em liberdade. Jules disse que ela havia partido e camponeses afirmaram ter visto uma mulher atravessando aquelas paragens. Só poderia ser Elise e ele iria encontrá-la onde estivesse.

Em algumas horas estaria fora das terras de Jules. Sentiu certo pesar por ter provocado a morte de tão bela donzela. Mas e se ela jamais se recuperasse? Não poderia correr o risco de ser infectado. Aquelas marcas eram fatais, disso tinha certeza. E então decidiu continuar sua busca interminável por Elise de Bousquet!

Viajaram por horas seguidas e pararam para um breve descanso. Ele estava a cavalo, precisando esticar as pernas. Decidiu caminhar para um riacho próximo à trilha. No intuito de mitigar sua sede, abaixou-se para sorver alguns goles de água fresca. Foi nesse momento que, ao invés de ver sua imagem refletida nas águas, viu nitidamente a imagem de Adele muito séria, como a censurá-lo. Fechou os olhos acreditando ser uma miragem. Ao abri-los, lá estava a mesma imagem da filha a encará-lo com tristeza no olhar. Levantou-se de um salto, olhou ao redor, mas estava sozinho naquele riacho. Mesmo de pé, ao olhar novamente para as águas, a imagem ainda lá estava. Começou a pensar que estivesse ficando louco ou sendo assediado por espíritos malignos que queriam que perdesse completamente a razão. Espíritos das sombras têm muito poder, pensava ele, mas era mais poderoso que todos! Não iriam fazê-lo perder o juízo. Iria combatê-los com todas as armas disponíveis. Esqueceu a sede e saiu correndo de volta ao grupo. Seu olhar ainda estava ensandecido, mas seus homens nem desconfiaram, pois isso era algo comum nos últimos tempos. Descansaram e seguiram viagem para longe das terras de Jules, com a certeza de que o assunto estava encerrado.

No plano espiritual, os amigos espirituais olhavam com tristeza e desalento o rumo que Auguste abraçara para sua vida. Definitivamente ele estava perdendo grande oportunidade de aprendizado das virtudes que Jesus, sabiamente, legara a todos os habitantes deste planeta. Poderia ter exercitado a compreensão, a tolerância, o perdão, mas preferiu outros caminhos mais amargos e áridos, que o conduziriam a um vale sombrio, onde a dor e o sofrimento fatalmente iriam visitá-lo.

Anete, que havia sido sua esposa na atual encarnação, olhava com pesar para Auguste. Jamais imaginaria que ele seria capaz de tirar vidas de forma tão brutal! Como poderia ser tão insensível e cruel! Assim como Adele, seu coração se sentia responsável por aquele ser infeliz e incapaz de exercitar a virtude da aceitação! No entanto, nada podia fazer a não ser vibrar por aquele ser tão necessitado de compreensão e perdão. *Pobre Auguste* – pensava Anete –, *sua encarnação já está comprometida e dificilmente encontrará a paz em seu caminho, afinal só semeia a discórdia e o mal. Colhe-se exatamente o que se planta! Boas sementes, bons frutos serão colhidos! Más sementes, frutos impróprios ao consumo! Ninguém colhe o que não plantou, essa é a grande verdade...*

Os companheiros da espiritualidade estavam refletindo sobre as inúmeras possibilidades que se apresentavam para o desfecho de tantos crimes e sabiam que não poderiam interferir no livre-arbítrio de Auguste. Mas ele já estava perdendo totalmente o controle.

Adele, já desperta, solicita que a deixem ajudar seu pai mais uma vez.

– *O que você pretende fazer?* – *perguntou Estevão.*

– *Peço que me deixem falar com ele. Uma só vez será suficiente.*

– *Sabe que isso não é possível pelas condições em que se encontra. Você já interferiu demais e não conseguiu resultados satisfatórios. Mesmo sem aparecer já está causando-lhe perturbação, apenas com seu pensamento fixo nele. Encontraremos uma alternativa. Anete, você poderia nos ajudar?*

– *O que estiver ao meu alcance. O que eu puder fazer para ajudar essa alma a reencontrar o caminho da luz, estejam certos de que o farei.*

Deram início a uma longa conversa.

Enquanto ela acontecia em planos paralelos, o grupo se aproximou da casa de Francine. O lugar estava silencioso, sem nenhuma movimentação aparente. Uma fraca luz mostrava que existia alguém acordado àquela hora.

Aimée entrou sem bater e encontrou a amiga adormecida. A jovem chamou seu nome baixinho, e ela despertou instantaneamente.

— O que aconteceu? Mais problemas, minha filha?

— Muito mais do que pode imaginar. Onde está Elise?

— Num lugar onde ninguém poderá encontrá-la. Estão todos com você? E sua casa?

Parecia que ela sabia do grave incêndio, e Aimée decidiu contar em poucas palavras tudo o que havia ocorrido nas últimas horas.

— Agora está tudo bem, fique tranquila. Você não me disse onde está Elise — insistiu mais uma vez Aimée.

A mulher sorriu e continuou:

— Não é só seu pai que tem lugares secretos. Eu também os possuo em minha casa.

— Venha comigo até meu quarto. Esta casa já existia quando seu pai me ofereceu para morar. Havia sido construída por camponeses muito antes de ser comprada por Jules. Os colonos se foram, as casas permaneceram, apenas foram melhoradas por seu pai. Morei anos aqui e só há bem pouco tempo fiz esta descoberta. Estava procurando uma pedra muito estimada e, casualmente, encontrei este lugar bem debaixo da minha cama. Encontrei uma pequena argola e, quando a puxei, levantou-se um pequeno alçapão. Abaixo há uma escada que dá acesso a um pequeno aposento úmido e frio. Secretamente cuidei para que o local ficasse habitável. Quem sabe não poderia precisar de um esconderijo? Agora já sabem que eu possuo um. Elise está lá dormindo tranquilamente enquanto eu aqui permaneci vigiando caso alguém chegasse.

Aimée estava curiosa para conhecer o local e seu pai, ansioso para ver Elise.

Ela tinha ouvido a movimentação e despertara, preocupada com os visitantes, que poderiam ser indesejados. Ao sinal de Francine, Elise tentou subir com dificuldade a pequena escada que ligava ao porão. Imediatamente Jules foi ao seu encontro para ajudá-la.

A primeira coisa que fez foi dar um forte abraço em Jules, que para eles durou uma eternidade. Em seguida, seus olhares se cruzaram e neles se podia ver todo amor que ambos carregavam em seus corações. Ele segurou o rosto de Elise em suas mãos e o que aconteceu em seguida não foi possível ser refreado. Beijaram-se como se fosse a última coisa a fazer antes que o mundo terminasse. Toda a paixão contida, toda a dor represada, todo o sentimento de afeto, tudo se misturou naquele breve momento. Mereciam aquele momento de paz por tudo o que haviam vivenciado nas últimas horas. Foi ela quem se desvencilhou e fez os questionamentos:

— Conte-me tudo o que aconteceu nas últimas horas. Minha intuição diz que algo sério aconteceu. Sou a responsável por tudo e não sei como poderei consertar isso algum dia.

— Pare de se lamentar, Elise — falou Jules, acalmando-a. — Você não é a causadora de todos os infortúnios que aqui ocorreram simplesmente porque não estava em suas mãos mudar o destino dessas pessoas. Aimée sempre me diz que cada um tem de viver seu destino, e que não somos responsáveis pelos atos que outros praticam.

— Na verdade, tudo começou comigo e com minha história de vida. Adele foi em busca de auxílio, que lhe neguei, e me sinto responsável pelos fatos que se seguiram.

— Você quer se sentir culpada, pois acredita que assim poderá se redimir de seus pretensos pecados? Não é assim que a vida segue seu curso. Cada um responderá no tribunal da vida pelos erros cometidos. Vou lhe contar tudo o que ocorreu.

Ao término da narrativa de Jules, Elise já se encontrava em total desespero, sentindo-se culpada por toda a tragédia. Se tivesse ido embora, talvez nada disso tivesse acontecido.

O clima estava tenso e sombrio, e só foi revertido com a intercessão de Francine.

— Elise, pare de se ver como eterna vítima. Cada um responderá por seus erros. É assim que a dinâmica da vida funciona. A cada um as suas obras. Pare de se martirizar e faça as mudanças necessárias em sua vida. Lamentar-se não modifica o teor da história. Está em suas mãos modificar o rumo de sua existência. Jules te ama e deseja tê-la ao seu lado. Lembre-se de que a hora é essa: hoje. Bem, se for isso que deseja para você. Mas pode sentir-se a vítima e desperdiçar a oportunidade que a vida está lhe colocando para ser feliz! É você que decide.

Todos ficaram silenciosos ouvindo Francine em sua colocação.

Elise abaixou os olhos e permaneceu pensativa por alguns instantes:

— Você tem razão mais uma vez, Francine. Vou buscar a serenidade em meu coração e ajudar a encontrar uma saída. Não podemos viver indefinidamente na insegurança. Temos de agir. E juntos iremos encontrar uma saída. Temos aqui muitos cérebros privilegiados e aptos para buscar soluções impossíveis. Pensemos juntos numa saída!

A noite se foi, e o dia raiou trazendo prenúncio de novas oportunidades!

A cada dia, uma nova chance de encontrar soluções para os problemas!

CAPÍTULO 23

Ajuda providencial

O dia amanheceu, e a discussão ainda perdurava. Cada um expunha suas ideias, mas a decisão final ainda não havia sido tomada. O fato consumado era que não iriam continuar se escondendo eternamente. Jules pensava em reconstruir sua moradia, destruída pelo incêndio criminoso. Para isso teria de mover esforços. Necessitaria de pessoas para auxiliar na reconstrução. Era uma figura conhecida e respeitada, e todos seriam solidários a ele, auxiliando no que fosse necessário. Sendo assim, a notícia correria, e Auguste saberia que eles haviam sobrevivido. Não iria continuar fugindo, o enfrentaria em suas próprias terras, onde contaria com a ajuda de todos os que lá viviam. Isso significaria que uma guerra seria instalada e as consequências poderiam ser as mais desastrosas possíveis.

Aimée preferia uma solução pacífica e continuava nessa direção. Pedia instruções ao seu amigo espiritual, que nunca a abandonava em situações difíceis.

Jules convocou Adrien a acompanhá-lo até a casa de um de seus empregados para contar o que acontecera. Pensou em agir conforme a situação assim exigisse, resolvendo cada coisa a seu tempo. Auguste, mesmo sendo o artífice da tragédia, não poderia continuar exercendo tanto poder em suas vidas e seguiria em frente.

Realmente, os empregados de Jules ficaram transtornados quando perceberam o castelo em chamas. Tentaram apagar o fogo, mas era implacável. Quando Jules e Adrien chegaram, foram recepcionados por eles, aliviados em encontrá-los com vida. Tudo estava destruído! Era uma cena chocante de se ver!

Jules deu algumas orientações e pediu que fosse reunido o maior número possível de homens para as tarefas que se apresentavam. Precisava deixar todos cientes do grave problema. Contar a eles sobre Auguste e seu desejo de vingança, sobre o perigo que estariam correndo se ficassem ao lado dele nessa empreitada. E assim foi feito! Ao tomarem ciência do ocorrido, ficaram ao lado do patrão, solidários e convictos de que precisariam pôr um fim à perseguição. Jules olhou os empregados com respeito e gratidão. Ficou comovido e teve a certeza, naquele momento, de que tudo poderia ser resolvido, pois não estava só.

Gerard, seu homem de confiança, se encarregou de convocar os homens para iniciar os trabalhos de reconstrução do castelo. Designou os mais fortes para cuidar da proteção em pontos estratégicos e observar quem se aproximasse das terras, em especial Auguste e seu bando, caso retornassem. Gerard também se encarregaria ele próprio da segurança de seu senhor.

Jules respirou aliviado, sentindo que a situação estava sendo controlada. Decidiu enviar Adrien e alguns homens para proteção de Aimée e dos demais. Ele ficaria por lá, cuidando para auxiliar seus empregados na reconstrução de sua moradia.

Os dias se passaram e tudo parecia caminhar conforme os planos. Montara um acampamento ao lado do castelo destruído, facilitando o trabalho de remoção dos entulhos.

Foram dias de intenso sofrimento, com tantas recordações a povoar sua mente, vendo que tudo que construíra ao longo de sua vida se transformara em madeira queimada. Iria colocar tudo em pé novamente. Fizera essa promessa a si mesmo e iria cumpri-la.

No fim do sexto dia, um de seus empregados chegou ofegante com a notícia de que Auguste estava de volta e chegaria nas próximas horas. Gerard convocou todos os homens, pedindo que ficassem vigilantes. Estavam em maior número, porém eram simples camponeses e não eram adeptos da violência. Tudo poderia se complicar se houvesse um confronto, o que Jules queria evitar. Não pretendia colocar seus empregados em perigo, mas a família era sua prioridade e lutaria para preservar a integridade física de todos, em especial de Aimée.

Decidiu ele próprio retornar à casa de Francine e lá planejaria os próximos passos.

Quando a jovem viu o pai, atirou-se em seus braços:

— Papai, que bom que veio. Tive um pesadelo esta noite e receio que ele se torne realidade. O pai de Adele está retornando e o confronto será inevitável. Vi muita tristeza e lágrimas! Temos que evitar tudo isso. Não podemos permitir que nossos amigos sejam alvo desse infeliz! Francine está tão apreensiva quanto eu. Ela sente que uma tragédia pode se instalar em nossas terras, além da morte de Rene e Justine. Temos que dar um basta! Frei Jaques acredita que um embate pode ter sérias consequências, porém não podemos ficar de braços cruzados vendo aquele louco invadir nossas terras, instalando o caos e a destruição! Alguém tem de pará-lo, meu pai! Retornarei com você, pois quero estar presente quando ele chegar!

Adrien tentava dissuadi-la, no entanto seus esforços foram em vão. A jovem estava decidida a enfrentar o velho senhor. O rapaz olhava suplicante para Jules, pedindo que fizesse algo que a demovesse da ideia.

— Adrien, me perdoe, mas Aimée tomou sua decisão e nem você ou eu poderemos dissuadi-la. Fique tranquilo que não permitirei que sua segurança seja violada. Francine, fique com Elise aqui.

Desta vez foi Elise quem se pronunciou:

— Sinto muito, Jules, mas agora a decisão é minha. Vou acompanhá-los e, se Deus decidir que minha vida deve se expirar, nada há a fazer. Vou com vocês. Já estou me locomovendo melhor e posso enfrentar a caminhada.

Jules ficou pálido, sentindo que isso seria uma tragédia anunciada. Entretanto, sabia que nada poderia fazer, afinal cada um toma as decisões que julga acertadas.

— Adrien, prepare tudo e vamos retornar. Francine, fique e cuide de frei Jaques, pois ele ficará aqui até tudo terminar — disse Jules com um aperto no coração.

O frei levantou-se de um salto e disse:

— Eu irei com vocês, ora bolas. Ficarei ao lado de minha menina para protegê-la. Não ficarei longe de toda essa confusão. E posso ajudá-los a enfrentar esse tresloucado.

— Você será muito útil, meu amigo. Se assim decidiu, vamos.

Francine fez algumas recomendações à sua tutelada e deu-lhe um forte abraço. Foi até Elise e a abraçou também, desejando que tudo corresse bem. Despediu-se de todos com o coração em desassossego. Assim que saíram, entrou em prece, pedindo a Deus que protegesse a todos. Eram tempos difíceis, que exigiam o máximo empenho e serenidade. Pediu a seus amigos que cuidassem para que nenhum mal maior pudesse atingi-los, porém sabia que os desígnios de Deus são certos e justos. Tudo seria como deve ser! O que parece um mal, pode ser apenas uma forma de o Pai Amoroso ensinar a um filho o melhor caminho para o aprendizado necessário. Francine assim pensava e começou a se acalmar. Tudo ficaria bem!

Retornaram rapidamente para o antigo castelo. Gerard aguardava ansioso o retorno de seu senhor, e o avisou de que todas as providências haviam sido tomadas.

A decisão de Auguste retornar se deu pelo motivo mais torpe possível. Alguns dias depois, quando empreendia o caminho de volta ao seu castelo após o incêndio criminoso, ele e seu grupo encontraram no caminho um camponês. Interrogaram-no e descobriram que um grave problema havia acometido o senhor daquele homem, por isso fora convocado para auxiliá-lo. Estivera fora por vários meses, mas havia sido chamado a retornar às terras do patrão. Explicou que sempre fora fiel ao seu senhor e não o abandonaria num momento difícil. Auguste não se conteve e desferiu um golpe no humilde camponês, que foi ao chão sem entender o que estava acontecendo. Apavorado, saiu em disparada, deixando seus pertences por lá mesmo. Algo lhe dizia que aquele homem era muito perigoso.

O nobre ficou furioso com a notícia de que Jules havia sobrevivido e decidiu retornar para concluir o que começara. Esqueceu-se até da perseguição a Elise. Isso poderia esperar!

Voltaria e acabaria de vez com a saga daquele idiota, pensou.

O que não previra era que Jules estaria preparado para o embate, nem tampouco que aquela decisão era uma verdadeira loucura. Iria invadir terras e matar pessoas como se fosse algo natural! A barbárie já estava distante, porém ele estaria agindo como se fosse um bárbaro! O homem estava tão enlouquecido que desprezou totalmente os princípios de um ser civilizado!

Seus homens já estavam preocupados com as atitudes levianas de seu senhor, mas o temor era maior e apenas seguiram suas instruções.

O caminho de volta foi silencioso. O único que emitia algum som era Auguste, que soltava impropérios contra quem discordasse dele.

Enquanto isso, nossos amigos espirituais que a tudo observavam decidiram que algo precisaria ser feito. Auguste não dava ouvidos a ninguém, nem do mundo dos vivos, tampouco do mundo espiritual! Era uma situação complexa, que exigiria ações de mesmo teor. Estevão chamou Anete e conversaram por alguns instantes. Ela sorriu ante a proposta que faria toda a diferença naquele momento e perguntou quando se daria a empreitada.

— *Muito em breve. Esteja pronta quando for solicitada. Celina estará por perto e te auxiliará.*

— *Agradeço a confiança em mim depositada.*

Tudo parecia estar caminhando para um desfecho favorável. Adele ficou ao lado da mãe, perguntando-lhe quais eram os planos:

— *Algo simples e pouco invasivo. Esperamos que dê resultados favoráveis. Continue suas orações, minha filha. Isso será determinante para a conclusão que desejamos. Faça isso e estará fazendo a sua parte. Confio em você!*

As duas se abraçaram e assim permaneceram, confiantes de que tudo ficaria bem!

Jules chegou pouco antes de o embate se iniciar. Conseguiu avistar ao longe Auguste e seu grupo, um total de dez homens, e todos a postos para a batalha que o nobre havia anunciado. Mas, antes, pediu para falar com Jules.

Aproximou-se com ares de prepotência:

— Pois então é um homem de várias vidas! Como conseguiu se safar?

— Isso pouco importa, não é mesmo? Estou aqui vivo, em condições de enfrentá-lo, se assim for necessário.

Auguste olhou ao lado e viu Aimée e outra mulher. Suas feições se endureceram ao constatar que fora enganado. Aquela deveria ser Elise, a responsável por toda a tragédia que se abateu sobre sua família. Estavam mancomunados e mereciam morrer! Sorriu no seu íntimo, pensando que Deus na verdade estava ao seu lado, guiando-o de volta para aquelas terras. As duas mulheres o olhavam com frieza, encarando-o de forma contundente. Ele não iria se intimidar por aquelas bruxas que mereciam uma morte lenta e dolorosa. Decidiu que não havia tempo para levá-las até um tribunal religioso, e ele próprio se encarregaria de enviá-las para o lugar de onde nunca deveriam ter saído: as profundezas do inferno.

Jules olhava aquele homem sentindo imensa piedade por ele e no que se transformara quando permitiu que o ódio se apoderasse de sua vida e comandasse suas ações. Pobre infeliz! Sua vida se encerrara, pois nada mais parecia tocar seu coração! E ainda se julgava em condições de modificar os destinos dos que cruzassem seu caminho! Quem ele pensava ser? Deus?

Parece que seu olhar piedoso encontrou ressonância em Auguste, que se descontrolou ainda mais, descendo do cavalo e confrontando Jules, que, sereno, apenas o observava.

— Pensou que poderia me enganar? Só não contava com meu maior colaborador, Deus, que me deu autonomia para exercer sua justiça! Ele me enviou até aqui porque está do meu lado! Ele apoia todas as minhas decisões!

Todos o olhavam surpresos com tamanha demência. Realmente não estava de posse de seu juízo. Era mais perigoso do que imaginavam! Tinham de contê-lo a todo custo, mas qualquer iniciativa de Jules seria encarada como agressão, e os homens de Auguste entenderiam que a batalha estava travada!

— Vou lhe dar uma só chance de pegar seus homens e bater em retirada. Saia de minhas terras e não darei parte de suas loucuras. Você não está com a razão. Invadiu minhas terras e cometeu atrocidades, que já causaram a morte de duas criaturas inocentes. Esta é a minha última palavra! Vá embora! — disse Jules com firmeza.

O homem deu uma gargalhada estridente e ensandecida. Embainhou sua espada e foi em direção a Jules, que deu um passo atrás, fazendo com que Auguste caísse desajeitadamente ao chão. Seria cômica a situação, mas nenhum dos presentes emitiu qualquer comentário. Os homens permaneceram silenciosos e passivos, como se algo os impedisse de articular qualquer reação. Pareciam paralisados!

Após a queda, começou a esbravejar, ordenando a seus homens que fizessem algo. Num impulso ele se levantou e tentou agredir Jules, mas Elise colocou-se à sua frente, impedindo que conseguisse seu intento.

— Pare, pelo amor de Deus! O que pretende? Deflagrar uma guerra? Sua loucura o impede de observar a realidade dos fatos: ninguém tem responsabilidade sobre o que ocorreu com sua filha. Nem eu, nem Jules, nem Adrien, nem Aimée, nem muito menos Justine e Rene, vítimas de sua vingança e que agora têm esse peso a justificar no dia de seu julgamento com Deus! Quer aumentar ainda mais os débitos que já contraiu? Pare enquanto é tempo e ainda tem a chance de sair daqui com sua integridade física preservada. Sua filha está morta e nada a fará voltar à vida! Já carrega débitos suficientes, não queira contrair mais!

— Você é a responsável e ninguém vai me convencer do contrário. É você que eu quero!

O homem tentou agredir Elise, porém foi contido por Jules, que segurou suas mãos e o impediu. Auguste se desvencilhou e, furioso, passou a gritar ordens para seus homens, mas nenhuma reação esboçaram. Os olhos deles pareciam fitar o infinito e as mãos pareciam paralisadas.

Jules não entendia por que os homens não reagiam ao pedido daquele louco. Frei Jaques estava surpreso e sentiu um arrepio percorrer seu corpo. Aimée a tudo observava e foi a primeira que conseguiu visualizar o que estava acontecendo.

Junto dos homens de Auguste uma linda visão se fez presente. Aimée pôde sentir um inebriante perfume e aos poucos uma imagem começou a se delinear. Uma mulher muito bela, com longos cabelos esvoaçantes, pôde ser vista pelos homens. De suas mãos raios luminosos eram irradiados e atingiam o coração daqueles seres, que sentiram como se um calor os invadisse e acalmasse suas emoções. Sentiram tamanho bem-estar que queriam que aquele momento se eternizasse. Não tinham medo algum daquela mulher, apenas muita paz e um desejo de que aquele sentimento perdurasse o maior tempo possível. O olhar dela parecia hipnotizá-los e se deixaram levar, permanecendo longo tempo vivenciando as doces sensações. Eram homens ainda brutos, mas carregavam em germe os sentimentos tão necessários à manutenção do equilíbrio das forças do Universo. A um toque, esses sentimentos foram despertados, e então perceberam que não poderiam compactuar com aquele homem, sedento de vingança e profundamente cruel.

Aimée olhava a cena com lágrimas nos olhos, sentindo a grandeza daquele espírito à sua frente que ousou combater o mal apenas com a mansidão, a doçura e a paz. E obtivera êxito em sua empreitada!

Enquanto Auguste gritava e convocava seus homens à luta, Anete apenas com a força do seu amor conseguira dissuadir todos eles de seus propósitos menos dignos. Os homens pareciam estar em outra dimensão, e os gritos sequer eram ouvidos por eles, que se deixaram levar por aquele místico e mágico momento. Sentiram o que significava verdadeiramente a paz, a ausência de estímulos irracionais que até então os conduzira.

Tudo era novo e auspicioso.

Um a um foram colocando suas armas no chão, aproveitando as energias a eles direcionadas. Sentaram-se e permaneceram quietos, como se estivessem em meditação.

Anete fixou seus olhos em Aimée, que pôde ler por meio de seus lábios a simples e grandiosa palavra: *Obrigada!* Em seguida, caminhou até Auguste e colocou suas mãos em seu rosto, o que foi totalmente ignorado pelo homem. Foi até Elise para lhe transmitir coragem e falou:

— *Elise, querida, muito há que ser feito para que mudanças ocorram. Ainda é tempo, mas só será possível quando se dispuser a ser o que planejou. Contamos com você! Deus guiará seus passos! Por que quer modificar o que o autor pretende? É um purismo que não cabe, mais uma vez tenho que discordar!*

Em seguida foi até Adrien, que nada via, mas sentia uma presença suave ao seu lado.

Pensou ser Adele que viera visitá-lo e fechou os olhos, procurando confirmar se era a amiga. Anete percebeu a dúvida do rapaz e sussurrou em seu ouvido:

— *Meu amigo querido, sou a mãe de Adele e queria apenas agradecer tudo o que fez por minha menina. Assim que for possível terá notícias dela. Por ora, quero que saiba que ela está bem. Pediu que lhe agradecesse e que fosse feliz nesta vida. Peço o mesmo, meu jovem! Obrigada, mais uma vez!*

Adrien a tudo compreendeu, sentindo muita paz em seu coração. Lágrimas escorreram, mas desta vez eram de felicidade por saber que Adele estava bem.

Elise parecia hipnotizada perante a imagem, que aos poucos foi se desfazendo, deixando apenas o perfume de flores de alfazema no local. Não pôde conter as lágrimas e agradeceu a Deus a oportunidade de fazer parte daquela cena, a qual presenciava emocionada.

Auguste parecia um louco, gritando impropérios a Elise e Jules, que tentava contê-lo a todo custo. Gerard foi em auxílio de seu senhor e segurou o homem, que, quase sem forças, esmurrava o vazio à sua frente.

Frei Jaques apenas observava a cena e, não se contendo, foi em direção ao homem fora de si e desfechou-lhe um soco no queixo, que o fez desmaiar.

— Jaques, o que fez? — disse Jules com a surpresa no olhar.

— Não estava mais suportando o barulho infernal que esse senhor estava fazendo. Não sei por que tanta insensatez! O que mais ele pretendia? Já causou destruição demais e alguém tinha que dar um basta! Como ninguém se atreveu, eu me dispus a tal gesto!

— Você sempre me surpreende, Jaques! Acho que fez a coisa certa. Gerard, cuide do seu patrão. Não sabemos o que fazer com ele ainda.

Aimée e Elise se entreolharam e se abraçaram. Mais tarde revelariam a todos o que lá acontecera. A jovem foi até Adrien e o abraçou carinhosamente. Teriam muito a conversar! Deixariam para depois...

Jules achou estranho o comportamento dos homens de Auguste. Ia até eles quando foi impedido por Elise:

— Eles irão falar com você. Espere. Creio que granjeou novos amigos! Agora me ouça, que eu te conto tudo o que aconteceu.

Frei Jaques, curioso que era, não arredou pé e lá permaneceu ouvindo as explicações de Elise. O velho ouviu atentamente, no entanto seu semblante ostentava certa dúvida com relação aos fatos lá ocorridos.

— Então foi assim que aconteceu? Tivemos ajuda sobrenatural mais uma vez! No solar aconteceu algo semelhante, o que deixou Auguste em profundo pânico — disse Jules.

Contou como tudo acontecera e a intervenção de uma força, cuja procedência ele desconhecia. Na realidade, Jules ainda tinha certas dúvidas com relação a esses fenômenos e não sabia como e por que ocorriam. Aimée já tentara lhe explicar, mas ainda era algo difícil de compreender. Pelo menos para ele!

Frei Jaques fez o sinal da cruz e falou algo ininteligível, que fez Jules sorrir:

— Jaques, como ainda consegue ser tão medroso? O que Aimée diz a esse respeito?

— Ela diz que não devemos temer nossos semelhantes. Como não temer algo que sequer consigo enxergar com meus próprios olhos?

— Bem, meu amigo, você deve convir que algo aconteceu aqui, mesmo que nossos olhos materiais não tenham conseguido divisar! Nós dois não vimos, mas Elise viu e até falou com um espírito. Só temos de agradecer. Não quero imaginar o que poderia ter acontecido! Foi intercessão divina, e temos de agradecer a Deus por tragédias maiores terem sido evitadas.

— Quero acreditar que Deus cuidou de cada um de nós com todo o empenho. Se foi ou não algo sobrenatural que aqui ocorreu, também foi obra do Pai Maior. Agradeçamos a Ele que jamais nos desampara, mesmo nos momentos em que tudo parece perdido!

— Tem razão, frei Jaques. É assim que deve pensar. Certamente foi obra divina. Devemos crer que Ele jamais nos desamparará, enviando auxílio sempre que necessário, seja material ou espiritual! — completou Elise.

— Bem, o que faremos com Auguste? Quando ele acordar, vai renovar sua fúria contra nós — disse Jules, preocupado.

— Esperemos ele despertar. Frei Jaques, ele não vai gostar de saber que foi você que o deixou desacordado no chão — brincou Elise, desanuviando a tensão reinante.

Enquanto conversavam, perceberam que alguém se aproximava. Era Gaston, empregado de Auguste e seu braço direito, que estava prestes a mudar o rumo da história. Jules seria extremamente grato pelo auxílio.

— Senhor, não sei dizer o que aconteceu momentos atrás. Sou homem simples, temente a Deus, e posso garantir que foi obra Dele pelo que senti em meu coração.

Contou com suas palavras o que lhe sucedeu naqueles poucos minutos, dizendo que a partir daquele momento tudo se transformara em seu mundo íntimo.

— Senti pela primeira vez em minha vida o que é a paz, sentimento tão ausente no coração das pessoas. Sei que não posso ser o mesmo depois de tudo o que senti naqueles breves instantes. Aquela mulher trazia a paz e permitiu que adentrasse meu coração e lá fizesse morada. Não quero mais a vida de antes. Não quero passar a impressão de que não dou valor à gratidão. Agradeço ao meu senhor tudo o que ele me proporcionou, mas nos últimos tempos deixou de ser um senhor benevolente e passou a agir com crueldade, maltratando aqueles que dele discordam. Não foi para esse patrão que decidi trabalhar. Temia que um dia me transformasse num ser tão cruel quanto ele. Não sei o que farei da minha vida. Não tenho mais ninguém no mundo depois que minha mulher morreu ao dar à luz. Ele, meu filho, também não resistiu e desde esse dia estou só nesta vida. E nesta tarde, aquela mulher, que não sei de onde veio nem para onde foi, tocou meu coração, como se a esperança de dias melhores pudesse ainda me visitar um dia. Quero fazer algo por mim e por alguém, algo de bom, não as maldades que meu senhor queria que fizesse. Não quero mais o mal em minha vida, e essa escolha eu ainda posso fazer. Peço que nos perdoe por todo o mal que praticamos, mesmo sabendo que não merecemos seu perdão, nem tampouco o de Deus. Tiramos duas vidas, e sinto profundo arrependimento pelo que fiz. Sei que recebia ordens, mas poderia não acatá-las. Meu senhor, seria capaz de fazer o mesmo, tirando minha vida, se me recusasse a obedecer. Sei que não é justificativa, porém não tenho mais nada a dizer em minha defesa. Os demais só receberam ordens, assim como eu, e assumo a responsabilidade por todos os meus atos. Deixe os homens partirem, pois é isso que desejam. Se quiser punir alguém, que seja a mim. Pode me entregar às autoridades e assumirei meus delitos. Deixe os outros seguirem com sua vida.

O homem estava arrependido e se entregando para responder por seus atos ilícitos. Na verdade, ele apenas cumpriu ordens. Quem deveria responder perante a justiça era Auguste. Jules não podia decidir o destino daquele homem, pois não tinha esse poder. Não podia jogar sobre aqueles ombros toda a tristeza que sentia pela perda de seu grande amigo, afinal ele não era o maior responsável pela tragédia. E nada que fizesse traria a vida de Rene de volta. Nem se fizesse justiça com suas próprias mãos!

— Qual é o seu nome? — perguntou Jules.

— Meu nome é Gaston, meu senhor. Meu destino está em suas mãos. Acatarei sua decisão. Peço-lhe, no entanto, que deixe os demais partirem em segurança.

— Não posso prendê-lo aqui nem a seus companheiros. Podem ir embora, pois estão livres. Se não tiverem para onde ir, ofereço trabalho e moradia. Podem ficar, se assim desejarem. A decisão lhes pertence.

O homem se ajoelhou aos pés de Jules profundamente comovido.

— O senhor é um homem bom e agradeço seu convite. Falarei aos homens e a decisão caberá a cada um. Respondo apenas por mim e, se confiar que posso ser útil, peço permissão para permanecer aqui.

Jules levantou o homem e apertou sua mão:

— Será bem-vindo às minhas terras. Temos muito trabalho pela frente.

O homem não cabia em si de tanta gratidão e correu para contar aos outros a proposta de Jules.

Elise ouvira toda a conversa e mais uma vez se certificara de que Jules era um homem bom e generoso, incapaz de guardar rancor em seu coração, por mais triste que ele se encontrasse naquele momento, com tantas perdas. Ele não era capaz de atitudes insensatas. Nada traria Rene e Justine de volta, isso era fato. A justiça de Deus é soberana e atinge a todos e, certamente, Auguste teria de acertar contas com Ele no momento certo.

Jules olhou Auguste ainda desmaiado e sentiu piedade daquele homem. Ele havia perdido completamente a razão. Não sabia o que fazer! Entregou ao Pai Maior a difícil missão de resolver aquele problema. Confiaria que a solução apareceria!

Anete, após breve aparição para os presentes, retornou ao convívio dos amigos espirituais, satisfeita com suas ações. Um mal maior havia sido evitado, e ela estava feliz por poder contribuir para esse desenlace.

Estevão a aguardava sorridente e deu-lhe um afetuoso abraço.

— *Obrigada, minha filha. Tudo saiu conforme nossos planos. Infelizmente Auguste se encontra em total perturbação e não foi receptivo a você. Os demais estavam, e isso foi o diferencial. Muitas mudanças ocorrerão e assim é necessário para que cada coisa retorne ao seu lugar, permitindo que a lei se cumpra. Agradecemos seu apoio incondicional. Realizou sua tarefa a contento. Sei o quanto foi difícil constatar que ele ainda não compreendeu a dinâmica da vida, que oferece a cada um aquilo que cada um oferece à vida. Ele plantou sementes em solo árido, e nada poderá colher. Mas como Deus é compassivo e ama incondicionalmente cada filho, Auguste terá nova oportunidade de quitar seus débitos por intermédio de encarnações futuras. É uma pena que, enquanto encarnados, deixemos de valorizar as chances de nos redimir perante nossos erros. Auguste ainda desconhece virtudes básicas, pois o orgulho ainda o impede de visualizar o quanto falta caminhar para consegui-las, o que iria lhe proporcionar a paz que tanto anseia. O tempo se encarregará de mostrar-lhe o melhor caminho na senda da evolução.*

— Sinto não ter conseguido tocar o coração dele. Falhei e sofro por isso. Sei também que Deus lhe proporcionará outra chance de se reabilitar perante seus erros. Espero estar ao seu lado e oferecer todo o meu apoio novamente.

— Vamos aguardar, Anete. Enquanto isso, uma nova tarefa te espera. Conforme me solicitou, Justine em breve despertará e você estará ao seu lado quando isso acontecer.

Anete se encheu de júbilo. Finalmente iriam se reencontrar. Agradeceu a oportunidade de estar ao lado da fiel amiga no momento de seu despertar.

— O jovem que estava ao seu lado naquele momento fatídico estará presente também. Ambos são merecedores de nosso auxílio por tudo o que realizaram na atual encarnação. Sabia que ficaria feliz, minha filha. É o que podemos fazer no momento. Peço apenas que fique atenta, pois, antes desse encontro, outro a aguarda. As condições orgânicas de Auguste se deterioraram muito nesses últimos acontecimentos e, talvez, seu retorno à pátria espiritual seja antes do previsto. Posso contar com você para auxiliá--lo no momento derradeiro de sua permanência na matéria? Sabe que será doloroso, e por causa de seus atos atrozes será alvo de companheiros

infelizes e vingativos, que tudo farão para dificultar sua passagem. Posso contar com sua ajuda?

— Com certeza! Não o deixarei sozinho nessa hora, por mais difícil que seja! Peço apenas que outros me auxiliem para que ele não perceba minha presença, o que irá ser mais doloroso ainda.

— Será amparada por companheiros experientes na função, e sua ajuda, pelos laços de afeto que os unem, será de extrema valia no momento apropriado. Agora, descanse um pouco, pois temos tempo. Em momento algum somos desamparados pelos nossos amigos espirituais! Mesmo errando, falhando conosco e com nossos semelhantes, nosso Pai cuida de nós, enviando o auxílio certo no momento derradeiro! Absoluta verdade! Ninguém está só! A misericórdia de Deus sempre nos encontrará!

CAPÍTULO 24

Cada coisa novamente em seu lugar

Os trabalhos de reconstrução do castelo não cessavam. Alguns dos homens de Auguste decidiram permanecer nas terras de Jules e colaborar na lida. Outros tinham família e retornaram à sua região, não sem antes agradecer a benevolência daquele senhor, que os deixara livres mesmo após tantas ações incorretas.

Não era fácil reconstruir o castelo. Aimée decidiu que deveria ser algo mais simples, menos suntuoso. Apenas não abria mão de sua estufa e de seu gracioso jardim, percorrendo a região em busca de mudas de ervas medicinais e de flores.

Fizeram um abrigo provisório enquanto a construção se reerguia. Todos colaboravam e o projeto ia se delineando a olhos vistos.

O único problema era Auguste, que jamais se recuperara. Desde o incidente, ele jamais fora o mesmo. Gerard não tirava os olhos dele um minuto sequer.

Sua saúde parecia se debilitar a cada dia. Seu olhar parecia perdido no horizonte. Quando proferia alguma palavra, era ininteligível. Parecia que havia perdido todo o estímulo para continuar sua existência, assim como a lucidez.

Aimée estava preocupada e tentou dar-lhe alguns chás de efeito estimulante, mas ele se recusava a sorver qualquer tipo de infusão. Dizia coisas sem sentido e entrava, em seguida, num sono profundo e perturbador.

Jules pensara em mandá-lo de volta para suas terras, mas nenhum dos homens se prontificou a acompanhá-lo por temor das consequências. Não sabia mais o que fazer e a última coisa que desejava era que ele morresse lá.

Antes que frei Jaques retornasse às suas tarefas religiosas, Jules lhe pediu uma orientação:

— O que fazer com ele?

— Essa pergunta não saberei responder. O que vou fazer é comunicar ao clero todas as ações desse senhor. Tenho certeza de que eles não aprovarão tal conduta, mas irão preferir se omitir e nada farão contra ele ou contra você. Vou me abster de falar sobre Elise, fique tranquilo. Esse assunto morreu para mim. Tenho de retornar aos meus afazeres, pois minhas férias acabaram. Prometo voltar depois do inverno. Sinto não poder permanecer aqui para auxiliá-lo.

— Sempre fugindo do trabalho pesado, Jaques. Já sabia que isso iria acontecer. Volte quando quiser. Minha casa sempre será sua casa pelo tempo que desejar. Quando retornar, encontrará meu castelo em pé novamente.

Os dois se abraçaram fortemente e se despediram, com as recomendações de sempre em relação à Aimée. Isso sempre acontecia...

A jovem acompanhou seu tutor e amigo até a carroça que o aguardava.

— Minha querida, cuide de seu pai, pois você não precisa mais de meus conselhos. Já demonstrou que sabe muito mais do que nós sobre a vida. Cuide-se! E você, meu jovem, não a faça sofrer jamais, entendeu?

Adrien, que os acompanhava, abraçou o velho frei e disse:

— Vá tranquilo. Cuidarei dela com todo o meu amor e a protegerei com minha vida. Meu objetivo é fazê-la feliz, pois assim serei o homem mais feliz deste mundo.

O frei limpou algumas lágrimas e disse:

— Odeio despedidas. Vão embora, senão não conseguirei partir. Que Deus os abençoe!

A carroça foi se distanciando e os dois jovens lá permaneceram. Olharam-se com carinho e, sem dizer nada, de mãos dadas, seguiram o caminho de volta.

Elise e Francine se tornaram grandes amigas e confidentes. Ficavam horas a conversar sobre suas potencialidades, que o mundo ainda tinha dificuldades em aceitar. Trocavam informações preciosas e, muitas vezes, Aimée as acompanhava nessas conversas. Todas tinham algo a ensinar e a aprender!

Auguste não melhorava, e seu estado era cada vez mais crítico.

Elise e Jules faziam passeios no fim da tarde, entre as árvores frondosas e as muitas flores que ornamentavam a região. Porém, desde o incidente, ele percebeu que ela estava cada dia mais distante. Conversavam sobre tantos assuntos, menos sobre o amor que ambos sentiam e até então estava aprisionado, sem conseguir mostrar sua verdadeira essência.

Numa tarde, Jules decidiu conversar sobre o assunto que tanto o incomodava.

— Elise, sinto você cada dia mais distante de mim. Fiz algo que não tenha apreciado? Fui, talvez, inconveniente em algum momento?

— Não, Jules. Você é a cada dia mais amoroso, mais doce, mais apaixonado.

— Então, qual é o problema? Por que está cada dia mais distante?

Elise baixou os olhos e virou o rosto, mas ele pôde ver lágrimas furtivas escorrendo.

— Conte-me o que está acontecendo — disse Jules, segurando delicadamente seus braços. — Eu quero muito te ajudar.

— Ninguém pode me ajudar a não ser eu mesma. Na verdade, muita coisa mudou desde que vim para sua casa. Foram muitas reflexões, algumas descobertas, outras constatações, enfim, revirei-me do avesso nesses últimos meses. Não sou a mesma que chegou aqui tempos atrás. E nem poderia depois de tudo o que aconteceu! Creio que cresci, amadureci, sei que sou uma pessoa diferente do que quando aqui cheguei. E, como tal, percebi que depende unicamente de mim o rumo que minha vida pode tomar. Posso ficar aqui e viver um grande amor ao seu lado. Posso ir embora e começar realmente a tarefa que nunca comecei. É uma decisão que somente eu posso tomar. É difícil escolher, pois sei que ambas me tornarão uma pessoa feliz e me proporcionarão a paz íntima. Não sei qual caminho seguir, me encontro nesse dilema, e é isso que me torna tão distante. Sei que não posso mais adiar essa decisão.

O semblante de Jules se entristeceu. Depois ele reagiu e fez um questionamento.

— Por que não consegue realizar as duas coisas simultaneamente? Se ambas lhe trarão a felicidade, talvez seja possível que possam ocorrer de forma paralela. Realize sua tarefa, jamais lhe pediria que a deixasse de lado. Mas fique comigo e viva o mesmo sonho de amor que acalento há tanto tempo!

Elise segurou o rosto de Jules em suas mãos delicadas e disse:

— Será que conseguiria realizar as duas a contento? Será que não me dedicaria mais a uma que a outra e, no final, ambas ficariam a desejar? Não posso mais correr o risco de desperdiçar a oportunidade derradeira que Deus colocou em meu caminho. Minha tarefa é cuidar daqueles que possuem habilidades sensoriais que os diferenciam dos demais seres. Que não são aceitos, são desprezados, perseguidos, caluniados e, muitas vezes, mortos por não serem diferentes. Você sabe do que estou falando, pois já vivenciou uma situação semelhante. Aimée consegue viver em paz, administrando a própria sensibilidade com sua ajuda e a de Francine. Sei que ela é feliz e consciente de seu potencial. Sua vida é feliz e plena de amor! Mas e os outros? E os incapazes de encontrar essa facilidade que a vida proporcionou a Aimée? O que farão de suas vidas sem ninguém para ajudá-los nessa dura empreitada? Minha tarefa é ser quem eu me programei ser. Não sei se existe lugar para viver um grande amor! Sinto muito, Jules, creio que já tomei minha decisão.

— Você não pode viver dessa forma nos tempos de hoje! A Igreja está cada vez mais ativa no sentido de coibir essas manifestações. Será um grande risco você retornar às antigas atividades! Bousquet não existe mais, Elise! Para onde pensa ir?

Elise ostentava tamanha serenidade que deixava Jules cada vez mais aflito.

— Minha vida sempre foi uma grande aventura, com todos os riscos que sempre enfrentei. Não será diferente. Sei que Bousquet não existe mais, mas posso construir um novo lugar, bem distante daqui. Não quero nunca mais colocá-los em perigo. Amo vocês com todo meu coração. Você, Jules, é o homem que toda mulher gostaria de ter ao seu lado, mas não sei se tenho direito a esse amor. Amo-o tanto que prefiro estar bem longe daqui, assim terei a certeza de que estará seguro. Aimée é uma criatura iluminada e não posso permitir que algo perturbe essa luz. Irei embora, assim todos ficarão em segurança.

— Não posso permitir que faça isso. Você sabe o risco que corre andando sozinha, enfrentando poderosos, podendo ser a próxima vítima do clero. Não permitirei tamanha desfaçatez. Não poderá ajudar ninguém se a Igreja decidir pela sua prisão. É muito perigoso! Pense nisso!

Elise começou a ficar confusa e Jules aproveitou o momento:

— Todos conheciam Elise de Bousquet. Mas e essa outra Elise? Como saberão de suas tarefas? Como conseguirão encontrá-la? Não tome nenhuma decisão precipitada!

Ela sabia dos riscos e, se fosse preciso enfrentar novamente os poderosos, assim o faria! Não era covarde e sabia como enfrentá--los se preciso fosse. Sua tarefa estava em primeiro lugar e nada iria demovê-la disso. Mas desta vez faria tudo diferente! Sabia que o plano espiritual estava ao seu lado, mas para tanto era necessário que cumprisse as tarefas por ela programadas. Assim como Anete lhe dissera! Queria tanto dizer a Jules o quanto sentia, porém não podia! Sua decisão já havia sido tomada!

Foi até Jules e deu-lhe um caloroso beijo. Um beijo de despedida, no entanto isso ele ainda não sabia. O tempo diria!

Após o beijo, não disse mais nada, deixando Jules confuso. Deram as mãos e seguiram de volta à singela moradia que os acolhia até que as obras se encerrassem. Foram silenciosos, aproveitando a beleza do pôr do sol das montanhas.

No dia seguinte, Gerard chamou Jules, dizendo que Auguste parecia mais doente que o normal. Estava com muita febre e ainda não abrira os olhos, apenas balbuciava palavras desconexas, permeadas de temor.

Aimée estava ao seu lado e não sabia mais o que fazer.

— Papai, creio que ele esteja muito doente. Já fiz tudo o que sabia, mas parece que é algo mais sério. Pode ser alguma infecção, e meus chás já não fazem mais efeito.

O homem delirava e ardia em febre.

Jules se aproximou e chamava seu nome, porém sem sucesso.

De repente, ele abriu os olhos em profundo pavor. Via sombras e implorava para que fossem embora e parassem de machucá-lo. Gritou assim por vários minutos, até que seu olhar se abrandou e sossegou. O que puderam ouvir foi:

— Você veio me buscar!

Auguste começou a chorar e entre soluços dizia:

— Me perdoe! Não me deixe aqui sozinho! Eles me perseguem e querem me levar com eles! Não deixe isso acontecer! Fique comigo!

Foi-se acalmando aos poucos, o choro foi diminuindo e perceberam que seu coração estava cada vez mais fraco, até que parou de vez, deixando aquele corpo físico inerte, sem um sopro de vida. Auguste, enfim, descansou!

Aimée fechou os olhos do homem e fez uma prece, acompanhada por seu pai. Em seguida, chamou seus homens para que providenciassem uma cova para enterrá-lo.

Jules era supersticioso e não permitiu que o enterrassem àquela hora, sem que antes fosse velado como todo cristão deveria ser.

Ao fim do dia, o enterro aconteceu, com todos os que lá estavam. Apenas uma ausência foi sentida: a de Elise. Desde a manhã, Jules não a via. Perguntou a Francine sobre ela, que não conseguiu dizer nada.

— Francine, conte-me onde está Elise.

A mulher sabia que ele não iria gostar da resposta.

— Sinto muito ser a portadora da notícia, mas ela foi embora. Deixou-lhe uma carta de despedida. Partiu ontem à noite, e a essa hora deve estar longe. Pediu que não fosse atrás dela e respeitasse sua decisão.

Jules ficou sem saber o que dizer ou fazer. Seu grande amor partira! E fez um pedido irrecusável! Elise havia feito sua escolha, e ele teria que respeitá-la, o que era muito doloroso.

Sentiu que seu mundo desabara mais uma vez. Aimée foi até ele e o abraçou. Não sabia da decisão de Elise, mas era previsto que ela não ficaria por muito tempo, pois lá não era o lugar dela. Sabia das intenções afetivas de seu pai e seria muito sofrimento vê-la partir.

Elise já comentara com ela sua proposta de ir embora. Só não sabia que seria tão rápido! Viu em seus olhos tanta esperança de novas oportunidades, novas tarefas, em que poderia realmente fazer a diferença para muitos, que não teve coragem de falar sobre seu pai e o quanto ele iria sofrer.

— Você sabe para onde ela foi? — perguntou Jules, ainda esperançoso de que poderia alcançá-la; ainda havia uma esperança, e ele lutaria por isso.

— Ela não me disse. Sinto muito, Jules. Acalma teu coração e procure aceitar sua escolha. Era o que ela queria para sua vida! Procure entender!

Seus olhos ficaram marejados e sentiu que sua vida perdera todo o sentido. De que valeria viver sem ter por quem? Estivera tanto tempo sozinho que já se acostumara a esse papel de viúvo solitário. Desde que conhecera Elise, contudo, uma chama que julgava extinta resolveu se reacender. A perspectiva de viver uma nova relação era algo assustador, porém intensamente desejável.

Já construíra um novo sonho de vida e nesse sonho não havia mais espaço para a solidão! E agora seu castelo de sonhos ruíra, assim como seu castelo real! Precisava ficar sozinho.

— Vou caminhar um pouco.

Aimée viu toda a tristeza em seu semblante e pensou em lhe dizer o destino de sua amada, mas foi contida por Francine.

— Não faça isso, minha querida. Não adie o sofrimento de seu pai. Se ele for atrás dela e ela continuar rejeitando-o, será prolongar sua dor. Deixe que as coisas se acomodem. Elise precisa fazer isso para recuperar sua confiança em si e em Deus. Essa é sua tarefa, e ela precisa continuar com sua programação. Não faça nada por ora. Se acaso decidir voltar, sabe que as portas estarão sempre abertas. Ela ama vocês intensamente e sua partida é também uma forma de proteção aos que aqui ficaram. Não conte ao seu pai o seu destino.

Se estiver nos desígnios do Pai uni-los novamente, isso acontecerá. Tem alguma dúvida?

— Não, minha amiga. Você tem razão. Espero que meu pai me perdoe algum dia. Entendo tudo o que falou e o melhor a fazer é estar ao lado de meu pai, tentando aliviar sua dor. Se isso for possível! Vou atrás dele.

— Não, deixe-o sozinho. Ele precisa de tempo para reorganizar seu mundo interior, e isso pode levar tempo. Seu pai terá que aceitar a separação. Será um período difícil. Felizmente ele tem você, minha filha. De que mais ele precisa?

Aimée sorriu e entendeu o recado de Francine. Se dependesse dela, faria de tudo para que tivesse pouco tempo para pensar em Elise. O tempo é o melhor amigo nesses casos...

Os dias se passaram... Os meses... E, finalmente, o gracioso castelo de Jules ficou pronto e habitável. Foi surpreendente o trabalho que todos realizaram, e num curto espaço de tempo a construção se reerguera. Era um pequeno mas aconchegante castelo. E, como Jules prometera, a estufa ficou perfeita. Faltavam apenas pequenos detalhes, porém já poderia ser habitado.

Adrien e Jules olharam a obra concluída e ficaram satisfeitos. Aimée estava radiante de alegria. Enfim, tudo estava pronto e poderia dar a notícia a seu pai. Ela e Adrien haviam combinado que somente iriam falar quando a obra estivesse concluída.

— Papai, temos um comunicado a fazer!

— Já sei. Você não gostou de algo e vai solicitar a troca — disse Jules em tom jocoso.

— Eu disse que temos algo a comunicar. E creio que vai aprovar.

— Ora, não comece com seus jogos, sabe o quanto me incomodo com esse ar de mistério. Diga logo o que pretende!

Adrien se aproximou de Aimée e juntos fizeram o comunicado.

— Papai, você poderia fazer uma festa para inaugurar seu novo castelo.

— Você nunca gostou de festas, Aimée. Não estou entendendo onde pretende chegar.

— Não entende ou não quer entender?

— Aimée, pare com esse joguinho e diga logo o que quer.

— Muito bem, você venceu, vou falar rápido. Aliás, Adrien, fale você.

O jovem estava preocupado com a reação de Jules quando soubesse o que pretendiam, afinal ele era um homem simples, sem posses, sem família, definitivamente não era um bom partido para sua filha. Tomou coragem e disse:

— Jules, eu e Aimée decidimos nos casar. Claro, se você der a permissão.

Jules olhou os dois com um olhar reprovador, o que fez Adrien quase correr de lá. Em seguida, foi ao encontro dos dois e abraçou-os fortemente.

— Você concorda com nossa união, papai?

— Por que não concordaria? A única coisa que espero dessa vida é vê-la feliz, ao lado de um homem de bem que a honre, que a respeite e, principalmente, que a ame, pois só assim você encontrará a felicidade que tanto merece. Sei que Adrien a fará feliz e isso é o que mais importa.

— Eu não tenho posses, dinheiro, títulos, tampouco uma família. Mesmo assim acredita que posso fazê-la feliz?

— Tudo o que mencionou, meu filho, jamais conduzirá alguém à felicidade. Pode, quando muito, tornar a vida mais fácil, mas nem por isso mais bela! Confio em você e isso me basta.

Faça minha filha feliz e serei eternamente grato. Cuide dela como se fosse um tesouro de inestimável valor. Procure compreender o quanto ela é especial e, dessa forma, tudo fica mais fácil. Porém devo avisar que ela tem um gênio difícil...

— Papai! Não tenho um gênio difícil, você é que é muito teimoso e está ficando rabugento, discordando de tudo o que eu falo ou faço! Cuidado, pois ele pode desistir!

— Jamais desistiria de você, meu amor. Com todos os seus defeitos e manias, seu jeito de querer dar ordens e outras coisas que não valem comentar. Pois tudo isso não significa nada quando colocado ao lado de todas as suas virtudes, dessa luz que irradia, da felicidade que transborda e torna o mundo um lugar melhor para se viver. Você é realmente um ser especial e me sinto honrado em ser merecedor de seu amor. Creio que não mereça, mas saiba que sou o homem mais feliz do mundo ao seu lado. E quero que nossa união seja para toda a eternidade!

Aimée correu até ele e o abraçou carinhosamente!

— Lindas palavras, meu querido! Também não sei se sou merecedora!

Jules interrompeu a conversa para dizer:

— Bem, o que pretendem fazer? Casar logo?

— Pensamos em fazer uma pequena festa para inaugurar nosso novo lar e aproveitamos para celebrar nossa união.

— Frei Jaques chegará a tempo? Pois, se pensa em se casar sem a bênção dele, pode esperar arder no fogo do inferno. Ele não lhe perdoaria jamais!

— Papai, pedi que um de nossos colonos fosse até ele e lhe dissesse que o aguardamos para abençoar nosso novo lar. Ele chegará nos próximos dias, porém não sabe de nosso casamento.

— Você precisa de um vestido para a celebração! — disse Jules, preocupado.

— Francine me ajudou a confeccionar. Ele é simples, muito bonito e adequado à ocasião.

— Então ela já sabia desse segredo?

— Alguém tinha que me ajudar. Você sabe que Francine é como uma mãe para mim, e ela representou mais uma vez o seu papel. Não fique bravo!

— Sei de seu apreço por ela e jamais ficaria bravo por isso. Bem, temos muito o que planejar. Comecemos já! Filha amada, espero que sua vida seja um lindo campo florido, com flores perfumadas e belas, e que a felicidade seja sua companheira eterna. Amo você, minha filha, e desejo que construa um castelo real, fincado na terra, forte e sólido como essa construção que acabamos de edificar, que as tempestades da vida jamais consigam abalar as estruturas e que vento algum possa danificar as janelas de sua alma, onde habita o amor pleno e verdadeiro. É tudo o que desejo a você!

Aimée se jogou nos braços do pai, seu verdadeiro e único amigo, sua base sólida, seu exemplo de vida, e agradeceu a Deus a oportunidade de tê-lo como pai, papel que desempenha de forma tão brilhante e robusta. Seu pai era seu verdadeiro herói! Seu confidente! Seu tudo! Queria tanto que ele fosse tão feliz quanto ela era! Sabia que para tudo existe uma explicação, mesmo que ainda não possamos compreender! Pensou em Elise e onde ela estaria, mas preferiu não mencionar seu nome. Desde que ela se fora, seu pai nunca mais falara sobre ela. Parecia que nunca esteve presente em sua vida. Aimée sabia que ela deixara uma carta, mas ele nunca revelara seu conteúdo. E ela nunca teve coragem de questioná-lo sobre isso. Seria melhor deixar as coisas como estavam. Bem, ela assim pensava. Entretanto, sua curiosidade era maior, e sabia que um dia não iria se conter e perguntaria o que Elise escrevera. Seu pai estava sereno e isso era o que mais importava. Não era o momento, mas talvez um dia lhe questionasse!

Frei Jaques chegou dias depois e não se conteve de felicidade ao saber que sua filha postiça iria se casar. E ele faria a cerimônia!

Era o que sempre desejou: vê-la ao lado de um homem de bem, que a protegesse e cuidasse de seu bem-estar. E com quem pudesse ser muito feliz!

Os preparativos do casamento foram realizados rapidamente. Após uma semana da chegada do frei, Aimée e Adrien se casaram. Todos os colonos, trabalhadores de seu pai, foram convidados. Foi uma cerimônia simples, assim como Aimée sempre desejou. Ela estava linda em seu vestido branco ornado com flores. Adrien se emocionou ao vê-la e teve a certeza de que a vida lhe dera uma nova oportunidade de ser feliz!

Jules não se continha de felicidade, assim como Frei Jaques, e os dois disputavam a todo instante a atenção de Aimée.

Francine estava radiante vendo sua menina se transformar numa linda mulher. Pediu a Deus que abençoasse aquela união e que pudessem ter muitos filhos, muitas vidas que seriam iluminadas pela presença de pais tão especiais. Sentiu que a paz estava presente, e isso era um bom augúrio! Muitas presenças espirituais se apresentaram no intuito de também abençoar a união, algumas muito especiais! Adele teve permissão de comparecer àquele momento especial e, com sua mãe, iluminou o ambiente com suas vibrações de amor e gratidão. Adrien merecia a felicidade, assim como Aimée, espíritos afins que se reencontraram para uma tarefa nobre e que muitos frutos iriam produzir. Os amigos espirituais também estavam em festa!

Antes da cerimônia, Francine deu um presente a Aimée. Era de Elise, que havia pedido para ser entregue apenas nesse dia. A jovem perguntou como ela estava, e Francine sorriu:

— Ela está buscando seu próprio caminho. Isso já é motivo para ser feliz, não acha?

— Ela voltará algum dia? — questionou Aimée.

— Um dia, todos voltam... — finalizou Francine com aquele olhar distante que ostentava quando falava sobre a finalidade da vida enquanto espírito imortal.

Durante a festa, Jules perguntou ao amigo Jaques se sabia algo sobre o paradeiro de Elise.

— Nunca mais ouvi falar seu nome. Parece que desapareceu misteriosamente, sem deixar vestígios. A Igreja acredita que possa ter morrido e será conveniente que assim pense, pois deixará de se preocupar. Afinal, era exatamente isso que ela queria, não era?

— Certamente. Que Deus possa acompanhar seus passos, guiando-a para os caminhos mais iluminados!

— E você? Como está? Superou sua desilusão?

Antes de responder, Jules ficou pensativo, com o olhar perdido no infinito, depois sorriu para o amigo e completou:

— Estou bem, Jaques. A vida que vivemos hoje é apenas uma etapa de uma longa jornada, que não sabemos como se encerrará. Hoje estamos aqui, amanhã quem sabe? Se as coisas são como são, é porque assim devem ser. Porém o amanhã é um grande mistério, meu amigo. Confio que cada coisa voltará, um dia, ao seu lugar. O tempo nos dirá, não é mesmo?

O frei olhou o amigo, surpreso com suas reflexões, e sentiu que ele estava em paz.

— Não entendi muito o que disse, mas posso completar com uma frase de nossa querida Aimée: Deus sabe o que faz!

Os dois sorriram e continuaram a aproveitar a festa.

Adrien e Aimée não cabiam em si de tanta felicidade. Tinham tanto a viver! Tanto a construir!

Tantas vidas a socorrer! Tantos companheiros a auxiliar! Teriam tempo para tantos planos?

Sim. A vida lhes brindou com uma existência longa e produtiva. Tiveram três filhos, e seus nomes foram: Adele, Justine e Rene. Homenagem aos inesquecíveis amigos que a vida lhes tirou do convívio tão precocemente.

Sim. Foram muito felizes e transformaram sua felicidade em adubo do que iriam construir para seus semelhantes. Levavam a todos que os procuravam as sementes da esperança, da paz, do bem e do amor para que elas germinassem em outros solos, permitindo que o mundo pudesse se tornar menos frio, menos insensível, mais humano, mais compreensivo!

Sim. Conseguiram ensinar a muitos qual é o melhor caminho a seguir: o da senda do bem, o único que nos levará, um dia, de volta aos braços amorosos do Pai!

Sim. Permaneceram em suas terras, protegidos pelos inúmeros amigos que a vida colocou em seus caminhos, fruto da humildade, da compreensão, da tolerância, da paz!

Francine teve também uma longa vida, semeando ao lado de Aimée os ensinamentos vivos do Evangelho do Mestre Jesus, principalmente o "Amar a Deus sobre todas as coisas e amar ao próximo como a ti mesmo", pois, sem isso, como "bem viver"? E, principalmente, como ser feliz? Esteve ao lado de Aimée até o fim de seus dias, quando partiu serenamente, estando certa de que havia cumprido sua missão.

Frei Jaques viveu com eles em sua velhice, acompanhando os passos de cada um dos seus "netos", e como sempre gostava de afirmar: cada dia aprendendo um pouco mais com sua querida Aimée, sua grande mestra desta vida.

Elise nunca mais fora vista naquela região, mas muito se ouviu falar dela! O clero jamais soube se J.E. era ela mesma, Elise de Bousquet, ou o codinome de outra pessoa, que trabalhava com aqueles a quem a Igreja desprezava e perseguia. Ela nunca foi encontrada. Viveu sempre reclusa, fazendo sua tarefa de maneira grandiosa! Seus ensinamentos foram magníficos e tirou muitos companheiros da ignorância e do sofrimento! Nunca saberemos se realmente era a mesma Elise! Mas quem foi tocado por ela jamais a esqueceu!

Jules nunca procurou Elise, respeitando sua escolha. E com muita serenidade, o que sempre causou estranheza em Aimée. Qual seria o motivo? Nunca teve coragem de perguntar ao pai o que aquilo significava, afinal ele jamais desistia de seus ideais!

Curiosidade jamais revelada! Viveu uma vida de alegrias intensas ao lado de Aimée, de Adrien e dos netos, construindo uma reputação sempre pautada no bem, na integridade, na paz, cuidando de seus colonos com benevolência, caridade, respeito e parcimônia. Sua região continuou próspera e exuberante, com pessoas felizes, leais e cientes da importância do trabalho e da cooperação mútua.

Teve, também, uma vida longa repleta de oportunidades, todas amplamente aproveitadas. Sim, ele foi feliz! Com o que tinha em mãos! E à sua maneira! Deixou de herança não apenas bens materiais, mas principalmente os exemplos de como bem conduzir suas vidas, pois só assim a felicidade é conquistada, garantida e perene.

Após a morte do pai, Aimée encontrou em uma gaveta, bem lá no fundo, um papel amarelado com a escrita quase apagada. Era a carta que Elise deixou, aquela que sempre teve curiosidade de conhecer o conteúdo. Pegou o delicado papel em suas mãos e pediu mentalmente permissão para ler. O pai não ficaria triste com ela, pois se ele a deixara lá era para ser encontrada no momento certo.

Abriu o papel e leu as poucas linhas escritas por Elise. Ao ler a curta mensagem, pôde compreender o que ela deixou ao pai como recordação. Lágrimas rolaram, e Aimée percebeu, naquelas poucas linhas, o sacrifício que Elise fizera. Porém o que mais a tocou foram as palavras de esperança.

Esperança? Sim, esperança de novos encontros que o tempo se encarregaria de propiciar àqueles que ainda tinham algo a realizar juntos. Elise deixou acesa em Jules a esperança e, principalmente, a certeza de que a vida os reuniria novamente. Em novos corpos materiais, novas oportunidades, e assim dariam continuidade às experiências que precisariam ser vivenciadas. Novos encontros de almas afins para que juntos pudessem caminhar em direção à evolução, a que todos estamos sujeitos.

Novos tempos, em que cada um pudesse retomar as tarefas que provisoriamente foram suspensas, pelos mais diversos motivos, e que o tempo iria fatalmente lhes cobrar um dia.

Porém esses encontros serão mais bem aproveitados quando nossa bagagem estiver mais leve, livre do peso de nossas falhas e equívocos frutos de nossa ignorância. Esse era o pedido dela.

Que ele pudesse esperar o momento em que ela estivesse livre do ônus de seus erros para que pudessem viver uma vida plena de amor e, juntos, construir um lar que abrigasse seus companheiros queridos, auxiliando-os em sua evolução. Foi um pedido sincero e de muita lucidez, que tocou o coração de Jules, dando-lhe esperanças e confiança no porvir.

Só assim poderiam viver sua história de amor.

Aimée entendeu a mensagem da amiga e, mentalmente, enviou-lhe todo o seu amor. Quem sabe o que a vida iria lhes proporcionar? Quando seria? Quem poderia afirmar?

Quem sabe não estariam juntos novamente? O tempo diria...

A última frase de Elise foi o estímulo para Jules continuar sua vida de forma plena, como sempre viveu: fazendo o bem indistintamente, respeitando seu próximo, vivenciando o amor em suas expressões diversas, sendo íntegro e leal a quem dele necessitasse. E assim ele viveu. E assim ele viveria quantas vidas fossem necessárias.

Jules, querido, seja a pessoa que conheci, e isso já basta. Iremos nos encontrar no momento em que for digna de você, meu amado. Espere-me! Não desista do meu amor! A espera pode parecer longa, mas, no final, estaremos juntos! Confie em mim! Tenha a certeza de que nosso reencontro acontecerá! No tempo certo! Não quero dizer adeus, apenas até breve, meu amor!

Elise

Aimée fechou a carta. Estampou um lindo sorriso no rosto e saiu em busca dos seus amores. Cada minuto era importante, pois nem sempre a existência nos brinda novamente com um momento desperdiçado. E a vida já lhe havia ensinado a buscar a felicidade a todo instante.

Essa é a nossa parcela a realizar...

Av. Porto Ferreira, 1031 - Parque Iracema
CEP 15809-020 - Catanduva-SP
17 3531.4444
www.petit.com.br | petit@petit.com.br
www.boanova.net | boanova@boanova.net